“一带一路”倡议下轨道交通类专业特色教材

路基工程

刘振勇 ◎ 主　编

汪　磊　于东彬 ◎ 副主编

西南交通大学出版社

·成　都·

图书在版编目（CIP）数据

路基工程 / 刘振勇主编. -- 成都：西南交通大学出版社，2023.11
ISBN 978-7-5643-9515-5

Ⅰ. ①路… Ⅱ. ①刘… Ⅲ. ①路基工程 – 高等学校 – 教材 Ⅳ. ①U416.1

中国国家版本馆 CIP 数据核字（2023）第 190015 号

Luji Gongcheng
路基工程

刘振勇 主编

责任编辑	姜锡伟
助理编辑	赵思琪
封面设计	GT 工作室
出版发行	西南交通大学出版社 （四川省成都市金牛区二环路北一段 111 号 西南交通大学创新大厦 21 楼）
邮政编码	610031
发行部电话	028-87600564　　028-87600533
网址	http://www.xnjdcbs.com
印刷	四川森林印务有限责任公司
成品尺寸	185 mm × 260 mm
印张	13.5
字数	337 千
版次	2023 年 11 月第 1 版
印次	2023 年 11 月第 1 次
书号	ISBN 978-7-5643-9515-5
定价	35.00 元

课件咨询电话：028-81435775
图书如有印装质量问题　本社负责退换

前言 Preface

近年来，随着我国经济与社会的迅速发展，我国的铁路建设也取得了巨大进步，铁路路基设计理论和方法也逐步完善。为适应我国铁路发展的需要，本书结合我国最新出版的工程技术标准和行业规范，主要阐述了铁路路基工程的基本概念、基本原理和设计方法。

为适应我国高等教育改革，满足高等学校对应用型、复合型人才的培养目标，本书在内容安排上强调知识性和实用性，并综合运用实际工程案例，力求将铁路路基工程的基本原理、基本方法与工程实际相结合，从而使学生能够全面、系统地建立铁路路基工程的知识体系，并具备初步解决铁路路基工程实际问题的能力。

本书共 9 章，包括绪论、一般路基设计、路基填料、路基受力和变形、路基排水与路基防护、路基边坡的稳定性、路基支挡结构、特殊土路基、特殊地段路基。

本书由上海应用技术大学刘振勇高级工程师担任主编，上海工程技术大学汪磊教授、中铁第六勘察设计院集团有限公司于东彬高级工程师担任副主编。第 1 章由上海应用技术大学刘振勇高级工程师编写；第 2、3 章由上海工程技术大学汪磊教授编写；第 4、6 章由上海海事大学耿韩副教授编写；第 5、8 章由梧州市城乡建设规划设计院萧斐工程师、中铁第六勘察设计院集团有限公司于东彬高级工程师编写；第 7、9 章由中铁上海设计院集团有限公司孙天荣高级工程师编写。参与本书整理及校对工作的有硕士研究生郭起孟、曹进彭、马嘉良、何海豹等。全书由刘振勇负责统稿工作，中国铁路设计集团有限公司隋孝民教授级高级工程师负责主审。

本书在编写过程中参考和借鉴了行业相关书籍、规范和技术标准等资料，在此向作者们表示衷心的感谢！

由于编者水平有限，书中难免存在不足之处，敬请广大读者批评指正，提出宝贵意见，以便进一步修正完善。

编 者

2023 年 4 月

目录 Contents

Chapter 1

第 1 章
绪　论

1.1　路基及其作用

路基是按照线路位置和一定技术要求，经过开挖或填筑而形成的土工结构物。路基由路基本体和路基设施组成，路基本体是指各种断面形式的填挖部分，即直接铺设轨道结构并承受列车荷载的部分，例如路堤、路堑等；路基设施是指为保证路基本体结构性能的稳定而采用的必要的附属工程设施，它包括排水设施和防护支挡加固设施，有时还包括由于修筑路基可能引起的改河、改沟等配套设施。

路基的主要作用是为轨道铺设及列车运营提供必要条件，并承受轨道及列车的静荷载和动荷载，同时将荷载向地基深处传递与扩散。在纵断面上，路基必须保证线路需要的高程；在平面上，路基与桥梁、隧道连接组成完整贯通的线路。

1.2　路基工程的特点及性能要求

1. 路基工程的特点

路基作为在地表填挖形成的线性结构物，在地域空间上跨度很大，可绵延上千千米。与其他结构物相比，路基具有以下特点。

1）路基材料复杂，性能不稳定

路基工程主要以岩土体为材料。岩土体是不连续的、破碎的、多孔隙的三相体，物理力学性能复杂，随着线路经过的地形、水文地质条件和工程地质条件的差异，具有时空变异性。路基设计计算理论是建立在岩土力学的基础上，正确选取反映材料性能的物理力学指标，并建立岩土体应力-应变-时间关系的本构模型，是提高路基设计和路基施工水平的基础。

2）路基受环境影响大

路基完全暴露在大自然中，不可避免地受到气候、水文、地震和温度变化等自然条件的影响，容易引发各种路基病害。如膨胀土路基干缩湿胀引起的边坡破坏、北方地区冬冻春融引起的翻浆冒泥、地震时的砂土液化引起的路基失稳等路基病害，均与自然条件有密切关系。路基的设计、施工与养护均不能离开具体的自然条件。

3）路基同时承受动、静荷载的作用

路基上的轨道以及附属结构物产生静荷载，运行的列车产生动荷载。动荷载是产生路基病害的主要原因。研究路基结构在动力作用下的变形、稳定问题时，必须了解路基材料的动力性质，例如土的震陷、动孔隙水压力增长及消散模式等。在一般路基设计中，将动荷载视为静荷载计算，而在高速铁路路基设计中，必须考虑作用在路基面上的动荷载的特性。

2. 路基工程的性能要求

根据路基工程的特点，为使路基正常工作，路基除断面尺寸应符合设计标准外，还应满足以下性能要求。

1）路基必须具有足够的强度和刚度

行驶在轨道上的车辆，通过车轮把荷载传给轨道，由轨道传给路基，在路基内部产生应力、应变及位移。如果路基结构整体或某一组成部分的材料强度或抗变形能力不足以抵抗这些应力、应变及位移，则轨道结构会出现沉陷，轨道表面会出现不平顺的情况，使路况恶化，服务水平下降。因此，要求路基结构具有与列车荷载相适应的强度和刚度。

强度和刚度是两个不同的力学特性，两者既有区别，又有联系。强度是指路基抵抗应力作用和避免破坏的能力，刚度则是指路基抵抗变形的能力。

为防止路基在车辆荷载及各种自然因素作用下发生破坏，同时给轨道提供一个坚实的基础，必须针对具体情况，采取一定的措施来保证路基具有足够的强度。同时，为保证路基在荷载作用下，不致产生超过允许范围的变形，要求路基应具有一定的刚度。

2）路基必须具有足够的稳定性

路基建成后，改变了原来地面的天然平衡状态。新建的路基暴露在大气之中，受到大气温度、降水和湿度变化的影响，其物理、力学性能随之发生变化。路基结构能否经受住这种变化，保持工程设计所要求的几何形态及物理力学性能，称为路基结构的稳定性。

例如，在土质不良地区，修筑路基可能加剧原地面的不平衡状态；开挖路堑使两侧边坡土体失去支承力，可能导致边坡失稳；天然坡面特别是陡坡面上的路堤，可能因自重而下滑。另外，在地表水和地下水作用下，路基强度会降低。特别是在季节性冰冻地区，由于周期性的冻融作用，在水和温度的共同作用下土体会发生冻胀，造成轨面变形，春融期局部土层过湿软化。

在选线、勘察、设计和施工中，必须因地制宜地采取一定措施，使修筑在当地气候条件下的路基结构具有足够稳定性。而且还应保证在最不利的水温条件下，路基结构承载力不至显著降低，即要求路基应具有足够的水温稳定性。

3）路基必须具有足够的耐久性

路基工程投资大，使用年限长，需要长期满足行车的使用要求，一般的铁路工程使用年限至少数十年，因此，路基工程应具有良好的耐久性。

所谓路基的耐久性，是指路基在各种环境因素（风、雨、雪、温度等）和列车荷载的作用影响下，能长久保持其使用性能的性质。

在列车荷载与大气水温周期性的重复作用下，路基性能将逐年下降，强度与刚度将逐年衰变，路基的稳定性也可能在长期经受自然因素的侵袭后，逐年削弱。要提高路基的耐久性，保持其强度、刚度、几何形位经久不变，除了精心设计、精心施工、精心选材外，还要把长年的养护、维修工作放在重要位置。

1.3 路基工程设计的基本内容

路基设计应根据铁路的性质、等级和技术标准，结合当地的自然条件，拟定正确的设计方案作为施工的依据。

路基工程设计分为一般路基设计和个别路基设计两类。

一般路基设计是指在一般的工程地质、水文地质条件下，边坡高度不超过《铁路路基设计规范》（TB 10001—2016）中所规定的范围，可采用一般的施工方法施工的路基。一般路基的设计可采用标准设计。这种路基在线路中最常见，工程量也很大。

个别路基设计是指除上述一般路基设计以外，在特殊条件下的路基工程设计，包括以下3种：

（1）路基边坡高度超过规定的路基。

（2）特殊地段的路基。如滑坡地段路基、岩溶地段路基、崩塌地段路基、岩堆地段路基、泥石流地段路基等。

（3）特殊土路基。如软土地区路基、盐渍土地区路基、多年冻土地区路基、黄土地区路基、膨胀土地区路基等。

路基设计的具体内容包括以下5个方面：

（1）做好沿线自然情况的勘察工作，收集必要的设计资料，作为路基设计的依据。如沿线地区的地质、水文、地形、地貌及气象等资料。

（2）根据线路纵断面设计确定的填挖高度，结合沿线地质、水文调查资料，进行路基本体工程设计。一般路基可根据《铁路路基设计规范》（TB 10001—2016）规定，按路基典型断面直接绘制路基横断面图，个别路基需进行单独设计，对路基断面和边坡、基底的设计要进行必要的检算。采用各种防护加固措施时，常需做多种方案的技术经济比选，以确保路基的安全可靠，经济合理。

（3）根据线路沿线地面水和地下水情况，进行排水系统的总体布置，以及地面、地下排水结构物的设计。

（4）路基防护与加固设计。包括坡面防护、冲刷防护与支挡结构物等的布置与设计计算。

（5）路基工程其他设施的布设与计算，如取土坑、弃土堆和护坡道等。

1.4　路基工程的勘察设计流程

路基工程属于铁路项目的一个组成部分，其勘察设计的阶段和流程与铁路项目相同。由于铁路勘测设计的环境复杂与要求涉及面广，考虑因素多，需经过由广到狭，由概略到精细的过程。铁路勘测设计大致分为项目前期、项目实施两个阶段，包括：规划研究→预可行性研究→初步现场测量（简称初测）→可行性研究→定线现场测量（简称定测）→初步设计→补充定线现场测量（简称补定测）→施工图设计→配合施工→竣工验收。其中，从规划研究到可行性研究属于项目前期阶段，从定测到竣工验收属于项目实施阶段。各环节工作要点如下：

（1）规划研究。主要对全国或者区域的路网进行系统分析研究，在总结过去建设成果的基础上，对目前存在的问题进行分析，提出未来发展方向和重点规划建设任务。规划研究一般是比较宏观性的研究。

（2）预可行性研究。主要对某一条线路或者车站、桥隧等重点工程在区域路网中的功能定位进行分析研究，确定这条铁路按照什么类型建设，是客运专线铁路、客货共线铁路还是重载货运铁路。在此基础上，确定线路主要技术标准，选定线路的大致走向和主要建设方案，并对项目的投资进行匡算。上级部门（业主）在组织审查预可行性研究的基础上，批复项目建议书。

（3）初步现场测量（简称初测）。主要是对工程现场的水文、气象、地质、地形、地貌、当地材料及人工价格、既有铁路平纵断面等进行初步调查和测量，为项目可行性研究奠定基础。

（4）可行性研究。主要是在初测成果的基础上，对项目建设方案进行深入选定，并对站前、站后各个专业进行较为详尽的设计，对项目投资进行估算，并对项目的社会效益、经济效益进行测定。上级部门（业主）在组织审查可行性研究的基础上，由相关单位履行土地、环保等必要前置手续后，批复项目可行性研究报告。可行性研究报告的批复是一个标志，意味着本项目经过前期充分论证和调查研究，具备建设的必要性和可行性，可以进入实施阶段。

（5）定线现场测量（简称定测）。设计单位将可行性研究批复的建设方案到建设现场放线，对工程现场的水文、气象、地质、地形、地貌、当地材料及人工价格、既有铁路平纵断面等进行详尽调查和测量，为项目初步设计奠定基础。

（6）初步设计。主要是在可行性研究和定测的基础上，对工程内容和建设方案进行较为详尽的设计工作，对项目投资进行较为准确的测算。上级部门（业主）在组织审查初步设计的基础上，批复初步设计。

（7）补充定线现场测量（简称补定测）。在定测的基础上，对初步设计较可行性研究内容变化的线路重新进行详尽测量，为施工图设计奠定基础。

（8）施工图设计。在初步设计和补定测的基础上，对项目所涉及的每处工点进行详尽设计，满足现场施工需求。

（9）配合施工。设计单位派出较有经验的工程师作为设计代表到现场配合施工单位进行现场施工作业，并及时协助建设单位办理变更设计等。

（10）竣工验收。铁路项目在完成各项主要工程内容建设，并顺利进行联调联试后，国家和行业主管部门对项目进行各类验收（包含环保、工程质量等诸多方面），合格后对铁路项目颁发相应证明。

一个铁路项目从规划研究到竣工验收，短则数年，长则十余载甚至二十余载。例如京沪高速铁路，从20世纪80年代初开始规划研究，一直到2011年才建成投产，历经近30年。

1.5 路基工程设计所需资料

不论是路基的标准设计或个别设计，随着设计阶段（初步设计、施工图设计）与设计要求的不同，所需资料的内容与详细程度也有所不同。一般所需资料包括下列内容：

（1）线路与列车载重资料。线路地形平面图、线路纵断面图与横断面图。需要个别设计的地段，有大比例尺平面图与工点横断面图、线路等级、轨道标准等。

（2）地质资料。线路的地质平面、纵断面、横断面图，工程地质说明书，土质与地下水质试验资料，地下水位、流向、渗透系数资料等。

（3）气象水文资料。气象资料包括年降水量、降雪量、气温、冻结深度与时间、风向、风力、风速等资料；水文资料包括路基设计地段河流的最高和最低水位、流量、流向、流速、浪高、壅水高的资料以及冲刷防护设计所需的资料等。

（4）其他资料。如设计任务书的要求，建筑材料的分布与调查资料，以及水准基点，其他线路标志如坡度、高程、桥、隧、车站的里程、类型，对旧线地段则需将病害资料、防治情况等收集备用。

综上所述，虽然两个设计阶段应交付的文件图表有详略不同，但其设计文件一般应包括下列主要内容：

（1）设计说明书。说明路基设计地段的地形、地质条件及设计原则，包括路基加固附属工程及土石方调配、施工、养护注意事项及有待进一步解决的问题等。

（2）设计图表。包括一般路基横断面设计图并附排水系统图。个别设计路基应有设计地段路基的平面、纵断面、横断面图并附地质资料以及结构大样图。

（3）工程数量、材料数量、机械种类及数量、工程预概算、线路用地明细表等。

1.6 路基工程与其他相关工程的关系

1. 路基工程与线路工程的关系

线路设计中，线型的布置与设计标高的控制，必须考虑路基的稳定性、工程难易性、土石方量大小和占用农田多少以及环境保护等因素。如在多雨的平原区，其地面平坦、地下水源充沛、地下水位较高、沟河纵横交错，故保证路基稳定性的最小填土高度是线路设计标高的主要控制因素之一；在山岭区，其地形变化大、地面自然坡度大，故线路设计标高主要由纵坡和坡长控制，同时也要从土石方平衡和路基附属工程合理等方面综合考虑。因此，路基设计与线路设计是相辅相成的。

2. 路基工程与桥涵工程的关系

桥头引道路基与桥位选择和桥孔设计关系密切，其勘测与设计应互相配合，路基与涵洞等结构物，也应配合恰当，故在线路纵断面设计中应考虑路基和桥涵在布置和标高方面的关系。处在河滩的桥头引道路基，还应进行稳定性设计与检算。

3. 路基工程与隧道工程的关系

隧道洞口一般与路堑相连共同构成线路，隧道及路基之间的断面应保持一致并相互对应，保证正常行驶的列车不会出现安全问题。有时候还需要综合考虑洞口位置、坡度等与路基工程的关系，进行方案技术经济比选。

Chapter 2

第 2 章
一般路基设计

2.1 一般路基设计的基本要求

一般路基设计是指在一般（正常）工程地质、水文地质条件下修筑填挖高度不超过设计规范所允许的范围，可直接参照现行规范规定或标准图，结合当地实际条件进行，不必个别论证和详细检算的设计。

路堤边坡高度应结合铁路等级、轨道类型、地基条件、填料来源、用地性质及环境因素等综合确定，不宜超过 20 m。

路堑边坡高度应根据地层岩性、岩体破碎程度、水文条件等综合确定，不宜超过 30 m。当路堑边坡高度超过 20 m 时，边坡坡率、形式等应通过稳定性分析计算确定。

路基工程是保证行车安全、舒适运行的关键工程，要求路基应具有足够的强度和稳定性，不让路基本体或其地基产生破坏和位移，以保证行车安全。另外，由于路基会受各种复杂自然因素的影响，如风、雨、雪等气候变化，因此应采取适当的保护措施，使路基具有足够的耐久性。这要求在进行路基设计时要充分考虑其强度、刚度、稳定性和耐久性，并符合环境保护、水土保持、文物保护等方面的相关要求。

路基设计前，要收集沿线气候、水文、地形、地貌、地质、地震、路基填料等资料，通过地质调绘、综合勘探、试验和分析，查明沿线的工程地质、水文地质情况以及填料的性质和分布。

路基工程设计应根据铁路等级、技术标准等因素因地制宜，合理选用工程材料；并应控制不均匀变形，避免产生过大的沉降量；还要考虑与桥梁、隧道等其他结构之间的衔接过渡，保证路基的性能。

2.2 路基横断面基本形式

通常把垂直于线路中心线方向的截面称为路基横断面。路基的横断面形式、构造尺寸、各部分组成均可以从路基的横断面图上反映。路基横断面图是路基设计的主要文件之一。

通常根据线路设计确定的路基标高与天然地面标高是不同的。路基设计标高高于天然地面标高时，需要进行填筑；路基设计标高低于天然地面标高时，需要进行挖掘。由于填挖情况的不同，路基可以分为路堤、路堑和填挖结合等三种基本类型，如图 2-1 所示。

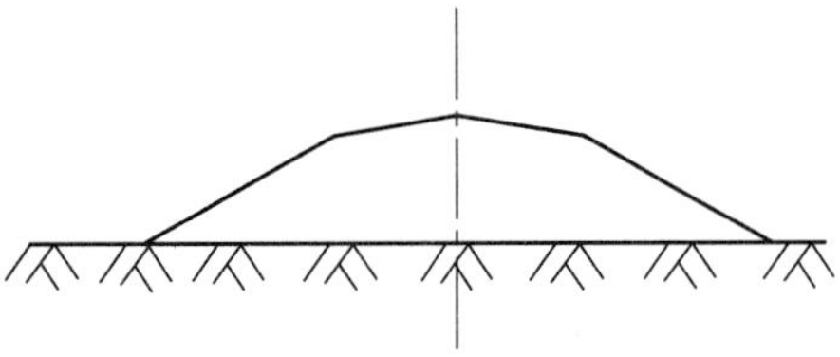

（a）路堤

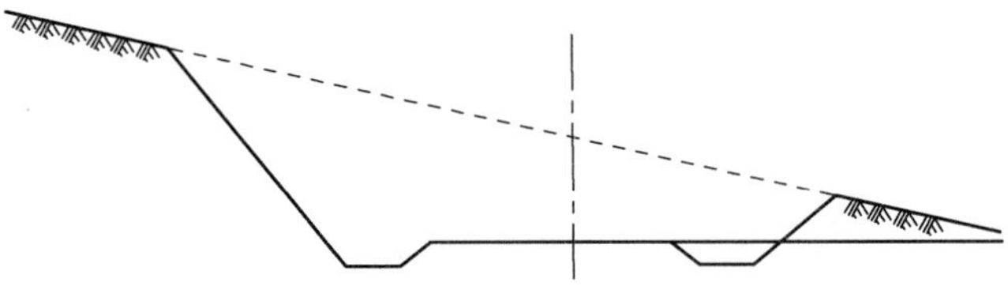

（b）路堑

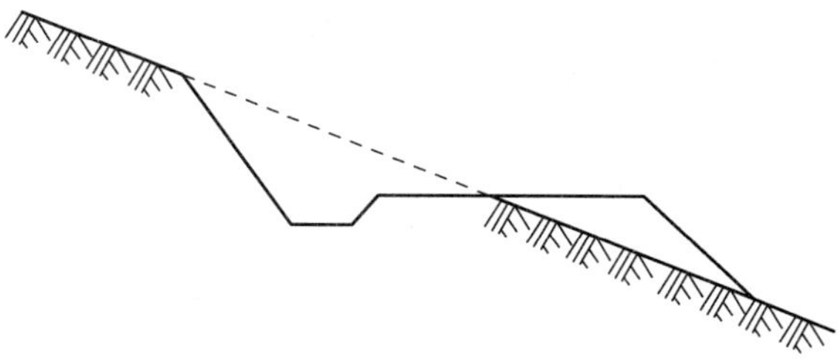

（c）半填半挖路基

图 2-1　路基横断面形式

路堤是指在地面上用土、石填筑的路基。路堑是自地面向下开挖的路基。填挖结合路基（半填半挖路基）是指按照横断面左右分开，一部分挖方，一部分填方，这种路基一般适用于丘陵或山区。

2.3　路基本体横断面构造

路基本体由路基面、路肩、基床、边坡、路基基底等部分组成。路基本体如图 2-2 所示。

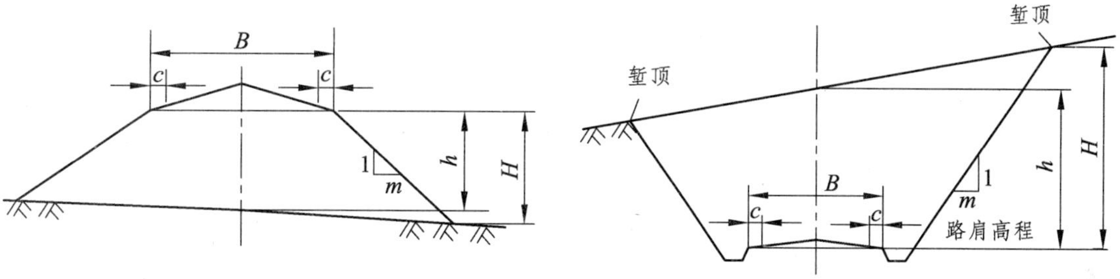

（a）路堤　　（b）路堑

B—路基宽度；*c*—路肩宽度；*h*—路基中心高；*H*—路基边坡高。

图 2-2　路基本体

2.3.1　基　床

铁路路基面以下受到列车动荷载作用和受水文、气候变化影响的深度范围称为基床，基床结构如图 2-3 所示。在铁路线路中，列车运行是否平稳和速度能否提高与基床厚度及其状态有直接关系。因此，组成基床的材料要有足够的强度、刚度、耐磨性及反滤特性。基床性能越好，线路的强度和路基的坚固稳定性会越好。

设计时通常按列车荷载产生的动应力与路基自重应力之比为 0.2 的原则确定基床厚度。基床厚度范围内的土层又分为表层和底层。常用路基基床结构厚度应按表 2-1 确定。需要注意的是，基床厚度以路肩高程为计算起点。

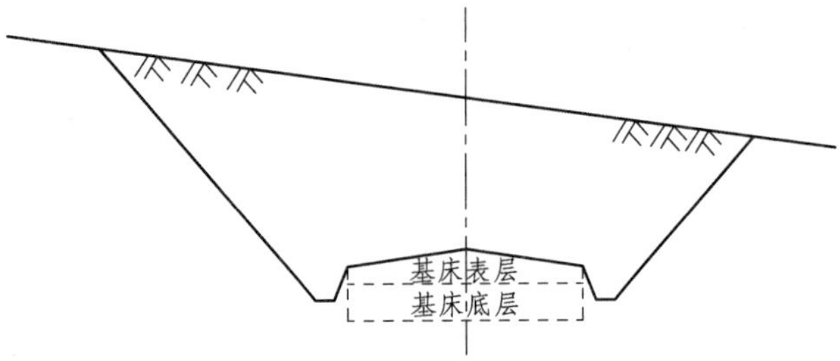

（a）路堑基床

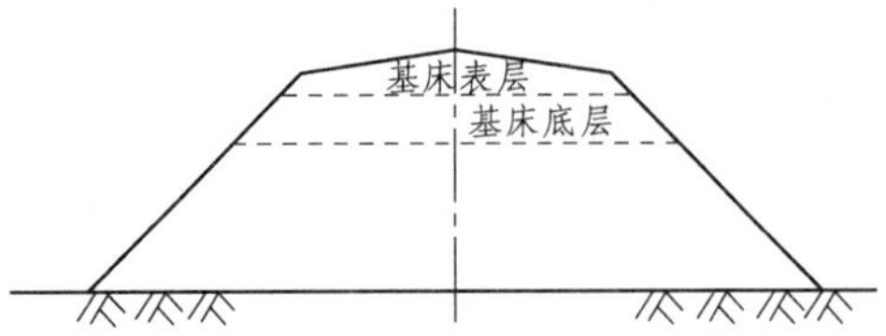

（b）路堤基床

图 2-3 基床结构

表 2-1 常用路基基床结构厚度

铁路等级		基床表层/m	基床底层/m	总厚度/m
客货共线铁路		0.6	1.9	2.5
城际铁路	有砟轨道	0.5	1.5	2.0
	无砟轨道	0.3	1.5	1.8
高速铁路	有砟轨道	0.7	2.3	3.0
	无砟轨道	0.4	2.3	2.7
重载铁路	设计轴重 250 kN、270 kN	0.6	1.9	2.5
	设计轴重 300 kN	0.7	2.3	3.0

2.3.2 基 底

路堤填土的天然地面以下受填土自重及轨道、列车荷载作用的部分称为路堤基底。路堑边坡土体内和堑底路基面以下的地基内，因开挖而产生应力变化的部分称为路堑基底。基底部分土体的稳固性，对整个路基本体以及轨道的稳定性都是极为关键的，特别是在软弱土的基底上修建路堤，必须对基底作妥善处理，以免危及行车安全与正常运营。

路基的基底相当于建筑物的地基，应该满足承载力的要求。基床底层范围内的天然地基基本承载力应符合下列规定：

（1）设计速度 200 km/h 及以上的有砟轨道铁路、无砟轨道铁路及重载铁路均不小于 180 kPa。

（2）设计速度 200 km/h 以下的有砟轨道铁路不小于 150 kPa。

否则需要对天然地基进行处理。根据软弱土层的性质、厚度、含水率、地表积水等情况进行排水、换填、抛石挤淤或填砂砾石等地基处理措施。

2.3.3 边 坡

路基横断面两侧的边线称为路基边坡。边坡与路基顶面的交点称为肩顶。边坡与地面的交点，在路堤中称为坡脚，在路堑中称为路堑堑顶边缘。路肩高程与坡脚高程的差为路堤边坡高度，路肩高程与堑顶边缘高程的差为路堑边坡高度。路基边坡的形式如图 2-4 所示，有直线形、折线形和台阶形，每一段坡面的坡率以边坡断面图取其上、下两点间的高差与水平距离之比表示，当两点间的高差为 1 单位长时，水平距离经折算为 m 单位长时，则坡率为 1∶m。在路基本体构造中，边坡的形状和坡度的大小对路基的稳定和工程造价的高低有很大影响。

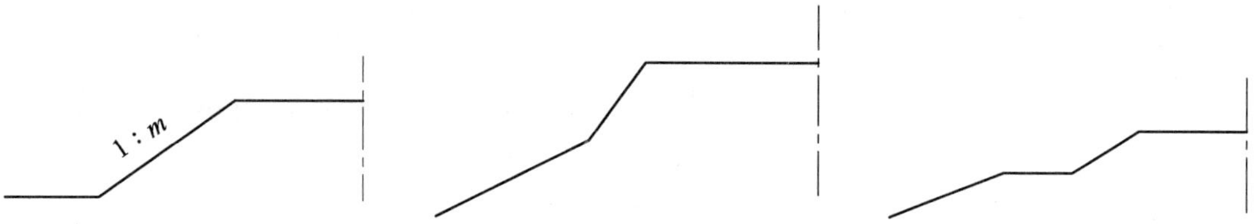

（a）直线形　　（b）折线形　　（c）台阶形

图 2-4　路基边坡形式

1. 路堤边坡

路堤边坡形式和坡度应根据轨道类型、列车荷载、填料的物理力学性质、边坡高度及地基工程地质条件等，由稳定分析计算确定。

当地基条件良好，边坡高度不大于表 2-2 范围，其边坡形式和坡率可按表 2-2 采用。

表 2-2　路堤边坡形式和坡率

填料名称	边坡高度/m			边坡坡率		边坡形式
	全部高度	上部高度	下部高度	上部坡率	下部坡率	
细粒土、易风化的软块石土	20	8	12	1∶1.50	1∶1.75	折线形或台阶形
粗粒土（细砂、粉砂除外）、漂石土、卵石土、碎石土、不易风化的软块石土	20	12	8	1∶1.50	1∶175	折线形或台阶形
硬块石土	8	—	—	1∶1.30		直线形
	20	—	—	1∶1.50		直线形

注：1. 路基浸水或填料为粉细砂、膨胀土、盐渍土等时，其边坡形式和坡率应符合《铁路特殊路基设计规范》（TB 10035—2018）的相关规定。
2. 边坡高度较高时可采用台阶形。
3. 当有可靠资料和经验时，可不受本表限制。

当路堤边坡高度大于表 2-2 所列的数值时，则需要分别检算路堤施工期及铁路运营期的稳定安全系数，以运营期的稳定安全系数作为设计指标，以施工期的稳定安全系数作为检算指标。铁路运营期路基边坡最小稳定安全系数应满足下列要求：

（1）永久边坡。一般工况边坡的最小稳定安全系数应为 1.15 ~ 1.25；地震工况边坡的最小稳定安全系数应为 1.10 ~ 1.15。

（2）临时边坡。边坡稳定安全系数应不小于 1.05 ~ 1.10。

在有排水沟或取土坑的地区，为避免排水沟或取土坑水流冲刷沟壁和由于水的浸润作用而影响路堤的稳定性，或为防止在未设置排水沟、取土坑的地段开垦农田而影响路堤的稳定性，需要在路堤坡脚外设置不小于 2 m 宽的天然护道。

在经济作物区高产田地段，其土地可贵，要尽可能少占田地，并在路堤坡脚设置必要的防护措施，如做护坡或坡脚墙，或设宽度不小于 1 m 的人工护道，以保持路堤的稳定。

2. 路堑边坡

碎石类土、砂类土、易风化岩石及其他土质的路堑边坡，如果不设防护措施，易风化剥落，且土中的细颗粒成分也易被地表水流冲至坡脚，堵塞侧沟。因此这种地段的路堑一般都设置侧沟平台。软质岩及强风化的硬质岩路堑侧沟平台宽度最小采用 0.5 m，土质路堑侧沟平台宽度最小采用 1.0 m。

在现场调查中，常见到土和风化岩石两种地层组成的较深路堑，由于坡面水流的冲刷和侵蚀，在土石交界处及坡脚部位被冲刷淘空，导致边坡坍塌。另外，在养护维修中因边坡较高，无平台可利用，作业极为不便，因此，有必要设置边坡平台。边坡平台的宽度不仅要考虑工程自身的安全，还需考虑后期养护维修的需要。结合多年铁路工程建设经验，确定边坡平台的宽度为不小于 2 m。

当路堑边坡高度大于 20 m 时，边坡形式及坡率应通过稳定性分析计算确定，最小稳定安全系数与路堤边坡的要求相同。

1）土质路堑边坡

土质路堑边坡形式及坡率应根据工程地质、水文地质和气象条件、边坡高度、防排水措施、施工方法，并结合自然稳定边坡和人工边坡的调查及力学分析综合确定。土质路堑边坡高度小于 20 m 时，边坡坡率可按表 2-3 确定。当存在不利地层分界面、滑动面、地下水出露等特殊情况，需通过稳定性分析计算确定。

表 2-3　土质路堑边坡坡率

土的类别		边坡坡率
黏土、粉质黏土、塑性指数大于 3 的粉土		1∶1.00～1∶1.50
中密以上的中砂、粗砂、砾砂		1∶1.50～1∶1.75
漂石土、卵石土、碎石土、粗砾土、细砾土	胶结和密实	1∶0.50～1∶1.25
	中密	1∶1.25～1∶1.50

注：1. 特殊土质路堑边坡形式及坡率应符合《铁路特殊路基设计规范》（TB 10035—2018）的相关规定。
2. 有可靠的资料和经验时，可不受该表限制。

由于我国各地的气候、地质及其他自然因素变化较大，因此表中只列出了边坡坡率的上、下界限值。具体设计时要结合现场的实际情况，在表中设定的范围内选取适合的坡度。

2）岩石路堑边坡

影响岩石路堑边坡稳定性的因素有很多，因此，设计岩石路堑边坡形式及坡度时应根据工程地质、水文地质和气象条件、岩性、边坡高度、施工方法，并结合岩体结构、结构面产状、风化程度及自然稳定边坡和人工边坡的调查等因素综合确定。

岩石路堑边坡高度小于 20 m 时，岩石路堑边坡坡率可按表 2-4 确定。

表 2-4 岩石路堑边坡坡率

岩石类别	风化程度	边坡坡率
硬质岩	未风化、微风化	1∶0.10～1∶0.50
	弱风化、强风化	1∶0.30～1∶0.75
	全风化	1∶0.75～1∶1.00
软质岩	未风化、微风化	1∶0.30～1∶0.75
	弱风化、强风化	1∶0.50～1∶1.00
	全风化	1∶0.75～1∶1.50

注：1. 特殊岩石路堑边坡形式及坡率应符合《铁路特殊路基设计规范》（TB 10035—2018）的相关规定。

2. 存在不利结构面的岩质边坡应通过稳定计算确定。

3. 有可靠的资料和经验时，可不受本表限制。

2.3.4 路　肩

路基面两侧自道床坡角至路基面边缘具有一定宽度的带状部分称为路肩。路肩的作用是防止道砟散落于路基下，保证轨道道床的完整状态；防止路基土体在列车动荷载作用下向两侧挤压，并加强路基的稳定性；为线路两侧设置线路标志和信号标志提供空间位置。当路堤浸水后，其边坡部分会出现土质软化现象，此时路堤在其自重与列车产生的振动冲击的共同作用下，容易发生边坡浅层坍滑。而当路肩较宽时，即使边坡发生坍滑，也不会影响路堤的承载力，从而可大幅度减少因边坡坍滑而影响列车正常运行的事故。在线路养护维修作业中，路肩是线路器材存放处和辅助工作面，并且铁路线路的标志，信号设备和一些通信、电力及给排水设施也都设置在路肩上或设槽埋置在路肩下。

在线路设计中，进行路基的设计高程时，通常以路肩外缘的标高表示，称为路肩高程 h。路肩高程应保证路基不被洪水淹没，也不致在地下水最高水位时因毛细水上升而使路基面产生冻胀或翻浆冒泥等病害。

当路肩高程受洪水位或潮水位控制时，应计算设计水位，一般采用的设计洪水频率或重现期标准应采用 1/100。

滨河、河滩路堤的路肩高程应大于［设计水位+壅水高（包括河道卡口或建筑物造成的壅水，河湾水面超高）+波浪侵袭高或斜水流局部冲高+河床淤积影响高度+安全高度］，其中“波浪侵袭高或斜水流局部冲高”应取二者中的较大值。

水库路基的路肩高程应大于［设计水位+波浪侵袭高+壅水高（包括水库回水及边岸壅水）+安全高度］。当按规定洪水频率计算的设计水位低于水库正常高水位时，应采用水库正常高水位作为设计水位。

当滨海路堤顶部未设防浪胸墙时，其路肩高程应大于［设计高潮水位+波浪侵袭高（波浪爬高）+安全高度］；当设有防浪胸墙时，路肩高程应大于（设计高潮水位+安全高度）。

地下水水位或地面积水水位较高地段的路基，其路肩高程应大于（最高地下水水位或最高地面积水水位+毛细水强烈上升高度+安全高度）。

季节性冻土地区路基的路肩高程应大于（冻前地下水水位或冻前地面积水水位+毛细水强烈上升高度+有害冻胀深度+安全高度）。

盐渍土路基的路肩高程应大于（最高地下水水位或最高地面积水水位+毛细水强烈上升高度+蒸发强烈影响深度+安全高度）。当盐渍土路基存在季节性冻害时，应按季节性冻土地区路基和本条的规定分别计算路肩高程，取二者中的较大值。

上述的安全高度宜取 0.5 m。

有砟轨道两侧的路肩宽度 c 应根据设计速度、边坡稳定、养护维修、路肩上设备设置要求等条件综合确定，并符合下列规定：

（1）客货共线设计速度 200 km/h 铁路不应小于 1.0 m，设计速度 200 km/h 以下铁路不应小于 0.8 m。

（2）高速铁路双线不应小于 1.4 m，单线不应小于 1.5 m。

（3）城际铁路不应小于 0.8 m。

（4）重载铁路路堤不应小于 1.0 m，路堑不应小于 0.8 m。

2.3.5 路基面

路基两侧路肩外缘之间的作业面，称为路基顶面（简称路基面）。在路堤中，路基面即为路堤堤身的顶面，也称路堤顶面；在路堑中，路基面即为堑体开挖后形成的构造面。为使积聚在路基面上的水较快地排出，避免路基面土体软化，保持基床的强度和稳定性，有砟轨道路基面的形状应设计为三角形路拱，由路基中心线向两侧设不小于 4%的人字排水坡，一般这样形成的单线路基的路拱高约为 0.15 m，一次修筑双线路基的路拱高约为 0.2 m。曲线加宽时，路基面仍保持三角形。无砟轨道支承层（或底座）底部范围内路基面可水平设置，支承层（或底座）外侧路基面应设置不小于 4%的横向排水坡。

站场内路基面的形状可根据站内股道数目的多少选用单坡形、人字坡或锯齿形，路基面的横向排水坡度为 2% ~ 4%，并在低谷处设置排水设备。

不同填料在基床衔接时，应设长度不小于 10 m 的渐变段。渐变段应在路肩设计高程较高的段内逐渐顺坡至路肩设计高程较低处。渐变段的基床表层应采用相对较好的填料填筑。双线铁路中并行等高地段与局部单线地段连接时，应在局部单线地段内逐渐顺坡至并行等高地段，其顺坡长度要大于 10 m。

路基面宽度 B 等于道床覆盖的宽度加上两侧路肩的宽度之和。区间路基面宽度应根据列车设计运行速度、轨道类型、正线数目、线间距、曲线加宽、路肩宽度、电缆槽、养路形式、接触网支柱类型和基础类型等因素计算确定，必要时还要考虑声屏障基础的设置。

1. 客货共线非电气化铁路路基面宽度

1）单线标准路基面宽度

客货共线非电气化铁路单线标准路基面宽度可按式（2-1）、式（2-2）计算，其直线地段标准横断面如图 2-5 所示。

$$B = A + 2x + 2c \tag{2-1}$$

$$x = \frac{h + \left(\frac{A}{2} - \frac{1.435 + g}{2}\right) \times 0.04 + e}{\frac{1}{m} - 0.04} \tag{2-2}$$

式中：B——路基面宽度（m）；

A——单线地段道床顶面宽度（m）；

m——道床边坡坡率，正线道床一般取 1.75；

h——钢轨中心的轨枕底以下的道床厚度（m）；

e——轨枕埋入道砟深度（m），Ⅲ型混凝土轨枕为 0.185 m，Ⅱ型混凝土轨枕为 0.165 m；

g——轨头宽度（m），75 kg/m 轨为 0.075 m，60 kg/m 轨为 0.073 m；

c——路肩宽度（m）；

x——砟肩至砟脚的水平距离（m）。

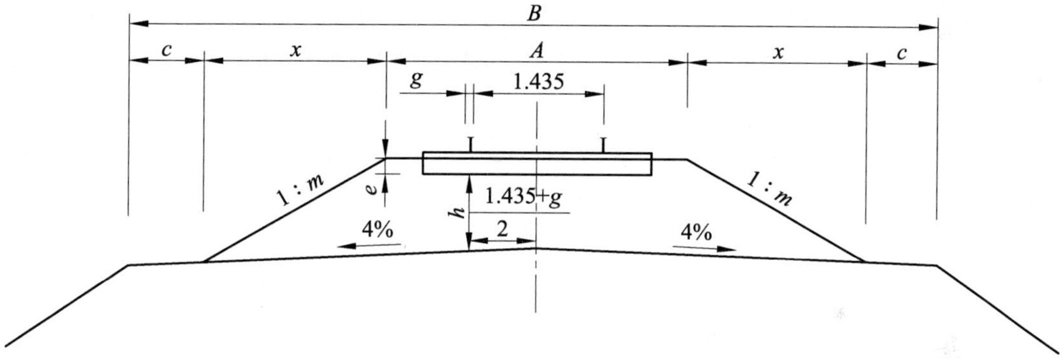

图 2-5　非电气化铁路单线直线地段标准横断面

2）双线标准路基面宽度

客货共线非电气化铁路双线标准路基面宽度可按式（2-3）、式（2-4）计算，其直线地段标准横断面如图 2-6 所示。

$$B = 2\left(c + x + \frac{A}{2}\right) + D \tag{2-3}$$

$$x = \frac{h + \left(\frac{A}{2} + \frac{1.435 + g}{2}\right) \times 0.04 + e}{\frac{1}{m} - 0.04} \tag{2-4}$$

式中：D——双线线间距（m）；

h——靠近路基面中心侧的钢轨中心处轨枕底以下的道床厚度（m）。

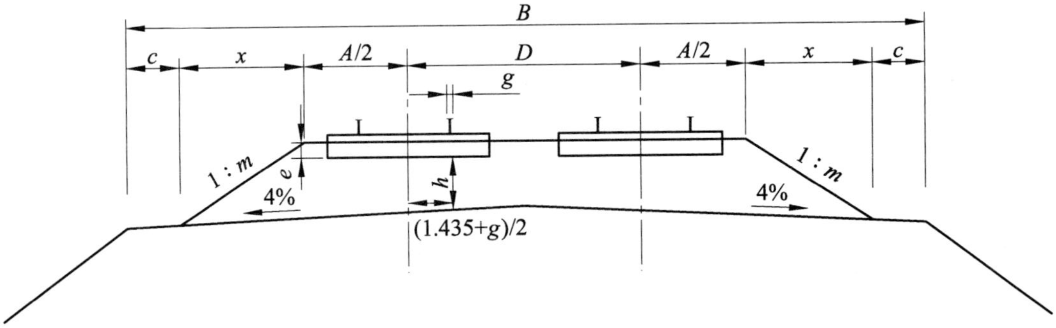

图 2-6 非电气化铁路双线直线地段标准横断面

常用客货共线非电气化铁路直线地段标准路基面宽度可按表 2-5 取值。

表 2-5 客货共线非电气化铁路直线地段标准路基面宽度

项目		Ⅰ级铁路								Ⅱ级铁路	
设计速度/（km/h）		200		160			120			≤120	
双线线间距/m		4.4		4.2			4.0			4.0	
单线道床顶面高度/m		3.5		3.4			3.4			3.4	
道床结构/层		单		双	单		双	单		双	单
道床厚度/m		0.35	0.30	0.50	0.35	0.30	0.50	0.35	0.30	0.45	0.30
路基面宽度/m	单线	7.7	7.5	7.8	7.2	7.0	7.8	7.2	7.0	7.5	7.0
	双线	12.3	12.1	12.2	11.6	11.4	12.0	11.4	11.2	11.7	11.2

注：表中路基面宽度按下列条件计算确定，如有变化，应计算调整路基面宽度。

（1）无缝线路轨道，60 kg/m 钢轨。

（2）Ⅰ级铁路采用Ⅲ型混凝土枕，Ⅱ级铁路采用新Ⅱ型混凝土枕。

2. 客货共线电气化铁路直线地段标准路基面宽度

客货共线电气化铁路直线地段标准路基面宽度应按式（2-5）计算确定，其直线地段标准横断面如图 2-7 所示。当计算值小于非电气化铁路路基面宽度时，按非电气化铁路路基面宽度采用。常用电气化铁路直线地段标准路基面宽度可按表 2-6 取值；高速铁路、城际铁路、重载铁路标准路基面宽度可分别按表 2-7 ~ 表 2-9 取值。

$$B = 2\left(D_1 + \frac{E}{2} + \frac{F}{2} + 0.25\right) + D \qquad (2\text{-}5)$$

式中：D_1——路基面处接触网支柱内侧至线路中心的距离（m）；

E——接触网支柱在路基面处的宽度（m）；

F——接触网支柱基础在路基面处的宽度（m）；

D——双线线间距（m）。

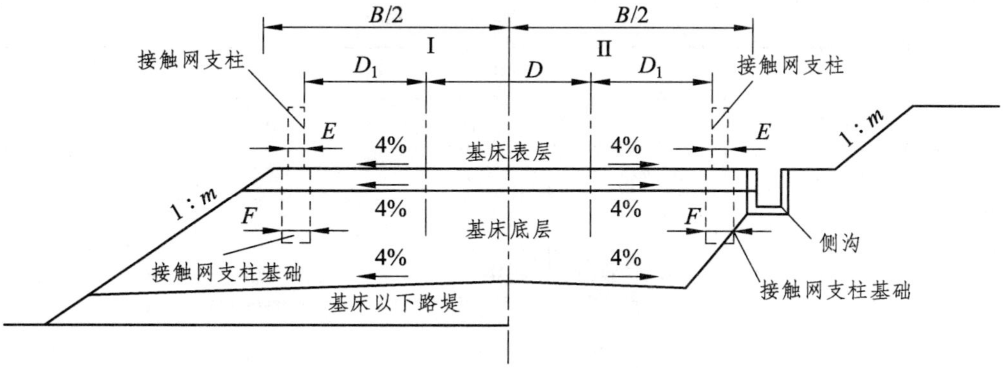

图 2-7 电气化铁路直线地段标准横断面

表 2-6 客货共线电气化铁路直线地段标准路基面宽度

项目		Ⅰ级铁路								Ⅱ级铁路	
设计速度/（km/h）		200		160			120			≤120	
双线线间距/m		4.4		4.2			4.0			4.0	
单线道床顶面高度/m		3.5		3.4			3.4			3.4	
道床结构/层		单		双	单		双	单		双	单
道床厚度/m		0.35	0.30	0.50	0.35	0.30	0.50	0.35	0.30	0.45	0.30
路基面宽度/m	单线	8.1（7.7）	8.1（7.7）	8.1（7.8）	8.1（7.7）	8.1（7.7）	8.1（7.7）	8.1（7.7）	8.1（7.7）	8.1（7.7）	8.1（7.7）
	双线	12.5（12.3）	12.5（12.1）	12.3（12.2）	12.3（11.9）	12.3（11.9）	12.1（12.0）	12.1（11.7）	12.1（11.7）	12.1（11.8）	12.1（11.7）

注：1. 表中路基面宽度按下列条件计算确定，如有变化，应计算调整路基面宽度。

（1）路基面处接触网支柱内侧至线路中心的距离为 3.1 m。

（2）无缝线路轨道，60 kg/m 钢轨。

2. 括号外为采用横腹杆式接触网支撑时的路基面宽度，括号内为采用环形等径支柱时的路基面宽度。

表 2-7 高速铁路标准路基面宽度

项目		有砟轨道			无砟轨道		
设计速度/（km/h）		350	300	250	350	300	250
双线线间距/m		5.0	4.8	4.6	5.0	4.8	4.6
道床厚度/m		0.35	0.35	0.35	—	—	—
路基面宽度/m	单线	8.8	8.8	8.8	8.6	8.6	8.6
	双线	13.8	13.6	13.4	13.6	13.4	13.2

注：表中路基面宽度计算时是按路肩设电缆槽考虑，如有变化，应计算调整路基面宽度。

表 2-8　城际铁路直线地段标准路基面宽度

项目			有砟轨道						无砟轨道		
设计速度/（km/h）			200		160		120		200	160	120
双线线间距/m			4.2		4.0		4.0		4.2	4.0	4.0
道床结构/层			单		单	双	单	双	—	—	—
道床厚度/m			0.30	0.35	0.30	0.50	0.30	0.45	—	—	—
路基面宽度/m	单线	路肩上不设电缆槽	7.3	7.3	7.3	7.8	7.3	7.6	6.1	6.1	6.1
		路肩不设电缆槽	7.3	7.3	7.3	7.8	7.3	7.6	6.1	6.1	6.1
	双线	路肩上不设电缆槽	11.5	11.7	11.3	12.0	11.3	11.8	10.3	10.1	10.1
		路肩不设电缆槽	13.0	13.0	12.8	12.8	12.8	12.8	11.8	11.6	11.6

注：表中路基面宽度计算时是按路基面处接触网支柱内侧至线路中心的距离（有砟轨道为 3.1 m，无砟轨道为 2.5 m）计算的，如有变化，应计算调整路基面宽度。

表 2-9　重载铁路直线地段标准路基面宽度

项目			有砟轨道			
双线线间距/m			4.0			
道床结构/层			单		双	
道床厚度/m			0.35	0.30	0.55	0.50
路基面宽度/m	单线	路堤	8.1	8.1	8.5	8.3
		路堑	8.1	8.1	8.1	8.1
	双线	路堤	12.1	12.1	12.7	12.5
		路堑	12.1	12.1	12.3	12.1

注：表中路基面宽度计算时是按路基面处接触网支柱内侧至线路中心的距离（有砟轨道为 3.1 m）计算的，如有变化，应计算调整路基面宽度。

3. 客货共线铁路区间单、双线曲线地段的路基面宽度

客货共线铁路区间单、双线曲线地段的路基面宽度应在客货共线电气化和客货共线非电气化规定的基础上在曲线外侧按表 2-10 的数值加宽；有砟轨道高速铁路、城际铁路、重载铁路区间单、双线曲线的路基面加宽，应在表 2-7～表 2-9 基础上在曲线外侧按表 2-11～表 2-13 的数值加宽，加宽值应在缓和曲线范围内线性递减。

表 2-10 客货共线铁路曲线地段路基面加宽值

铁路等级	设计行车速度/（km/h）	曲线半径 R/m	路基面外侧加宽值/m
Ⅰ级铁路	200	2 800≤R<3 500	0.4
		3 500≤R≤6 000	0.3
		R>6 000	0.2
	160	1 600≤R≤2 000	0.4
		2 000<R<3 000	0.3
		3 000≤R<10 000	0.2
		R≥10 000	0.1
	120	800≤R<1 200	0.4
		1 200≤R<1 600	0.3
		1 600≤R<5 000	0.2
		R≥5 000	0.1
Ⅱ级铁路	120	800≤R<1 200	0.4
		1 200≤R<1 600	0.3
		1 600≤R<5 000	0.2
		R≥5 000	0.1

表 2-11 有砟轨道高速铁路曲线地段路基面加宽值

设计行车速度/（km/h）	曲线半径 R/m	路基面外侧加宽值/m
250	R<4 000	0.6
	4 000≤R<5 000	0.5
	5 000≤R<7 000	0.4
	7 000≤R<10 000	0.3
	R≥10 000	0.2
300	R<5 000	0.6
	5 000≤R<7 000	0.5
	7 000≤R<9 000	0.4
	9 000≤R<14 000	0.3
	R≥14 000	0.2
350	R<6 000	0.6
	6 000≤R<9 000	0.5
	9 000≤R<12 000	0.4
	R≥12 000	0.3

表 2-12　有砟轨道城际铁路曲线地段路基面加宽值

设计行车速度/（km/h）	曲线半径 *R*/m	路基面外侧加宽值/m
200	*R*<3 100	0.5
	3 100≤*R*<4 000	0.4
	4 000≤*R*<6 000	0.3
	6 000≤*R*<10 000	0.2
	R≥10 000	0.1
160	*R*<1 900	0.5
	1 900≤*R*<2 700	0.4
	2 700≤*R*<3 800	0.3
	3 800≤*R*<7 500	0.2
	R≥7 500	0.1
120	*R*<1 200	0.5
	1 200≤*R*<1 500	0.4
	1 500≤*R*<2 200	0.3
	2 200≤*R*<5 000	0.2
	R≥5 000	0.1

表 2-13　重载铁路曲线地段路基面加宽值

曲线半径 *R*/m	路基面外侧加宽值/m
600≤*R*<800	0.5
800≤*R*<1 200	0.4
1 200≤*R*<1 600	0.3
1 600≤*R*<5 000	0.2
R≥5 000	0.1

习　题

一、填空题

1. 一般路基设计时，路堤边坡高度不宜超过______m，路堑边坡高度不宜超过______m。当路堑边坡高度超过______m 时，边坡坡率、形式等应通过稳定性分析计算确定。

2. 路基设计标高高于天然地面标高时，需要进行填筑；路基设计标高低于天然地面标高时，需要进行挖掘。由于填挖情况的不同，路基可以分为________、________和________等三种基本类型。

3. 路基本体由_______、_______、_______、_______、_______等部分组成。

4. 路基边坡的形状有_______、_______和_______。

5. 铁路区间路基面的形状应该设计为______路拱，路基中心线向两侧应设不小于_____的人字排水坡。单线路基面路拱高约为_______，一次修筑的双线路基路拱拱高约为_______。

二、选择题

1. 设计基床厚度时，通常按列车荷载产生的动应力与路基自重应力之比为（　　）的原则确定。

A. 0.5　　B. 0.3　　C. 0.2　　D. 0.1

2. 土质路堑一般需设置侧沟平台，其最小宽度采用（　　）m。

A. 0.5　　B. 1.0　　C. 2.0　　D. 4.0

3. 基床厚度范围内的土层又分为表层和底层，对于高速铁路有砟轨道，其基床表层和底层的厚度分别为（　　）。

A. 0.5、1.5　　B. 0.3、1.5　　C. 0.7、2.3　　D. 0.4、2.3

4. 路基设计标高是指（　　）。

A. 路肩边缘高程　　B. 路基面中心高程

C. 轨底高程　　D. 道砟顶面高程

三、简答题

1. 路基的类型有哪几种？各有什么特点？

2. 路基边坡有哪几种形式？影响边坡坡度的因素有哪些？

3. 确定路肩高程最小值应考虑哪些因素？

4. 路基面的宽度如何确定？

Chapter 3

第 3 章

路基填料

3.1 路基填料的分类与性质

3.1.1 路基填料的分类

路基填料根据对原土料的使用方法或加工工艺，可分为普通填料、物理改良土、化学改良土和级配碎石。物理改良土是原土料经过破碎、筛分或掺入砂、砾（碎）石等材料并拌和均匀的混合土料。化学改良土是通过向土中掺入石灰、水泥、矿物掺合料等材料的混合料。级配碎石是由开山块石、天然卵石或砂砾石经破碎筛选而成的混合料。

普通填料粒组划分应按表3-1确定，母岩饱和单轴抗压强度小于20 MPa的粗粒和巨粒在粒组划分时按细粒考虑。

表3-1 普通填料粒组划分

粒组	颗粒名称		粒径范围/mm
巨粒	漂石（块石）		$200 \leqslant d < 300$
	卵石（碎石）		$60 \leqslant d < 200$
粗粒	砾粒	粗砾	$20 \leqslant d < 60$
		中砾	$5 \leqslant d < 20$
		细砾	$2 \leqslant d < 5$
	砂粒	粗砂	$0.5 \leqslant d < 2$
		中砂	$0.25 \leqslant d < 0.5$
		细砂	$0.075 \leqslant d < 0.25$
细粒	粉粒		$0.005 \leqslant d < 0.075$
	黏粒		$d \leqslant 0.005$

普通填料按工程性能及级配特征可分为A、B、C、D组填料。

A组填料为级配良好、细粒含量小于15%的碎石土和砾石土，分为A1、A2组。A组填料分类见表3-2。

表3-2 A组填料分类

项目/分类		名称	级配	细粒含量
A1组		角砾土	良好	<15%
A2组	1	圆砾土	良好	<15%
	2	碎石土	良好	<15%
	3	卵石土	良好	<15%

B组填料分为B1、B2、B3组。B组填料所需的压实功较大，又因含有少量细粒土，力学性能比A组填料差。B组填料分类见表3-3。

表 3-3 B 组填料分类

项目/分类		名称	级配	细粒含量	小于 5 mm 颗粒含量	0.075～5 mm 颗粒含量
B1 组	1	角砾土、碎石土、圆砾土、卵石土	间断	<15%	>35%	—
	2	砾砂、粗砂、中砂	良好	<15%	—	—
B2 组	1	角砾土、碎石土、圆砾土、卵石土	间断	<15%	≤35%	—
	2	角砾土、碎石土、圆砾土、卵石土	均匀	<15%	—	—
	3	角砾土、碎石土、圆砾土、卵石	—	15%～30%粉土	—	≥15%
	4	砾砂、粗砂、中砂	间断	<15%	—	—
	5	砾砂、粗砂、中砂	—	15%～30%粉土	—	—
B3 组	1	角砾土、碎石土、圆砾土、卵石土	—	15%～30%粉土	—	<15%
	2	角砾土、碎石土、圆砾土、卵石土	—	15%～30%黏土	—	≥15%
	3	砾砂、粗砂、中砂	均匀	<15%	—	—
	4	砾砂、粗砂、中砂	—	15%～30%黏土	—	—

C 组填料分为 C1、C2、C3 组。C 组填料的细粒土含量更大且其含有的粉类土易受到水和温度的影响，所以 C 组填料的强度要小于 B 组填料。C 组填料分类见表 3-4。

表 3-4 C 组填料分类

项目/分类		颗粒名称	级配	细粒含量	0.075～5 mm 颗粒含量
C1 组	1	块石土	—	<30%	—
	2	块石土	—	30%～50%粉土	—
	3	碎石土、砾石土	—	15%～30%黏土	<15%
	4	碎石土、砾石土	—	30%～50%粉土	—
	5	砾砂、粗砂、中砂	—	30%～50%粉土	—
C2 组	1	块石土	—	30%～50%黏土	—
	2	碎石土、砾石土	—	30%～50%黏土	—
	3	砾砂、粗砂、中砂	—	30%～50%黏土	—
	4	细砂	良好	<15%	—
C3 组	1	细砂	间断或均匀	<15%	—
	2	粉砂	—	—	—
	3	低液限粉土	—	—	—
	4	低液限黏土	—	—	—
	5	低液限软岩	—	—	—

D 组填料可分为 D1、D2 组。D 组填料为不宜使用的差质填料和严禁使用的劣质填料，因为这组土的力学性质差，易受水和温度的影响，导致强度降低，不能确保堤身持久稳固，

所以一般不应使用。D 组填料分类见表 3-5。

表 3-5　D 组填料分类

项目/分类		颗粒名称	粗粒含量
D1 组	1	高液限粉土	30% ~ 50%
	2	高液限黏土	30% ~ 50%
	3	高液限软岩土	30% ~ 50%
D2 组	1	高液限粉土	<30%
	2	高液限黏土	<30%
	3	高液限软岩土	<30%

3.1.2　路基填料土的强度特性

1. 路基填料土的应力-应变关系特性

路基填料土的变形，包括弹性变形和塑性变形。由于路基填料土的组成包括固相、液相、气相三部分。其中，固相部分又由不同成分、不同粒径的颗粒组成，所以路基填料土在应力作用下呈现的变形特性与理想的线性弹性体有很大的区别。图 3-1 所示为压入承载板实验得到的土体顶面压应力与回弹变形的关系曲线，即土的应力-应变关系曲线。压入承载板实验是研究土体应力-应变特性最常用的一种方法，这种方法是以一定尺寸的刚性承载板置于土体顶面，逐级加荷、卸荷，记录施加于承载板上的荷载 P 以及由该荷载所引起的沉降变形 L。

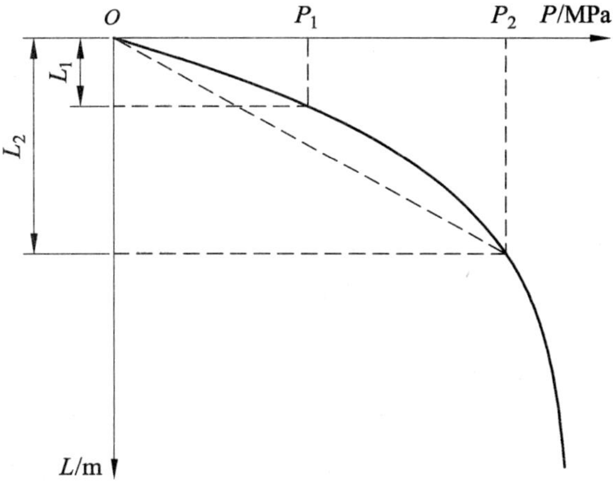

图 3-1　土的应力-应变关系曲线

由图 3-1 可以看出，随着外部荷载的不断增大，其应力-应变关系呈现明显的非线性。当路基填料土受到的外部荷载较小时，其应力-应变关系呈线性；随着外部荷载的逐步增大，其应力-应变关系逐渐呈现非线性；将全部或者部分外部荷载卸除后，由于路基填料土具有弹塑性的特点，不能完全恢复到初始状态。

弹性模量是表征弹性材料或弹性体在受力时应力-应变关系的比例常数。由于土的应力-应变关系呈非线性，因此，认为土的弹性模量 E 是一个条件变量，它随应力-应变关系的改变而变化。

在路基设计中，必须根据土体的实际工作状态对其非线性性质进行相应的修正或简化处理。对路基填料土的非线性应力-应变关系曲线，可采用在不同位置取切线的方法来确定相应的模量值，主要有以下 4 种模量（见图 3-2）：

（1）初始切线模量：应力-应变曲线在原点 O 处的切线的斜率，可反映路基填料土在受载初期阶段的特性，如图 3-2 中的虚线①所示。

（2）切线模量：应力-应变曲线上某点处的切线的斜率，可精确反映该点处应力-应变的变化关系，如图 3-2 中的虚线②所示。

（3）割线模量：应力-应变曲线上某点和原点 O 连线（即割线）的斜率，可反映其在工作应力范围内的应力-应变的平均状态，如图 3-2 中的虚线③所示。

（4）回弹模量：应力卸载阶段应力-应变曲线的割线模量。回弹模量仅包含回弹变形，可反映部分路基土的弹性性质，因此是路基检测中的一项重要指标，如图 3-2 中的虚线④所示。

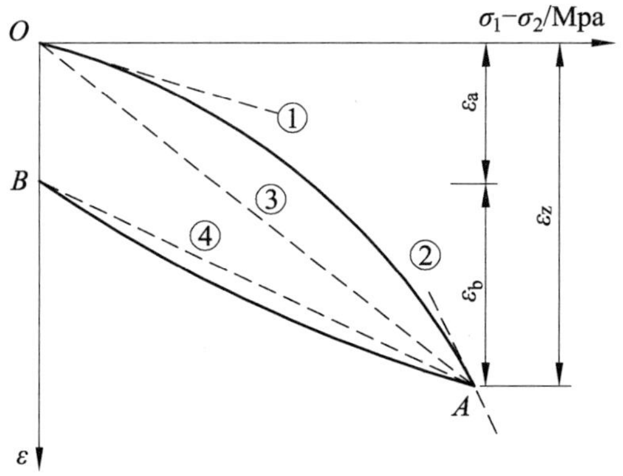

图 3-2　几种模量的取值

2. 路基临界动强度

根据土的动力特性试验可知，由于压实程度有所差别，不同的路基填料均具有一个特定的路基临界动强度。当施加的动荷载强度小于该填料的临界动强度时，填料土塑性变形累积量的增加速率逐渐减慢，直至稳定，不再发生新的塑性变形；当施加的动荷载强度大于该填料的临界动强度时，填料土在动荷载作用下产生的塑性变形累计速率不收敛，直至发生破坏。

土的类型、密实度、含水率及周边应力状态等都是影响路基临界动强度的重要因素。研究表明，为了保证路基填料在长期动荷载作用下还能满足工程需要，应保证其应力水平为标准值的 0.8 倍。在我国，将临界动强度乘以某一动力折减系数（即动、静强度比，数值上小于 1）来考虑。

3. 路基填料的抗剪强度与应用

由于填料的抗剪强度不足引发的剪切破坏是路基破坏中较为常见的一种类型，如路基边坡的滑塌破坏或路基在荷载作用下的失稳等。

土体抵抗剪切破坏的极限应力称为土的抗剪强度，在数值上等于剪切破坏时滑动面上的剪应力。抗剪强度是土体的一项基本力学特性，与土体本身的特性和受力变化、破坏变化的过程存在对应关系。路基填料土的抗剪强度变化规律在工程上广泛采用莫尔-库仑定律描述。按照总应力和有效应力两种情况，其抗剪强度可按照式（3-1）计算：

$$\tau = c + \sigma \tan\varphi \text{ 或 } \tau = c' + \sigma' \tan\varphi' \qquad (3\text{-}1)$$

式中：τ——土的抗剪强度（kPa）；

c、c'——土的黏聚力、有效黏聚力（kPa）；

φ、φ'——土的内摩擦角、有效内摩擦角（°）；

σ、σ'——破坏面上的法向应力、有效法向应力（kPa）。

同一种土体的抗剪强度在不同的试验条件下会存在很大的差异，应针对不同的工程条件选用相应的抗剪强度指标。例如，分析高路堤的稳定性时宜选用直剪试验的固结快剪强度或三轴试验的固结不排水剪切强度；分析路堤沿斜坡或软弱层滑动的稳定性时，宜选用直剪试验的快剪强度或三轴试验的不固结不排水剪切强度。

3.1.3 路基填料土的变形特性

路基填料土的压密沉降、列车行驶中路基面的弹性变形、运营阶段行车引起的基床累积沉降是引起铁路路基变形最主要的三个方面。

1. 路基填料土的压密沉降

路基填料土的压密沉降包括路基施工沉降和竣工后沉降。路基施工沉降将在第 4 章进行详细论述，路基竣工后沉降控制主要考虑以下两个因素：

（1）为了保证列车行驶的平稳和安全，当路基发生沉降后，需要对其进行维修以满足需求，进而要考虑由此增加的维修费用，即初期投资与后期投入的关系。

（2）过大的沉降（实际上也是不均匀沉降）对轨道结构、路基面排水条件以及列车运行条件的影响。沉降量太大，说明填料的压实密度不足、强度低，容易形成不均匀沉降，将影响列车的运行状态。过大的沉降还会破坏路基面的排水条件，以致不能保持良好的横向排水坡度。

目前，世界各国关于路堤填料的压密沉降通常都是通过压实密度予以保证的。日本的施工经验表明：路堤的压缩下沉约为路堤高度的 0.1%～0.3%（砂性土）及 0.2%～0.5%（黏性土）；压实系数在 90%以上、高度为 6 m 的路基，其最终沉降量约为 1 cm，并且一年内其数值将渐趋稳定。我国多条高速铁路路基现场试验表明，以粗粒土、碎石类土填筑时，路堤竣工后沉降量约为路堤高度的 0.1%～0.3%。

2. 列车行驶中路基面的弹性变形

在列车荷载作用下，路基的变形既有弹性变形又有塑性变形。弹性变形是由列车通过时列车动荷载短暂作用产生的，主要发生在基床部位尤其是基床表层。路基的弹性变形反映在轨面弹性变形之中，而轨面弹性变形大会影响行车速度。确定路基的弹性变形控制值时需考虑以下两个因素：

（1）基床表层不发生结构破坏。

（2）由于基床表层弹性变形导致的轨面弹性变形（钢轨挠度）应满足高速行车的舒适性和安全性要求。

3. 运营阶段行车引起的基床累积沉降

运营阶段行车引起的基床累积沉降是由列车通过道床传递到基床面的动荷载引起的。

对于普通土质路基的有砟轨道，这种沉降可通过起道调整来处理。所谓起道，就是为保证行车的平稳和安全，用专门机具将轨枕、钢轨抬高进行捣固的一种线路作业。由于运营阶段行车引起的基床沉降是一个累积过程，为使列车安全运行和保持乘车的舒适性，要经常进行轨道维修作业。因此，累积下沉量的大小限制较宽，它与轨道的维修模式和维修费用有关。

对于无砟轨道，容许的总下沉量为 1.5 cm（包含填料自重压密和地基下沉），这是由无砟轨道结构的可调整量决定的。

实际上，对于高速铁路路基是不允许有显著累积沉降的。累积沉降主要发生在承受列车动荷载的基床部分，特别是基床表层。减少累积沉降的办法：一是把列车传递到基床底层的动应力控制在填料的临界动强度的范围内；二是改善列车动应力在基床中的分布。为此，各国都致力于寻求一种合理的铁路路基基床结构形式。

3.2 路基土的压实原理与影响因素

3.2.1 路基土的压实原理

路基土的压实是用人力或机械力迫使土颗粒互相压密挤紧以增大土体密实度的施工作业。压实工作可将部分空气和水从土体中排出，增大土体的密实度、抗剪强度，减少土体的压缩性，提高其抗渗性并增加路基的稳定性。

在填筑路基的过程就是要尽量压实，使路基填料的干密度 ρ_d 接近于最大干密度 ρ_{dmax}，保证路基的施工质量。土经过击实后得到的干密度 ρ_d 与上述最大干密度 ρ_{dmax} 得出的比值称为该压实土的压实系数 K，用式（3-2）计算：

$$K=\frac{\rho_d}{\rho_{dmax}}\times 100\% \tag{3-2}$$

3.2.2 影响土压实性的因素

1. 含水量

路基填料含水量的变化对其压实质量有显著的影响，实践证明，完全干的土压不实，太湿的土也压不实，稍湿的土才可能压实。当压实功一定时，土的击实曲线，即干密度与含水量之间关系如图 3-3 所示。曲线的峰值对应的含水量为最优含水量 ω_{opt}，对应的干密度为最大干密度 ρ_{dmax}。在工程上，通过控制含水量在最优值附近，来确保土的压实质量。

2. 压实功

土的压实程度与压实机械所做的功有关，压实机械来回滚压的次数越多，压实机械所做的功越大，土就压得越实。土的密度与压实功的关系如图 3-4 所示，注意它是一条渐近线，表示刚开始几次压实效果明显，随着次数的增加，压实效果越来越不明显。

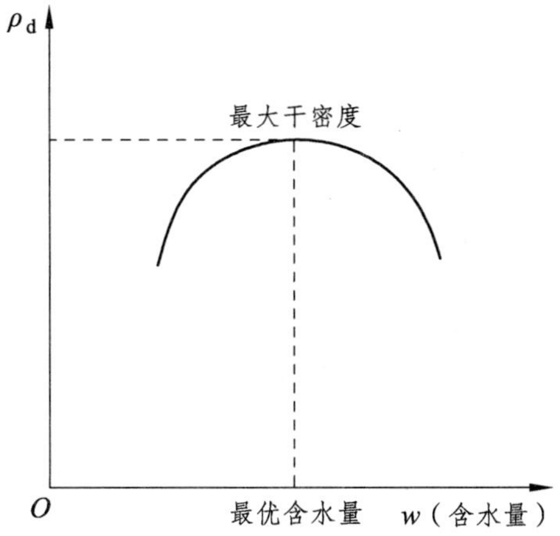

图 3-3 土的击实曲线

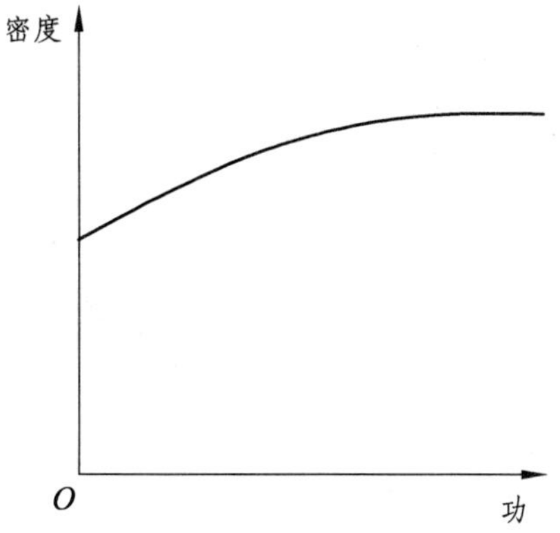

图 3-4 土的密度与压实功的关系

3. 摊铺厚度

实验证明，压实机械对土层的压实作用受土层的深度影响很有限。表面的压实作用最大，离开土层表面越深压实作用越小，超过一定深度后影响很小，如图 3-5 所示为土的压实作用沿深度的变化。因此，施工时每层土的摊铺厚度要适当，这与压实机械以及每层的压实遍数有关。

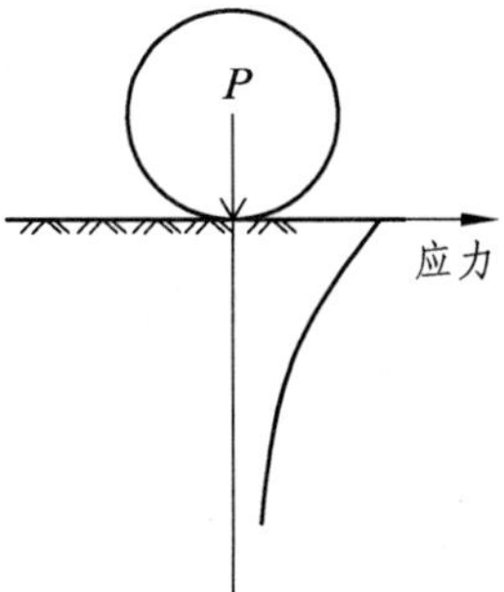

图 3-5 土的压实作用沿深度的变化

4. 土的性质

由于微观结构、颗粒大小等因素的作用，不同土质土体的压实性能具有明显的差异。如一般的黏性土比粉质土压实效果好，原因在于黏粒对粉粒有胶结作用，使得容易移动的粉粒受到约束。在粉粒含量一定时，黏粒含量越高，则这种土的胶结约束力就越大，土的干密度和力学强度指标相应增大；反之随粉粒的增多而不易压实。

3.3 路基土的压实施工方法与注意事项

3.3.1 路基土的压实施工方法

人工压实和机械压实是路基土压实的两种方法。机械压实一般用于大面积的土方施工；人工压实一般用于机械难以进入的狭小场地或者路基与结构物相连的地段，如桥台背后、涵洞两端等。

压实方法按压实作用原理可大致分为碾压法、夯实法和振动密实法三类。碾压法是利用碾压式压实机械碾轮的重力作用，使被压土层产生永久变形而密实。夯实法是利用重锤从一定高度自由落下夯实。振动法是利用一定重量的锤振动产生的冲击力振实。

3.3.2 压实过程中的注意事项

铁路路基的压实作业通常采用压路机进行，应遵循“先轻后重、先慢后快、先边后中”的原则。

“先轻后重”即初压轻、复压重，先碾压、后振动密实。这也是路基分层压实压路机选型的原则。

“先慢后快”是指压路机的碾压速度随着碾压遍数增加应逐渐加快，即初压时要以较低的速度进行碾压，这样可以延长碾压力的作用时间，增加影响深度，加快土体变形，避免产生碾压轮拥土现象，防止压路机陷车等异常情况发生。随着碾压遍数增加，铺筑层的密实度也迅速增加。加快碾压速度有利于提高铺筑层表层的平整度和提高压路机的作业效率。

“先边后中”的碾压顺序是压路机在压实作业过程中应始终坚持的一条规则。也就是说，作业时压路机必须先从路基的一侧（距路基边缘 30 ~ 50 cm 处）沿路基延伸方向，逐渐向路基中心线处进行碾压；在越过路基中心 30 ~ 50 cm 后，再从路基的另一侧边缘开始向路基中心线处碾压。值得注意的是，实施弯道碾压作业时，应先从路基内侧逐渐压向路基外侧，也即从路基低处向路基高处碾压一遍后，再从内侧开始向外侧碾压，如此循环。对傍山路基的碾压，则应从靠山坡的一侧开始，逐渐向沟谷一侧碾压。为防止发生陷车和翻车事故，在碾压山区铁路路基沟谷一侧时，碾压轮应距离路基边缘 100 cm。在碾压过程中，应注意保持压路机行驶方向的直线性，相邻压实带应有 1/3 的重叠量，以保证碾压质量。

3.4 路基压实质量控制指标

1. 地基系数 K_{30}

地基系数 K_{30} 是表示土体表面在平面压力作用下产生的可压缩性的大小，用产生单位位移需要施加的力表示。它是用直径为 30 cm 的刚性承载板进行静压平板荷载试验，取第一次加载测得的应力-位移（σ-s）曲线上位移 s 为 1.25 mm 时所对应的荷载强度 σ_s，按 $K_{30}=\sigma_s/0.001\,25$ 计算得出。

2. 7 d 饱和无侧限抗压强度

7 d 饱和无侧限抗压强度是将试样在标准环境下养护 7 d，按照标准试验方法，逐渐施加轴力，测试试样在无侧向限制（即周围压力为 0）情况下的破坏荷载。破坏时在试样侧面可见清晰的破裂面痕迹，这时的压力即为 7 d 饱和无侧限抗压强度。

3. 动态变形模量 E_{vd}

动态变形模量 E_{vd} 是一种土体承载力指标，可以通过动态平板荷载试验来检测，主要做法是用 10 kg 的锤以 7.70 kN 的最大冲击力冲击土体表面直径 300 mm 的圆板，冲击时间为 18 ms，这样的冲击力约为 σ=0.1 MPa，动态模量可以按照式（3-3）计算：

$$E_{vd}=1.5r\frac{\sigma}{s}=\frac{22.5}{s} \tag{3-3}$$

式中：r——荷载板的半径（mm），r =150 mm；

s——荷载板的冲击下沉幅值（mm）。

路基基床填料的压实控制指标应符合下列规定：无砟轨道铁路、高速铁路及重载铁路采用的级配碎石、砾石类、碎石类及砂类土应采用压实系数、地基系数和动态变形模量作为控制指标；其余铁路采用的级配碎石、砾石类、碎石类及砂类土应采用压实系数和地基系数作为控制指标。化学改良土应采用压实系数及 7 d 饱和无侧限抗压强度作为控制指标。基床表层填料的压实标准见表 3-6，基床底层填料的压实标准见表 3-7。

表 3-6　基床表层填料的压实标准

<table>
<tr><th colspan="2" rowspan="2">铁路等级及设计速度</th><th colspan="2" rowspan="2">填料</th><th colspan="4">压实标准</th></tr>
<tr><th>压实系数 K</th><th>地基系数 K_{30}/（MPa/m）</th><th>7 d 饱和无侧限抗压强度/kPa</th><th>动态变形模量 E_{vd}/MPa</th></tr>
<tr><td rowspan="8">客货共线铁路及城际铁路</td><td>200 km/h</td><td colspan="2">级配碎石</td><td>≥0.97</td><td>≥190</td><td>—</td><td>—</td></tr>
<tr><td rowspan="2">160 km/h</td><td colspan="2">级配碎石</td><td>≥0.95</td><td>≥150</td><td>—</td><td>—</td></tr>
<tr><td>A1、A2 组</td><td>砾石类、碎石类</td><td>≥0.95</td><td>≥150</td><td>—</td><td>—</td></tr>
<tr><td rowspan="4">120 km/h</td><td>A1、A2 组</td><td>砾石类、碎石类</td><td>≥0.95</td><td>≥150</td><td>—</td><td>—</td></tr>
<tr><td rowspan="2">B1、B2 组</td><td>砾石类、碎石类</td><td>≥0.95</td><td>≥150</td><td>—</td><td>—</td></tr>
<tr><td>砂类土（粉细砂除外）</td><td>≥0.95</td><td>≥110</td><td>—</td><td>—</td></tr>
<tr><td colspan="2">化学改良土</td><td>≥0.95</td><td>—</td><td>≥500（700）</td><td>—</td></tr>
<tr><td>无砟轨道</td><td colspan="2">级配碎石</td><td>≥0.97</td><td>≥190</td><td>—</td><td>≥55</td></tr>
<tr><td colspan="2">高速铁路</td><td colspan="2">级配碎石</td><td>≥0.97</td><td>≥190</td><td>—</td><td>≥55</td></tr>
<tr><td colspan="2" rowspan="2">重载铁路</td><td colspan="2">级配碎石</td><td>≥0.97</td><td>≥190</td><td>—</td><td>≥55</td></tr>
<tr><td>A1 组</td><td>砾石类</td><td>≥0.97</td><td>≥190</td><td>—</td><td>≥55</td></tr>
</table>

注：括号内数值为严寒地区化学改良土考虑冻融循环作用所需强度值。

表 3-7　基床底层填料的压实标准

铁路等级及设计速度		填料		压实标准			
				压实系数 K	地基系数 K_{30}/（MPa/m）	7 d 饱和无侧限抗压强度 /kPa	动态变形模量 E_{vd}/MPa
客货共线铁路及城际铁路	200 km/h	A、B 组	粗砾土、碎石类	≥0.95	≥150	—	—
			砂类土（粉砂除外）、细砾土	≥0.95	≥130	—	—
		化学改良土		≥0.95	—	≥350（550）	—
	160 km/h	A、B 组	砾石类、碎石类	≥0.93	≥130	—	—
			砂类土（粉细砂除外）	≥0.93	≥100	—	—
		化学改良土		≥0.93	—	≥350（550）	—
	120 km/h	A、B、C1、C2 组	砾石类、碎石类	≥0.93	≥130	—	—
			砂类土、细粒土	≥0.93	≥100	—	—
		化学改良土		≥0.93	—	≥350（550）	—
	无砟轨道	A、B 组	粗砾土、碎石类	≥0.95	≥150	—	≥40
			砂类土（粉砂除外）、细砾土	≥0.95	≥130	—	≥40
		化学改良土		≥0.95	—	≥350（550）	—
高速铁路		A、B 组	粗砾土、碎石类	≥0.95	≥150	—	≥40
			砂类土（粉砂除外）、细砾土	≥0.95	≥130	—	≥40
		化学改良土		≥0.95	—	≥350（550）	—
重载铁路		A、B 组	粗砾土、碎石类	≥0.95	≥150	—	≥40
			砂类土（粉砂除外）、细砾土	≥0.95	≥130	—	≥40
		化学改良土		≥0.95	—	≥350（550）	—

注：括号内数值为严寒地区化学改良土考虑冻融循环作用所需强度值。

基床以下路堤填料的压实控制指标应符合下列规定：细粒土、砂类土、砾石类土、碎石类土、块石类土等应采用压实系数和地基系数作为控制指标。改良土应采用压实系数和 7 d 饱和无侧限抗压强度作为控制指标。基床以下路堤填料的压实标准见表 3-8。

表 3-8　基床以下路堤填料的压实标准

铁路等级及设计速度		填料	压实标准		
			压实系数 K	地基系数 K_{30}/(MPa/m)	7 d 饱和无侧限抗压强度/kPa
客货共线铁路及城际铁路（有砟轨道）	200 km/h	细粒土	≥0.90	≥90	—
		砂类土、细砾土	≥0.90	≥110	
		碎石类及粗砾土	≥0.90	≥130	—
		化学改良土	≥0.90	—	≥250
	160 km/h、120 km/h	细粒土、砂类土	≥0.90	≥80	—
		砾石类、碎石土	≥0.90	≥110	—
		块石类	≥0.90	≥130	
		化学改良土	≥0.90	—	≥200
高速铁路、客货共线铁路（无砟轨道）及城际铁路（无砟轨道）		砂类土及细砾土	≥0.92	≥110	—
		碎石类及粗砾土	≥0.92	≥130	—
		化学改良土	≥0.92	—	≥250
重载铁路		细粒土、砂类土	≥0.92	≥90	—
		细砾土	≥0.92	≥110	—
		碎石类及粗砾土	≥0.92	≥130	
		化学改良土	≥0.92	—	≥250

习　题

一、填空题

1. 路基填料根据对原土料的使用方法或加工工艺可分为________、________、________、________。

2. 影响土压实性的因素主要有_______、_______、_______、_______。

3. 路基压实施工方法大致可分为_______、_______、_______。

4. 压实过程中需要遵循_______、_______、_______的原则。

5. 常用的路基压实质量控制指标有_______、_______、_______、_______。

二、选择题

1. 下列土体中（　　）为最优的路基填料。

　A. 湿陷性黄土　　B. 软黏土

　C. 砂性土　　D. 蒙脱土（重黏土）

2. 对路堤填筑压实效果影响的最关键因素是（　　）。

　A. 土的类别　　B. 含水量

C. 压实机具　　D. 压实方法

3. 路基压实密度反映了路基的压实效果，其大小与路基填料的（　　）有关。

A. 路基土的天然容重　　B. 干密度

C. 路基土填土高度　　D. 土样含水量

4. K_{30}值的大小一般是相应沉降量为（　　）时的单位荷载。

A. 0.125 cm　　B. 0.25 cm　　C. 0.1 cm　　D. 0.3 cm

5. 压实系数是指土压实后的干密度与该土的（　　）之比。

A. 湿密度　　B. 饱和密度

C. 最大干密度　　D. 浮密度

三、简答题

1. 铁路路基普通填料可分为哪几组？各有什么样的工程特性？
2. 简述路基填料土应力-应变特性和涉及的四种模量。
3. 什么是路基填料的压实系数 K，如何确定？
4. 路基压实质量控制指标有哪些？如何检测？

Chapter 4

第 4 章
路基受力和变形

4.1 路基面上的荷载

对于铁路来说，作用在路基面上的荷载可分为列车荷载和轨道荷载两部分。列车荷载包括机车荷载和车辆荷载。轨道荷载包括钢轨重力、轨枕重力、道砟重力、扣件重力，其与轨道类型、道砟厚度有关，是一种长期静荷载。

铁路路基设计需要考虑荷载影响时，计算中常把静荷载和动荷载一并简化作为静荷载处理。但是，高速铁路路基设计不能简单把动荷载作为静荷载处理，必须进行动态分析，计算列车动荷载的作用在路基中所产生的动应力的大小和分布规律。

4.1.1 列车荷载图式

列车荷载由机车荷载和车辆荷载组成。对铁路路基作用的影响主要是轴重、轴间距以及列车运营速度产生的冲击。铁路列车荷载图式见表 4-1。

表 4-1 铁路列车荷载图式

<table>
<tr><th rowspan="2">线路类型</th><th rowspan="2">图式名称</th><th colspan="2">荷载图式</th></tr>
<tr><th>普通荷载</th><th>特种荷载</th></tr>
<tr><td>高速铁路</td><td>ZK</td><td>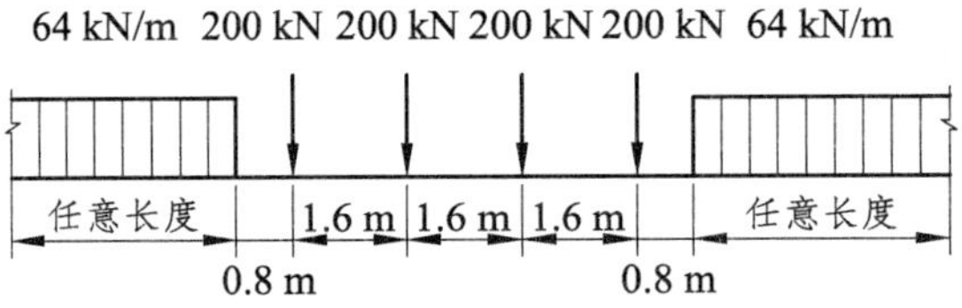
</td><td>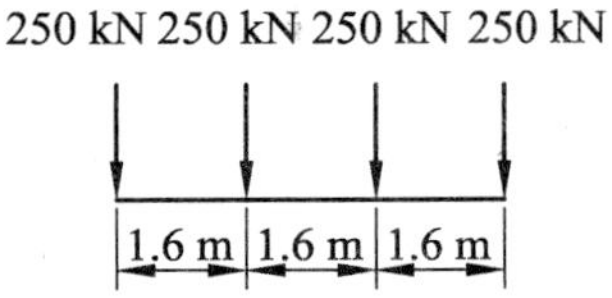
</td></tr>
<tr><td>城际轨道</td><td>ZC</td><td>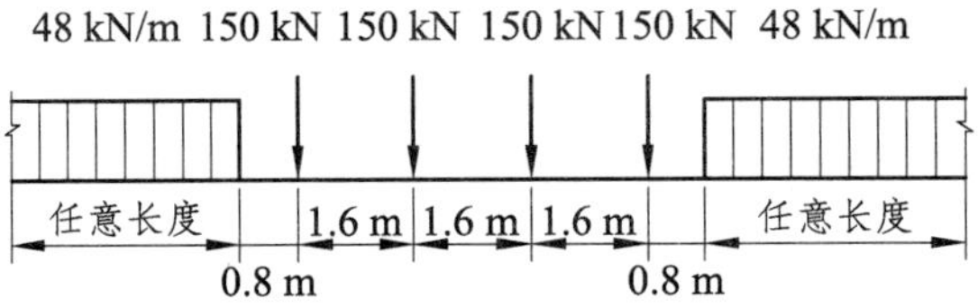
</td><td>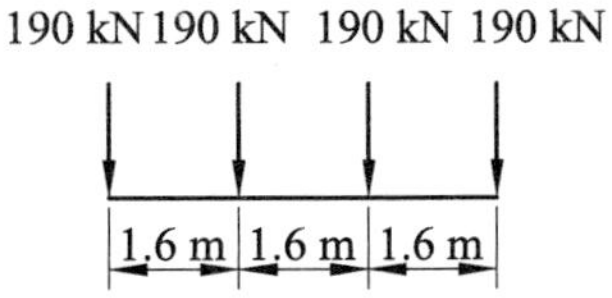
</td></tr>
<tr><td>客货共线</td><td>ZKH</td><td>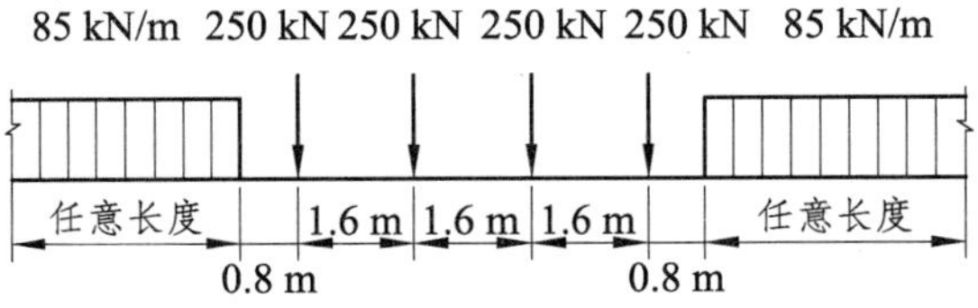
</td><td>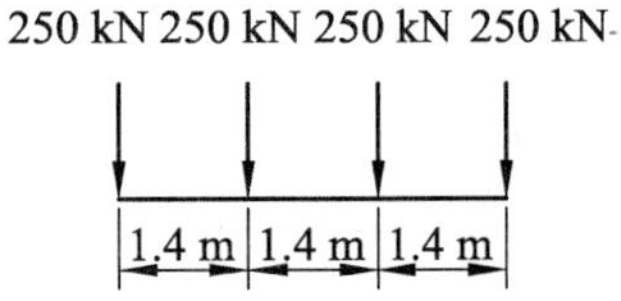
</td></tr>
<tr><td>重载铁路</td><td>ZH</td><td>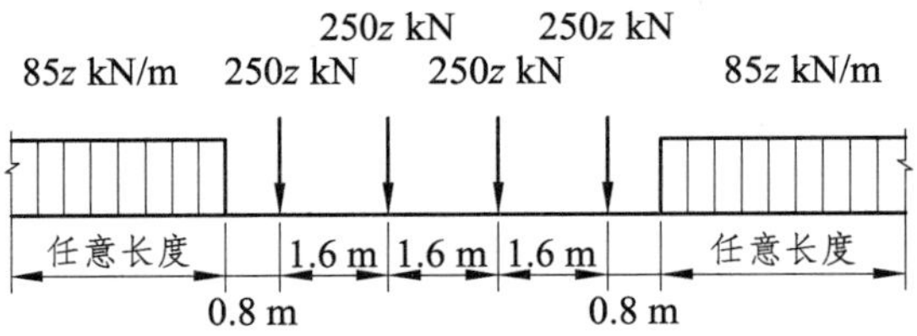

荷载系数 $z \geqslant 1.0$</td><td>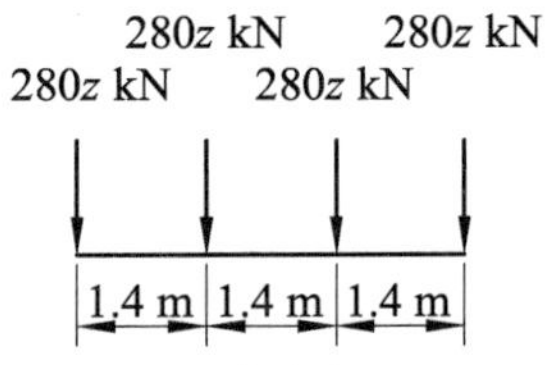

$z \geqslant 1.0$</td></tr>
</table>

4.1.2 列车和轨道荷载换算

1. 有砟轨道

有砟轨道荷载在路基面上的单位荷载可按式（4-1）计算，其分布自轨枕底面端部向下按45°扩散，恒载在路基横断面上的作用如图 4-1 所示。

$$p = P_1 / L_0 \tag{4-1}$$

式中：p——轨道荷载作用在路基面上的单位荷载（kN/m^2）；

P_1——轨道荷载（kN/m）；

L_0——轨道荷载在路基横断面上的分布宽度（m）。

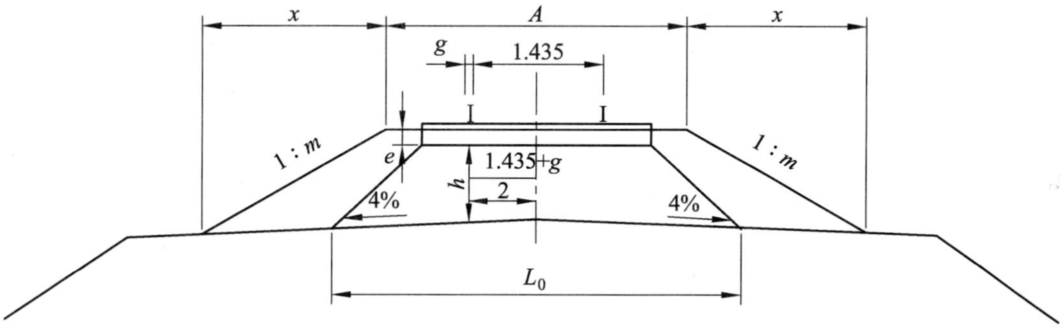

A—单线地段道床顶面宽度；*m*—道床边坡坡率；*h*—钢轨中心的轨枕底以下的道床厚度；
e—轨枕埋入道砟深度，Ⅲ型混凝土轨枕为 0.185 m，Ⅱ型混凝土轨枕为 0.165 m；
g—轨头宽度，75 kg/m 轨为 0.075 m，60 kg/m 轨为 0.073 m，50 kg/m 轨为 0.07 m；
x—砟肩至砟脚的水平距离；L_0—荷载分布宽度，即恒载在路基横断面上作用宽度。

图 4-1 恒载在路基横断面上的作用（尺寸单位：m）

以重型轨道结构，道床厚度 30 cm 为例：

轨枕及扣件重力：(3.53+0.09) × 1.667=6.03 kN/m。

钢轨重力：0.6 kN/m。

道砟重力：20 × (2.233−0.128 × 1.667)=40.39 kN/m。

计算轨道荷载：P=40.39+6.03+0.6=47.02 kN/m。

荷载分布宽度按轨枕端部向下 45°扩散计算：L_0=3.3 m。

轨道单位荷载：$p=P_1/L_0$=47.02/3.3=14.25 kN/m^2。

2. 客货共线铁路

客货共线铁路列车荷载的单位荷载和列车动荷载标准计算应满足下列要求：

（1）在静力分析时，采用列车等效均布荷载，列车荷载自轨枕底面端部向下 45°扩散，作用在路基面上的单位荷载标准值可按式（4-2）计算。路基面荷载分布如图 4-2 所示，单位荷载标准值可按表 4-2 选用。

$$q = Q / L_0 \tag{4-2}$$

式中：q——列车荷载作用在路基面上的单位荷载（kN/m^2）；

Q——列车荷载（kN/m）;

L_0——列车荷载分布宽度（m）。

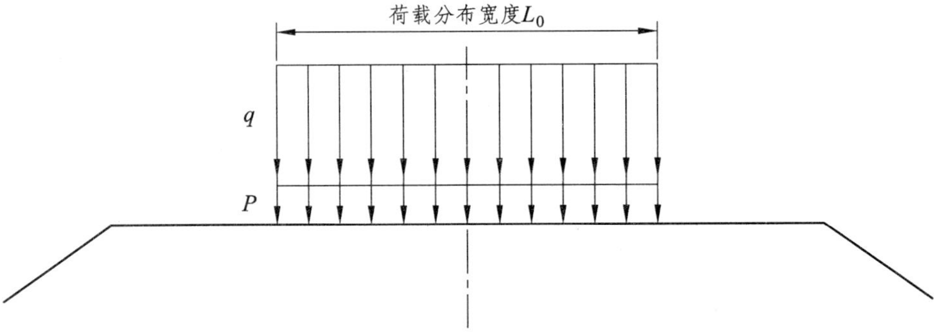

q—列车单位荷载；P—轨道单位荷载。

图 4-2　客货共线铁路路基面荷载分布

表 4-2　路基轨道荷载、列车荷载

项目			Ⅰ级铁路					Ⅱ级铁路
设计速度/（km/h）			200	160	160	120	120	≤120
钢轨/（kg/m）			60	75	60	60	50	50
混凝土轨枕型号			Ⅲ	Ⅲ	Ⅲ	Ⅲ	Ⅱ	Ⅱ
混凝土轨枕长度/m			2.6	2.6	2.6	2.6	2.5	2.5
铺轨根数/根			1 667	1 667	1 667	1 667	1 760	1 760
双线线间距/m			4.4	4.2	4.2	4.0	4.0	4.0
道床顶面宽度/m			3.5	3.5	3.4	3.4	3.3	3.3
道床边坡坡率			1.75	1.75	1.75	1.75	1.75	1.75
基床表层类型	土质	道床厚度/m	—	0.5	0.5	0.5	0.45	0.45
		荷载分布宽度/m	—	3.7	3.7	3.7	3.5	3.5
		轨道单位荷载/（kN/m^2）	—	19.07	18.61	18.61	16.79	16.79
		列车单位荷载/（kN/m^2）	—	48.26	48.26	48.26	51.02	51.02
		单位荷载合计/（kN/m^2）	—	67.33	66.87	66.87	67.81	67.81
	硬质岩石	道床厚度/m	0.35	0.35	0.35	0.35	0.3	0.3
		荷载分布宽度/m	3.4	3.4	3.4	3.4	3.2	3.2
		轨道单位荷载/（kN/m^2）	15.47	15.51	15.11	15.11	13.24	13.24
		列车单位荷载/（kN/m^2）	52.52	52.52	52.52	52.52	55.80	55.80
		单位荷载合计/（kN/m^2）	67.99	68.03	67.63	67.63	69.04	69.04
	级配碎石	道床厚度/m	0.3	0.3	0.3	—	—	—
		荷载分布宽度/m	3.3	3.3	3.3	—	—	—
		轨道单位荷载/（kN/m^2）	14.25	14.29	13.91	—	—	—
		列车单位荷载/（kN/m^2）	54.11	54.11	54.11	—	—	—
		单位荷载合计/（kN/m^2）	68.36	68.40	68.02	—	—	—

注：表中列车单位荷载是按特种荷载计算的，当采用普通荷载时需另行计算。

（2）在基床分析时，道床顶面上的列车动荷载可按式（4-3）计算：

$$P_d = P_s(1+\alpha v) \tag{4-3}$$

式中：P_d——动荷载（kN）；

P_s——静轴重（kN）；

α——速度影响系数，无缝线路货车取 0.004，客车取 0.003，有缝线路取 0.005；

v——设计速度（km/h）。

3. 高速铁路

高速铁路路基面荷载分布如图 4-3 所示，路基面上均布荷载的取值应按表 4-3 选用。

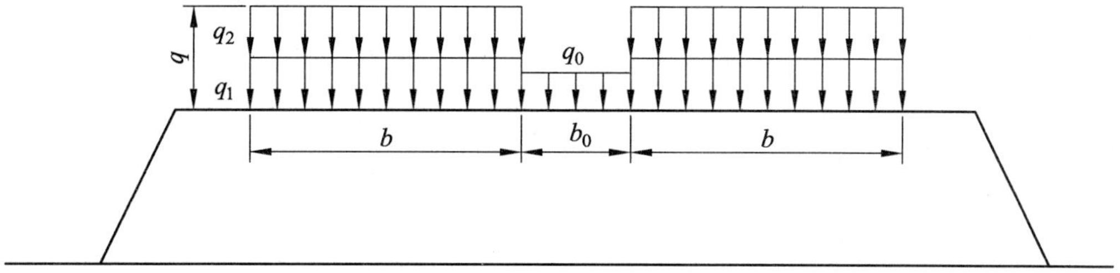

q_1—轨道结构自重均布荷载强度；q_2—列车荷载（ZK 荷载）均布荷载强度；
q_0—线间回填均布荷载强度；q—轨道结构自重与列车荷载均布荷载强度之和；
b—每股道均布荷载分布宽度；b_0—线间回填均布荷载分布宽度。

图 4-3 高速铁路路基面荷载分布

表 4-3 高速铁路轨道和列车均布荷载

轨道形式	分布宽度 b/m	轨道、列车荷载					线间荷载 q_0/（kN/m²）
		轨道自重 q_1/（kN/m²）	列车荷载 q_2/（kN/m²）		总荷载 q/（kN/m²）		
			ZK 普通荷载	ZK 特种荷载	ZK 普通荷载	ZK 特种荷载	
CRTS Ⅰ 型板式无砟轨道	3.0	12.6	41.7	52.0	54.3	64.6	13.2
CRTS Ⅱ 型板式无砟轨道	3.25（2.95）	11.6（14.3）	38.5（42.4）	50.1（53.0）	50.1（56.7）	61.7（67.3）	14.1（12.0）
CRTS Ⅲ 型板式无砟轨道	3.1	13.7	40.4	50.4	54.1	64.1	2.3
CRTS Ⅰ 型双块式无砟轨道	3.4	13.7	36.8	46.0	50.5	59.7	15.1
有砟轨道	3.4	17.3	36.8	46.0	54.1	63.3	10.7

注：1. CRTS Ⅱ 型板式无砟轨道栏中，括号内为摩擦板范围内的荷载值，括号外为摩擦板范围以外的荷载值。

2. 双线铁路线间荷载的分布宽度 b_0 为线间距与轨道和列车荷载分布宽度 b 的差值。

4. 城际铁路

城际铁路路基面荷载分布如图 4-4 所示，路基面上均布荷载的取值应按表 4-4 选用。

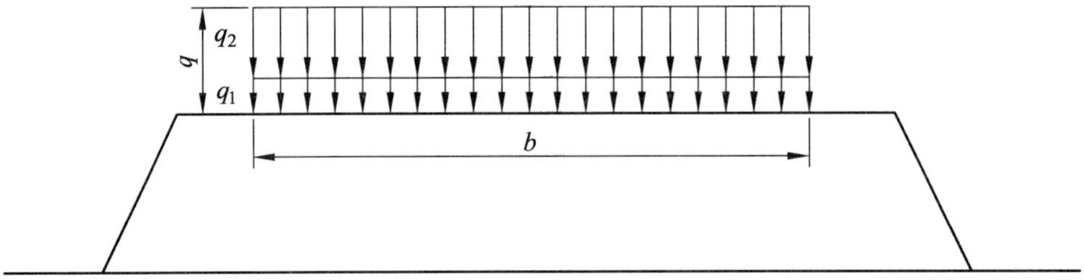

q_1—轨道结构自重均布荷载强度；q_2—列车荷载（ZC 荷载）均布荷载强度；
q—轨道结构自重与列车荷载均布荷载强度之和；b—每股道均布荷载分布宽度。

图 4-4　城际铁路路基面荷载分布

表 4-4　城际铁路路基面上的轨道及列车荷载

轨道类型	设计速度/（km/h）	道砟厚度/m	分布宽度 b/m	轨道结构荷载强度 q_1/（kN/m^2）	列车荷载强度 q_2/（kN/m^2）		总荷载 q/（kN/m^2）	
					ZC 普通荷载	ZC 特种荷载	ZC 普通荷载	ZC 特种荷载
有砟轨道	120	0.30	3.3	19.3	28.5	36.0	47.8	55.3
		0.35	3.4	20.5	27.6	35.0	48.1	55.5
	160	0.30	3.3	18.8	28.5	36.0	47.3	54.8
		0.50	3.7	23.3	25.4	32.1	48.7	55.4
	120	0.30	3.3	18.8	28.5	36.0	47.3	54.8
		0.45	3.6	22.2	26.1	33.0	48.3	55.2

注：表中未包含的轨道形式应另行计算。

铁路路基设计时，常把静荷载和动荷载一并简化作为均布静荷载处理，具体计算时，将列车竖向活载和轨道静荷载一起换算成与路基土体重度相同的具有一定高度和分布宽度的土柱，即换算土柱法。

4.2　路基沉降

4.2.1　天然地基的总沉降量

天然地基是指未经人工处理的地基。天然地基的总沉降量可按式（4-4）计算：

$$S = m_s S_j \tag{4-4}$$

式中：S——地基总沉降量（m）；

m_s——沉降经验修正系数，与地基条件、荷载强度、加荷速率等有关；

S_j——沉降计算值（m），一般采用分层总和法计算。

1. 单一压缩土层的沉降量计算（图 4-5）

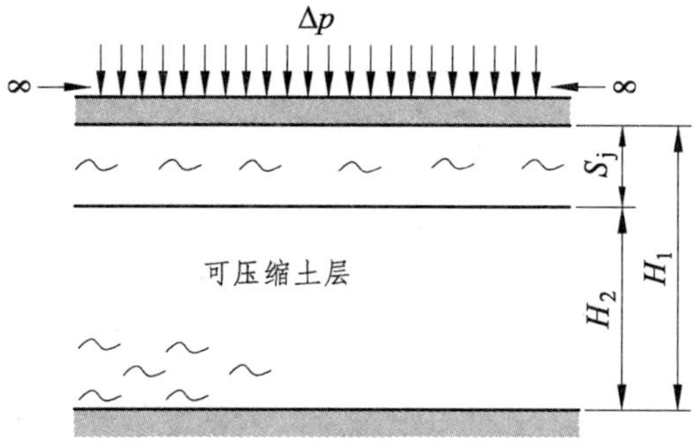

图 4-5 单一压缩土层的沉降量计算

如图 4-5 所示，设地基中仅有一层有限深度的可压缩土层，厚度为 H_1，在无限均布竖向荷载作用下，土层被压缩，压缩稳定后的厚度为 H_2，因此土层的沉降量 S_j 即为

$$S_j = H_1 - H_2 \tag{4-5}$$

其中，H_1 可通过勘察资料得到，H_2 可通过换算得到。其换算过程如下：

在无限均布荷载作用下只需考虑土体的竖向变形，土体的工作条件与室内压缩试验相同。土样在压缩前后的变形量为 S_j，整个过程中土粒体积和土样横截面面积不变。设土粒体积 V_s=1，土样受压前其横截面面积 $A_1 = \frac{1+e_1}{H_1}$，土样受压后其横截面面积 $A_2 = \frac{1+e_2}{H_2}$，则有

$$\frac{1+e_1}{H_1} = \frac{1+e_2}{H_2} \tag{4-6}$$

由此得

$$H_2 = \frac{1+e_2}{1+e_1} H_1 \tag{4-7}$$

将式（4-7）代入式（4-5）得

$$S_j = H_1 - H_2 = \frac{e_1 - e_2}{1+e_1} H_1 \tag{4-8}$$

式中：e_1——与初始应力 p_1 所对应的土层的初始孔隙比；

e_2——与最终应力 p_2 所对应的土层的最终孔隙比。

通过室内压缩试验测得 e-p 曲线后，即可得到相应的孔隙比 e_1、e_2，从而便可通过式（4-9）计算得到在无限均布荷载作用下土体的沉降量。

因为 $e_1 - e_2 = a(p_2 - p_1)$，将式（4-8）通过变换可得

$$S_j = \frac{e_1 - e_2}{1+e_1} H_1 = \frac{a(p_2 - p_1)}{1+e_1} H_1 = \frac{p_2 - p_1}{\frac{1+e_1}{a}} H_1 = \frac{p_2 - p_1}{E_s} H_1 \tag{4-9}$$

式中：a——土的压缩系数（MPa^{-1}）；

E_s——土的压缩模量（MPa）。

实际工程中，地层分布往往是很复杂的，单一压缩土层很少或几乎不存在，在这种情况下，地基沉降量的计算常采用分层总和法。

2. 分层总和法

1）基本假定

（1）地基土的每一分层土为均匀、连续、各向同性的半无限空间弹性体；在外部荷载作用下，土中的应力和应变呈直线关系；可用弹性理论方法计算地基中的附加应力。

（2）地基土的变形条件为完全侧限条件，即在外部荷载作用下，地基土层只发生竖向变形，没有侧向变形，计算沉降量时，可采用室内压缩试验测定压缩性指标。

2）基本原理

在地基变形的深度范围内，按土的特性和应力状态的变化分层，按式（4-10）计算各分层的沉降量 s_i，将各层的 s_i 叠加起来，便可得出地基的最终沉降量 S_{j}，即

$$S_{\mathrm{j}}=\sum_{i=1}^{n}s_i=\sum_{i=1}^{n}\frac{a_i(p_{2i}-p_{1i})}{1+e_{1i}}h_i=\sum_{i=1}^{n}\frac{p_{2i}-p_{1i}}{\dfrac{1+e_{1i}}{a_i}}h_i=\sum_{i=1}^{n}\frac{p_{2i}-p_{1i}}{E_{si}}h_i \tag{4-10}$$

式中：h_i——第 i 层的土层厚度（m）。

地基沉降计算深度应符合下列规定：

（1）高速铁路、无砟轨道铁路地基压缩层的计算深度按附加应力等于 0.1 倍的自重应力确定，其他铁路地基压缩层的计算深度按附加应力等于 0.3 倍的自重应力确定。

（2）计算深度以下仍有软土层时，应继续增加计算深度。

（3）双线路基沉降计算时，轨道荷载可按双线设计，列车荷载宜按单线设计。

3）计算步骤

（1）根据地质资料划分计算土层，分层的原则包括：① 不同土层的分界面处应分层。② 地下水位处应分层。③ 为了保证每一分层内 σ_z 的分布线段接近于直线，以便求出该分层内的 σ_z 的平均值，分层厚度应适当。

（2）计算每一分层土的自重应力和路基基底应力。路基基底应力可采用简化方法计算，主要方法有虚拟三角形法以及 γH 法。

虚拟三角形法是将实际的每延米长路堤土体重力及其顶面上的荷载变换为虚拟的三角菱体，以及作用于其顶面的连续集中荷载来代替实际的列车荷载和轨道荷载。这种代替只对路基面附近的应力状态有本质的改变，但对路堤土体内的应力分布没有太大影响。

γH 法中的路基基底应力 p_{k} 按式（4-11）计算：

$$p_{\mathrm{k}}=\gamma h+\frac{Q+P}{B} \tag{4-11}$$

式中：γ——路基填料容重（$\mathrm{kN/m^3}$）；

h——路堤填方高度（m）；

B——路堤基底宽度（m）；

Q——列车荷载（kN/m）；

P——钢轨、轨枕、道床总重（根据轨枕类型及道床形式尺寸计算确定）。

（3）确定地基沉降计算深度。附加应力随深度递减，自重应力随深度增加，在一定深度处，附加应力相对于该处原有的自重应力已经很小，引起的压缩变形可以忽略不计，此处即为地基沉降计算深度。

（4）计算各分层土的平均自重应力 $\bar{\sigma}_{czi}$ 和平均附加应力 $\bar{p}_{ki}$。

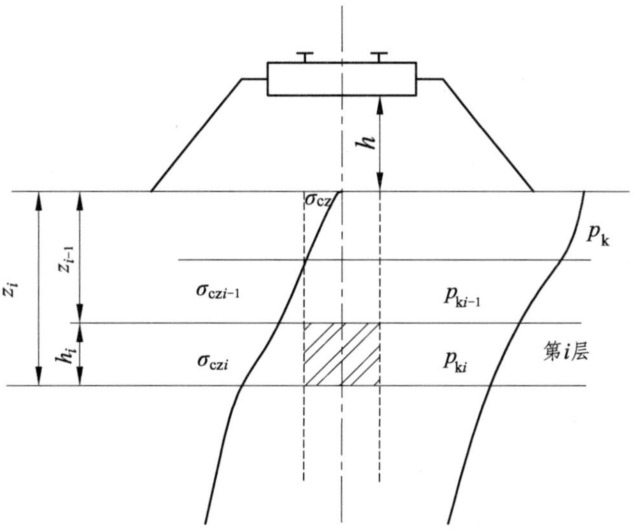

图 4-6　基础底面中心点下每一分层处土的自重应力和附加应力分布

图 4-6 所示为基础底面中心点下每一分层处土的自重应力和附加应力分布曲线。为了得到孔隙比，需要计算每一分层（以第 i 层为例）处的平均自重应力 $\bar{\sigma}_{czi}$ 和平均附加应力 $\bar{p}_{ki}$，其值分别为

$$\bar{\sigma}_{czi}=\frac{\sigma_{czi-1}+\sigma_{czi}}{2},\quad \bar{p}_{ki}=\frac{p_{ki-1}+p_{ki}}{2}$$

（5）令 $p_{1i}=\bar{\sigma}_{czi}$，$p_{2i}=\bar{\sigma}_{czi}+\bar{p}_{ki}$，从土层的压缩曲线中查出 e_{1i}、e_{2i}。

（6）按式（4-9）计算每一分层土的沉降量和地基的最终沉降量。

由于分层总和法包括上述基本假设，且压缩层厚度的确定方法没有严格的理论依据，研究表明，不同压缩层厚度的确定方法的计算结果相差 10% 左右。因为该方法实际上为半经验方法，故沉降量计算值与工程中的实测值不完全相同。对于软土，沉降量计算值比实际值要小很多；对于硬土，沉降量计算值比实际值要高。但分层总和法计算沉降量概念比较明确，计算过程及变形指标的选取比较简便、易于掌握，故其依然是被工程界广泛采用的计算沉降量的方法。

【例题 4-1】某正常固结土层厚 2.0 m，其下为不可压缩土层，平均自重应力 p_{cz} = 100 kPa，压缩试验数据见表 4-5，平均附加应力 p_0=180 kPa，试求该土层的最终沉降量。

表 4-5　压缩试验系数

压力 p/kPa	0	50	100	200	300	400
孔隙比 e	0.98	0.90	0.85	0.78	0.70	0.65

解：土层厚度为 2.0 m，其下为不可压缩土层，其沉降量可用式（4-8）计算：

即 $$S_j = \frac{e_1 - e_2}{1 + e_1} H$$

其中，H 为土层厚度；e_1 为 e-p 曲线上土层顶、底处的自重应力平均值 p_{cz}（即原始压力 $p_1 = p_{cz}$）所对应的孔隙比；e_2 为 e-p 曲线上土层顶、底处的自重应力平均值 p_{cz} 与附加应力平均值 p_0 之和（即 $p_2 = p_{cz} + p_0$）所对应的孔隙比。

当 p_1 =100 kPa 时，$e_1 = 0.85$；当 p_2 =100+180= 280 kPa 时，$e_2 = 0.716$。可得最终沉降量为

$$S_j = \frac{e_1 - e_2}{1 + e_1} H = \frac{0.85 - 0.716}{1 + 0.85} \times 2\,000 = 144.86 \text{ mm}$$

4.2.2 复合地基的总沉降量

复合地基是指部分土体被增强或被置换形成增强体，由增强体和周围地基土共同承担荷载的地基。复合地基的总沉降量可按式（4-12）计算：

$$S = m_{Js} S_1 + m_{Xs} S_2 \tag{4-12}$$

式中：m_{Js}——加固区沉降经验修正系数，与地基条件、荷载强度、地基处理措施及路基填筑完成放置时间等因素有关；

S_1——加固区沉降计算量（m）;

m_{Xs}——下卧区沉降经验修正系数，与地基条件、荷载强度、加荷速率等有关；

S_2——下卧区沉降计算量（m）。

1. 加固区沉降量 S_1 计算方法

1）置换率复合模量法

散体材料桩及加固土桩复合地基加固区沉降量可采用式（4-13）进行计算：

$$S_1 = \sum_{i=1}^{n} \frac{\Delta p_i}{E_{csi}} h_i \tag{4-13}$$

式中：Δp_i——第 i 层复合土的平均附加应力增量（kPa），可采用 Boussinesq（布西内斯克）法和应力扩散法计算；

h_i——第 i 层复合土层的厚度（m）。

复合模量 E_{cs} 值通过面积加权平均法采用式（4-14）计算：

$$E_{cs} = mE_p + (1-m)E_s \tag{4-14}$$

式中：E_{cs}——桩土复合压缩模量（MPa）;

E_p——桩体压缩模量（kPa）;

E_s——桩间土压缩模量（kPa）;

m——复合地基面积置换率。

复合地基面积置换率采用式（4-15）计算：

$$m=\frac{A_p}{A} \tag{4-15}$$

式中：A_p——单桩面积（m^2）；

A——桩周复合土体单元面积（m^2）。

2）承载力比复合模量法

水泥粉煤灰碎石（Cement Fly-ash Grave，CFG）桩及低标号素混凝土桩复合地基加固区沉降量可按式（4-13）计算，其中复合模量 E_{cs} 值可利用加固区土的模量提高系数 ξ 计算：

$$E_{cs}=\xi E_s \tag{4-16}$$

$$\xi=\sigma_{sp}/\sigma_0 \tag{4-17}$$

式中：σ_0——天然地基基本承载力（kPa）；

σ_{sp}——复合地基容许承载力（kPa）；

ξ——承载力与压缩模量提高系数。

3）桩身模量法

水泥粉煤灰碎石桩及低标号素混凝土桩等刚性桩复合地基、刚性桩结构加固区沉降量可按式（4-18）计算：

$$S_1=\psi_p\frac{Ql}{E_pA_p} \tag{4-18}$$

式中：Q——刚性桩桩顶附加荷载（kN）；

l——刚性桩桩长（m）；

E_p——桩体压缩模量（kPa）；

A_p——单桩截面积（m^2）；

ψ_p——刚性桩桩体压缩经验系数，宜综合考虑刚性桩的长细比、桩端刺入量，根据地区实测资料及经验确定。

2. 下卧层沉降量计算方法

复合地基下卧层沉降量的计算仍用分层总和法进行计算，下卧层的附加应力可按下列方法进行计算。

1）Boussinesq 法

依据 Boussinesq 理论，在条形荷载作用下，地基中心点下任一点的深度 z 处的附加应力，可按式（4-19）计算：

$$\sigma_z=\sigma_z^s P_k \tag{4-19}$$

式中：P_k——条形基础底面的附加应力；

σ_z^s——地基附加应力系数，$\sigma_z^s=\frac{2}{\pi}\left(\frac{2n}{1+4n^2}+\arctan\frac{1}{2n}\right)$，其中 $n=\frac{z}{b}$，b 为条形基础底面宽度。

2）应力扩散法

作用在下卧层顶面的附加应力可按式（4-20）计算，应力扩散法计算示意如图 4-7 所示。

$$\sigma_z = \frac{BLP_k}{(B+2h\tan\theta)(L+2h\tan\theta)} \tag{4-20}$$

式中：σ_z——下卧层顶面的荷载平均应力（kPa）；

B——为复合土体上加载宽度（m）；

L——为复合土体上加载长度（m）；

h——为复合地基加固区深度（m）；

θ——应力扩散角（°），建议按《建筑地基基础设计规范》（GB 50007—2011）规定取值。

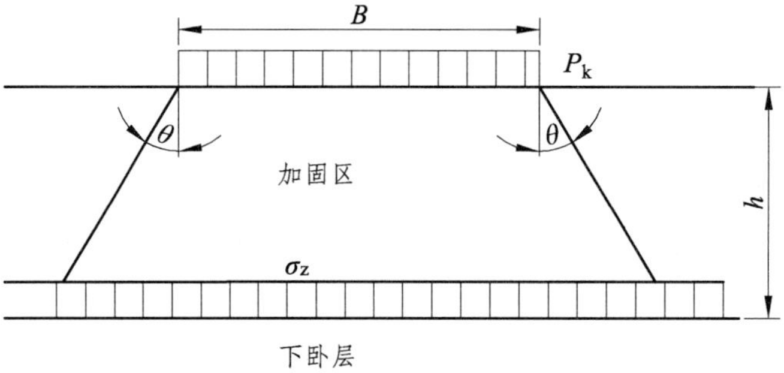

图 4-7　应力扩散法计算示意

4.2.3　路基工后沉降

路基工后沉降是指铺轨完成后路基产生的沉降量。随着我国高速铁路，尤其是无砟轨道的迅猛发展，对路基工后沉降的控制限值越来越严格。

路基工后沉降量应满足式（4-21）的要求，可按式（4-22）~ 式（4-24）进行计算：

$$S_r \leqslant C_d \tag{4-21}$$

$$S_r = S_{有荷} + S_D - S_T \tag{4-22}$$

$$S_D = CH \tag{4-23}$$

$$S_T = \eta S_{无荷} \tag{4-24}$$

式中：S_r——工后沉降（m）；

C_d——工后沉降控制限值（m），按表 4-6 取值；

$S_{有荷}$——有荷状态下地基总沉降量（m）；

S_D——铺轨完成后路堤填料的剩余沉降量（m）；

S_T——施工期沉降量（m）；

C——路堤填料的沉降比，应结合填料、路基填筑完成放置时间、压实设备、压实标准及地区经验综合确定；

H——路堤边坡高度（m）；

η ——施工期沉降量完成比例系数，应结合填料、路基填筑完成放置时间、压实设备、压实标准及地区经验综合确定；

$S_{无荷}$ ——无荷状态下地基总沉降量（m）。

表 4-6 路基工后沉降控制限值

铁路类别				一般地段工后沉降/mm	桥台台尾过渡段工后沉降（差异沉降）/mm	沉降速率/（mm/年）
有砟轨道	客货共线	200 km/h		≤150	≤80	≤40
		200 km/h 以下	Ⅰ级	≤200	≤100	≤50
			Ⅱ级	≤300	≤150	≤60
	高速铁路	300 km/h、350 km/h		≤50	≤30	≤20
		250 km/h		≤100	≤50	≤30
	城际铁路	200 km/h		≤150	≤80	≤40
		160 km/h、120 km/h		≤200	≤100	≤50
	重载铁路			≤200	≤100	≤60
无砟轨道				≤15	5	—

注：1. 无砟轨道铁路不仅应满足差异沉降要求，还应满足不均匀沉降造成的折角不应大于 1/1 000 的要求。

2. 无砟轨道路基沉降比较均匀且调整轨面高程后的竖曲线半径大于 $0.4v^2$ 时（v 为设计速度），工后沉降控制限值为 30 mm。

4.2.4 路基不均匀沉降

路基是线路的基础，但由于线路上路基土的刚度和厚度不同，当列车经过时，在列车荷载的作用下，路基土会产生不均匀沉降，进而影响路基的强度和稳定性以及列车的行驶速度、安全性和舒适性。因此，研究解决路基不均匀沉降的措施不仅具有巨大的经济技术价值，还具有较高的社会效益。

造成路基不均匀沉降的原因有很多，如荷载大小、土体性质、土层分布、土的应力历史、水分分布及施工工艺等。大量的调查研究表明，路基不均匀沉降是多方面因素综合作用的结果。归纳起来，路基不均匀沉降的原因有以下 5 种。

1. 路基填土压实密度不足

由于压实密度不足，往往导致填方路基产生不均匀沉降变形，路基两侧出现纵向裂缝。路基土体压实密度不足的主要原因有以下 4 点：

（1）路基填料含水率控制不佳。土体含水率小时，土颗粒之间内摩擦阻力大，当摩擦阻力达到一定值时，无法进行压实；而当含水率超过一定值时，土颗粒之间大部分是孔隙水，无法进一步压实。所以，要控制最优含水率。

（2）填料颗粒级配不良，粗细颗粒之间的比例不合理，会导致土体压实密度不够。

（3）土的性质。由于微观结构、颗粒大小等因素的作用，路基中不同土质土体的压实密度会有差异。

（4）压实厚度。由于压实机械对路基土所施加的荷载随着路基土层厚度的增加而减小，所以，当土层较厚时，会导致土体的压实密度不够。

2. 路堤填料不均匀

由于路基的填料通常来自路堑的挖方、隧道掘进产生的废方，所以填料的级配和性质很难得到有效控制。一方面，在施工过程中，如果遇到分层碾压厚度过大、小颗粒填料和软弱物质的土层，很难使其得到有效压实，在荷载的长期作用下，填料会产生不均匀沉降变形，导致路基产生局部沉陷；另一方面，由于填料的性质不一样，特别是有的填料具有膨胀性，在路基排水系统局部失效后，水的渗入会使路面局部隆起，破坏路基的整体性，影响行车的安全性和舒适性。

3. 排水系统不完善

由于排水系统不完善，导致排水时水流会冲刷填方边坡，导致路基下沉、开裂，影响路基的强度和边坡的稳定，使得路基产生不均匀沉降。

4. 施工工艺

选择不恰当的施工工艺会引起路基的不均匀沉降，主要表现为填筑顺序不当、压实机械选用不当、分层压实厚度过大、土石混填不满足规范、施工中未按要求做好排水措施、压实不足、填挖交界未按设计要求设置台阶和布置土工格栅等。

5. 列车动荷载影响

路基基床是轨道结构的基础，承受着线路上部静荷载和列车作用产生的动荷载，在动荷载和外界因素的长期作用下，路基基床会出现翻浆冒泥等浅层病害和下沉挤出变形等较深层病害。当路基面动荷载超过基床土体的承载能力时，随着列车荷载的作用，道床会不断地“切入”基床土体内，导致线路路基持续下沉。

4.3 路基与其他建筑物的连接

4.3.1 过渡段的基本问题

铁路线路是由不同性质的桥、隧、路堤、路堑等构筑物和轨道构成的，它们相互作用、相互依存、相互补充，共同构成一条平滑线路。但由于组成线路的结构物在材料、强度、变形等方面的差异巨大，线路在荷载的作用下，必然会引起轨道的不平顺。而轨道的不平顺又会影响列车的运行安全和乘客乘车的舒适性。所以，控制好轨道的不平顺，处理好过渡段的衔接问题非常关键。

1. 过渡段的受力特点与变形规律

由于列车行驶方向的不同，过渡段受列车荷载的作用也不同。在列车驶向桥台时，列车荷载会对桥台与路基连接处有一定的冲击作用；而当列车从桥面驶向路基方向时，则对距离桥台过渡段的中间位置有较大冲击作用（见图 4-8）。既有线路基与桥梁过渡段（简称路桥过渡段）动态测试的动应力比一般路基大，说明过渡段的不平顺会引起动应力增大，需要对过渡段进行专门设计。

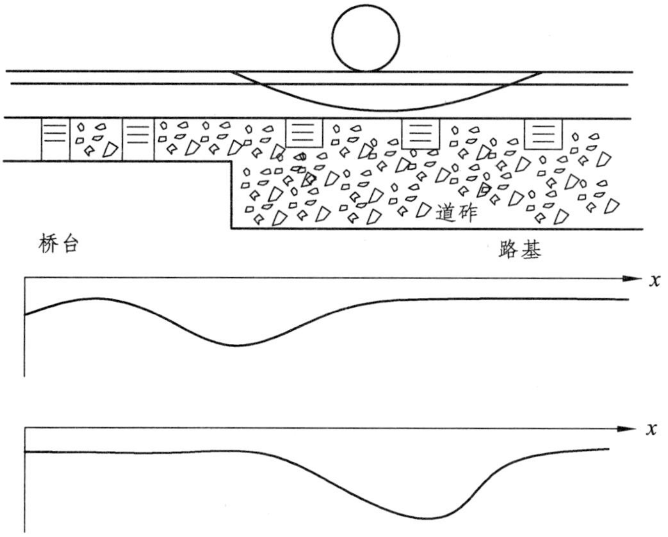

图 4-8　过渡段路基面上的动力响应

正常施工的路桥过渡段，在基底比较稳定的情况下，其路基部分的沉降变形遵循从桥台到一般路基逐渐增加的规律。由于施工质量、水害等原因会引起路基在靠近桥台部分产生较大的沉降差异，与桥台之间产生竖向的错动甚至裂缝。

2. 过渡段的几何不平顺与力学不平顺

路基、桥台、涵洞的沉降经常会不同，其中路基部分的沉降变形会大一些，且在其过渡点附近极易产生变形差，这种变形差称之为几何不平顺。几何不平顺会导致轨面发生弯折，当列车通过时，必然会引起车辆与线路相互作用力的增大，加速线路状态的劣化，降低线路设备的服务质量，增加线路的养护维修费用，严重时甚至危及行车安全。

路基与桥梁、涵洞等刚度差别较大，它们对列车车辆通过时的动荷载响应会不同，这种两种线路结构存在的刚度上的差异称为力学不平顺。力学不平顺会影响到乘坐的舒适性。

国内长期以来对路桥过渡段的处理问题不够重视，在过去的设计中并没有采取明确的措施，也没有提出明确的标准，认为各种因素引起的轨面变形可通过起拨道、捣固工作进行修复。在施工过程中由于路桥过渡段的位置特殊，常使桥台后的填料不易达到最佳的压实效果，导致竣工后的沉降较大。另外，工程建设施工计划的安排也增大了过渡段处理难度。桥梁作为重点工程一般都优先进行施工，路基工程由于被认为施工难度较小而放在最后，路桥过渡段更是放在铺架前才突击完成，没有一定的静置稳定时间，导致运营后沉降变形大，需进行频繁养护维修才能保证轨道的平顺性。大量的调查分析表明，我国普通铁路路桥过渡段的病害较为突出，经常的维修使得一些线路桥台后的路基道砟囊深度较大，纵向延伸较长。

路桥、路涵和堤堑过渡段受到高速运行车辆动荷载的作用时，往往会出现较大的跳车现象，产生几何不平顺与力学不平顺，这种现象的主要原因有以下五个方面。

1）路基与桥（涵）的结构差异

桥（涵）结构一般是刚性的，而路基是柔性的。由于这两种结构的差异，在路基与桥（涵）之间必然存在着变形差异（见图 4-9）。路基与桥（涵）过渡段由于结构性质、自重、强度不同，并且在列车荷载作用下又是应力集中区域，必然产生不一致的变形。

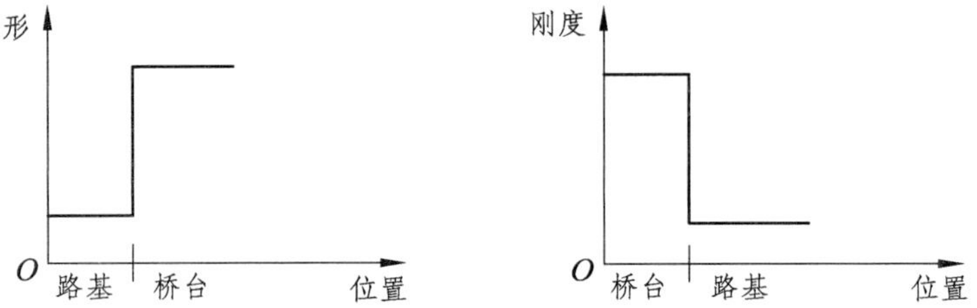

图 4-9　路基与桥（涵）的结构差异

2）路基填料

普通铁路的路堤填料一般是填土，压实标准相对较低。同时，过渡段往往作业面相对狭小，碾压质量不易控制，其压实密度达不到设计要求。

3）地基

地基土的性质及结构不同，所产生的沉降和沉降达到稳定所需要的时间也不同。桥头路基一般填筑较高，地基土承受的附加应力较大，地基的沉降变形较其他路段要大，软弱地基路段尤其如此。

4）施工

施工时，对工期或工序安排不当，以致过渡段的填土碾压工作安排在施工工期尾部，不能够很好地控制填土压实质量，使得过渡段路基产生较大的压密下沉变形。

5）重桥轻路意识

设计和施工中重桥轻路的意识是影响路桥过渡段施工质量的因素之一。目前在铁路建设工程中，往往是路桥分家，重桥轻路。桥梁施工中集中了大量精干的工程技术人员，而路基施工却未能投入必要的技术人员。在设计中没有把路桥过渡段作为一种结构物来考虑，没有较为合理的设计要求，但在施工过程中，路桥过渡段又是质量控制的薄弱环节。

4.3.2　过渡段的设计

1. 过渡段一般处理原则与方法

为避免产生几何不平顺和力学不平顺，需要在路基与其他建筑物之间设置一定长度的过渡段，以保证列车或车辆安全、舒适地运行。

根据过渡段线路不平顺的发展规律，过渡段的处理应包含两个方面的内容。

（1）受荷载影响范围内线路结构抵抗动载变形的能力，即线路综合模量（刚度）的平顺过渡，避免产生力学不平顺。

（2）柔性路基与其他刚性建筑物之间的工后沉降差，即几何不平顺问题。

这两个方面都对列车或车辆的运行产生影响，但产生的原因各不相同，影响程度也不一样，必须区别对待，有针对性地进行处理，才能达到较好的效果。需要设置过渡段的有路基与桥（涵）的过渡；路堤、路堑过渡；隧道洞口过渡等。

下面以路桥过渡段为例来介绍过渡段的处理方法及原理：

（1）在减少路基与桥梁间沉降差异方面，主要在于加大过渡段地基处理力度，尽量减少由于地基的变形引起与桥台之间的不均匀沉降。在软土或冻土等特殊土地区，要根据产生地基沉降的原因采取针对性的地基处理方法。在软土地区要使地基内的软土充分固结，尽量减少路基工后沉降；在多年冻土地区要根据冻土的类型尽量使其处于稳定状态，不产生长期的变形或融化下沉。

（2）在减少路基和桥梁间的刚度差异方面，可以在过渡段的路基一侧增大基床刚度，减小路基的变形。此类处理方法的主要目的是通过加强路基刚度来达到减小路基与桥梁在刚度和变形方面的差异，进而减小路基与桥梁间的不平顺。

路基与桥梁的过渡段的处理方法主要有以下三类。

（1）在过渡段较软一侧增大基床刚度。

① 碎石类优质材料填筑法。

使用碎石、级配砂砾石、水泥石灰稳定砂石土等强度高、变形小的优质材料填筑过渡段，能够减小路堤自身的压缩性，并根据施工顺序，设置一定的几何形状使过渡段的刚度和变形能够均匀变化。该方法设计意图明确，材料性质可靠、易控制，但由于靠近桥台背面的空间比较狭窄，可能导致填料压实质量不足，相对较重的填料质量引起的地基沉降也较大，所以，填筑时要进行充分压实，并进行质量检测。

② 加筋土法。

在过渡段路堤填土（必要时也可包括地基）中埋设一定数量的加筋材料，如土工格栅、土工布、土工网等形成加筋土路堤结构。加筋土不仅能增加路基强度，而且还能大幅提高路基刚度，显著减小路基变形，能将桥背土路基与路桥交界处的台阶式跳跃沉降变成连续的斜坡式沉降，如图 4-10 所示。

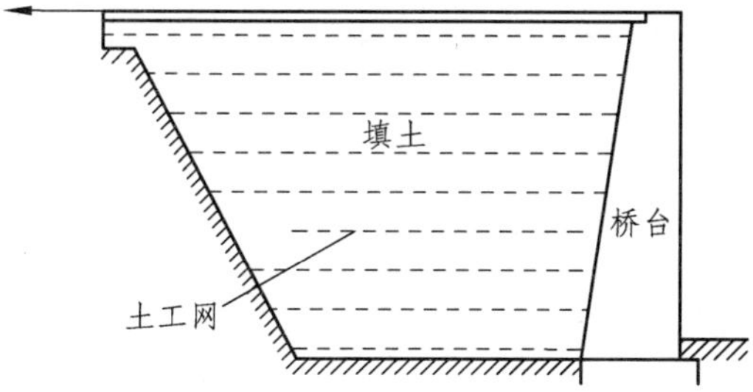

图 4-10 加筋土法过渡段

③ 轻型材料法。

使用如 EPS（Expanded Polystyrene，聚苯乙烯泡沫）、人工气泡混凝土等力学性能较好的轻型材料对过渡段进行填筑，主要是为了减轻结构物的自重，从而降低对地基竖向加载作用及桥台结构的水平土压力，使得地基变形减小。

④ 过渡板法。

在过渡段范围内的路基填土上现浇一块钢筋混凝土厚板，并使一端支承在刚性基础（桥台）上，利用钢筋混凝土厚板的抗弯模量来增大刚度，如图 4-11 所示。常见的过渡形式为上置式钢筋混凝土搭板，它一端支撑在桥台上，另一端简支于枕梁上，搭板既可水平放置，也可倾斜布置，板厚可均匀，也可渐变。当该方法用于铁路过渡段时，由于过渡段的范围较大，列车的质量很大，速度很快，板底的支撑条件不确定，结构受力情况非常复杂，一旦破坏，更换非常困难。另外，该方法虽然对轨道刚度的增加较显著，但不能减小路堤地基的变形，必须配以其他处理措施才能有效地控制轨面弯折。

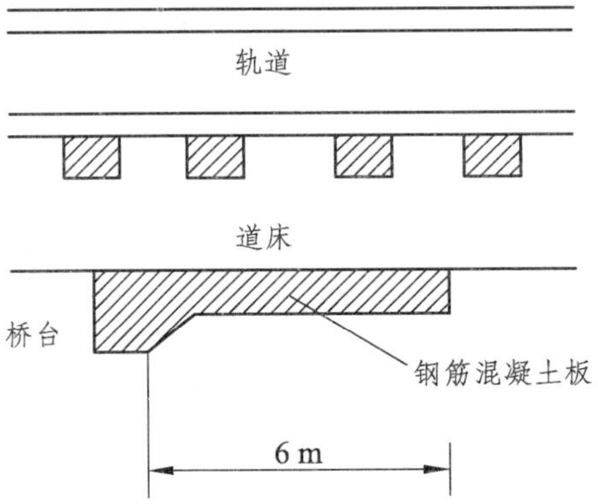

图 4-11　过渡板法过渡段

⑤ 轻质填料法。

位于软土地区的路桥过渡段，还可以采用如二灰土这种重度小、强度大的轻质填料。这种填料可减小对桥台及基础的附加水平力，并通过薄层填筑、机械压实，减小地基的沉降，保护桥台的稳定。

（2）在过渡段较软一侧增大轨道竖向刚度。

通过调整轨枕长度和间距提高轨道刚度。在过渡段范围内，通过使用逐步增长的超长轨枕和减小轨枕间距可实现轨道刚度的逐步过渡。

通过加厚道床厚度提高轨道刚度。道砟是一种强度高、变形小的优质材料。在过渡段范围内逐渐增加道床厚度，可使轨道刚度逐步变化（该法仅适用于既有线改造，高速铁路级配碎石基床表层结构的刚度大于道床刚度）。

（3）在过渡段较硬一侧减小轨道竖向刚度。

通过设置轨下、枕下、砟底橡胶垫块（板）来调整轨道竖向刚度，对于桥梁或隧道等刚性结构物上的轨道可通过调整轨下垫板的刚度和设置枕下垫块（无砟），使轨道较硬一侧轨道刚度与较软一侧轨道刚度相匹配。垫板（块）刚度可通过室内试验计算和现场测试确定。

对于有砟轨道结构，由于列车荷载的动力作用较大，常使桥上和隧道内的道砟发生磨损粉化。通常可采用在铁路的道砟底铺设一层约 25 mm 厚的橡胶垫层来解决。

2. 铁路线路过渡段设计

过渡段设计的核心问题是通过地基处理及提高过渡段路基填筑的质量来尽量减少沉降的差异性，可通过改变填料使线路的刚度在过渡带有一个逐渐的变化，达到平顺过渡的目的。

1）路基与桥台连接过渡段设置

根据《铁路路基设计规范》（TB 10001—2016）的规定，路基与桥台过渡段宜采用沿线路纵向倒梯形过渡形式，如图 4-12 所示；当过渡段施工先于邻近路基时，可采用沿线路纵向正梯形过渡形式，如图 4-13 所示。

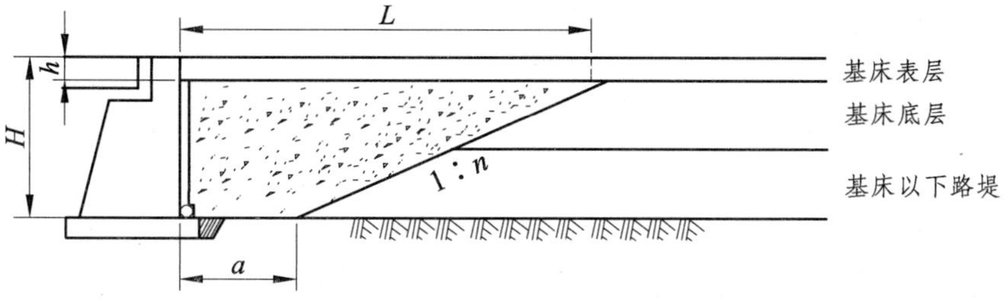

图 4-12　台尾倒梯形过渡段设置

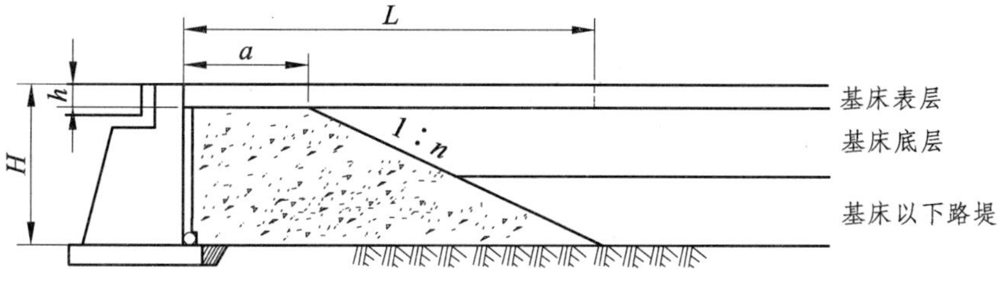

图 4-13　台尾正梯形过渡段设置

（1）过渡段长度按式（4-25）确定，且不小于 20 m：

$$L = a + (H - h)n \tag{4-25}$$

式中：L——过渡段长度（m）；

H——台后路堤高度（m）；

h——基床表层厚度（m）；

a——过渡段梯形底部（或顶部）沿线路方向长度，高速铁路、无砟轨道城际铁路、重载铁路、设计速度 200 km/h 的有砟轨道城际铁路和客货共线铁路取 3 ~ 5 m，设计速度 200 km/h 以下的有砟轨道城际铁路和客货共线铁路取 3 m；

n——常数，高速铁路、无砟轨道城际铁路、重载铁路、设计速度 200 km/h 的有砟轨道城际铁路和客货共线铁路取 2 ~ 5，设计速度 200 km/h 以下的有砟轨道城际铁路和客货共线铁路取 2。

（2）过渡段基床表层以下梯形部分的填料及填筑压实应符合下列规定：

① 高速铁路、无砟轨道及设计速度 200 km/h 的有砟轨道城际铁路应分层填筑掺入不小于 3% 水泥的级配碎石，压实标准应符合压实系数 $K \geqslant 0.95$，地基系数 $K_{30} \geqslant 150$ MPa/m、动态变形模量 $E_{vd} \geqslant 50$ MPa。

② 设计速度 200 km/h 的客货共线铁路可分层填筑级配碎石，距离结构物 2.0 m 范围内应掺入不小于 3%水泥，压实标准应符合压实系数 $K \geqslant 0.95$，地基系数 $K_{30} \geqslant 150$ MPa/m。

③ 重载铁路应分层填筑 A 组填料，压实标准应符合压实系数 $K \geqslant 0.95$，地基系数 $K_{30} \geqslant 150$ MPa/m、动态变形模量 $E_{vd} \geqslant 40$ MPa。

④ 设计速度 200 km/h 以下的有砟轨道城际铁路和客货共线铁路应填筑 A 组填料，压实标准应符合第 3 章中的相应规定。

⑤ 级配碎石的级配范围应符合表 4-7 的规定。

表 4-7　过渡段级配碎石的粒径级配范围

级配编号	通过筛孔质量百分率/%									
	50	40	30	25	20	10	5	2.5	0.5	0.75
1	100	95～100	—	—	60～90	—	30～65	20～50	10～30	2～10
2	—	100	95～100	—	60～90	—	30～65	20～50	10～30	2～10
3	—	—	100	95～100	—	50～80	30～65	20～50	10～30	2～10

注：颗粒中针状、片状碎石含量不应超过 20%；质软、易破碎的碎石含量不应超过 10%；黏土团及有机物含量不应超过 2%。

（3）高速铁路、无砟轨道及设计速度 200 km/h 的有砟轨道城际铁路过渡段桥台基坑应以混凝土回填或以碎石、改良土分层填筑，其他铁路的过渡段桥台基坑应以碎石、改良土分层填筑。混凝土应满足设计速度要求，碎石、改良土填筑应满足 E_{vd}≥30 MPa。

（4）地基需要加固的过渡段应考虑与相邻地段进行协调渐变，且必须满足轨道特殊结构要求。

（5）过渡段相邻路堤应同时施工，且分层填筑时填筑的高度大致相同。

2）路堤与路堑连接过渡段设置

（1）当路堤与路堑连接处为软岩或土质路堑时，应顺原地面纵向开挖台阶，每级台阶宽度不应小于 1.0 m，如图 4-14 所示。开挖部分填筑要求应与路堤相应位置相同。

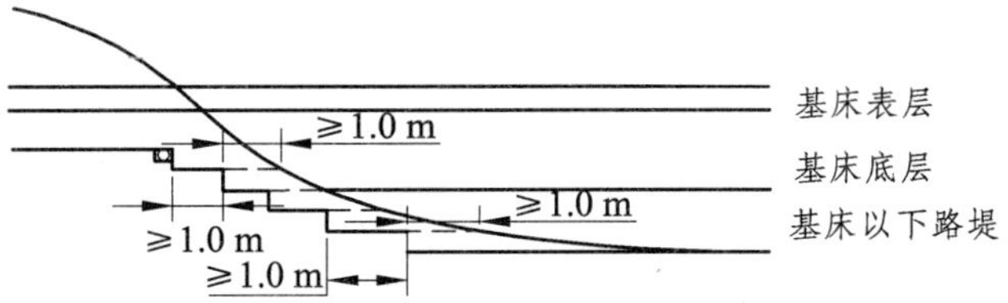

图 4-14　路堤与软岩或土质路堑过渡段

（2）当路堤与路堑连接处为硬岩路堑时，在路堑一侧沿原地面纵向开挖台阶，每级台阶宽度不应小于 1.0 m，并在路堤一端设置过渡段，如图 4-15 所示。

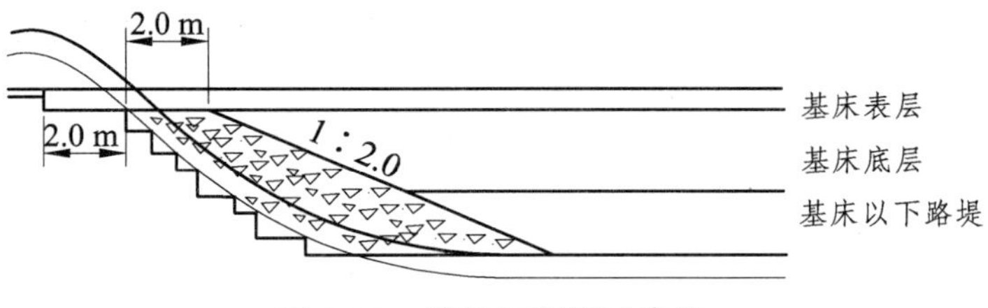

图 4-15　路堤与硬岩过渡段

（3）土质、软质岩及强风化硬质岩路堑与隧道连接地段应设置过渡段，并采用渐变厚度的混凝土或掺入 5%水泥的级配碎石填筑。

（4）无砟轨道与有砟轨道连接处应在有砟轨道范围内设置过渡段，过渡段地基处理、填料及压实标准应满足无砟轨道路基技术条件。

（5）两桥之间、桥隧之间及两隧之间的短路基应因地制宜，平顺过渡；当两桥间为小于 150 m 的非硬质岩路堑时，路基基础可采用桩板结构或保证刚度平顺过渡的工程措施。

3）路基与横向结构物连接过渡段设置

一般路基与横向结构物（立交框构、箱涵等）连接处，根据地形、地质条件设置过渡段，可采用沿线路纵向倒梯形过渡形式，如图 4-16 所示。寒冷地区过渡段与横向结构物接触区冻结影响范围应填筑防冻胀性能较好的填料，如图 4-17 所示。横向结构物顶面填土厚度不大于 1.0 m 时，横向结构物及两侧 20 m 范围基床表层级配碎石应掺和 5%的水泥，若横向结构物顶面填土厚度大于 3 m 且大于路堤高度的 2/3 时，可不设过渡段。

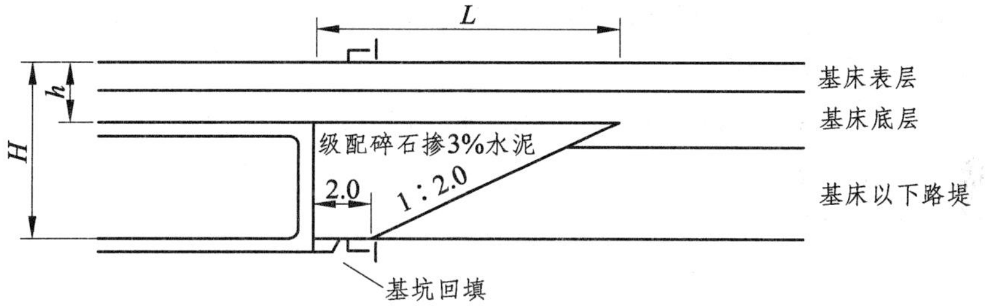

（a）纵断面

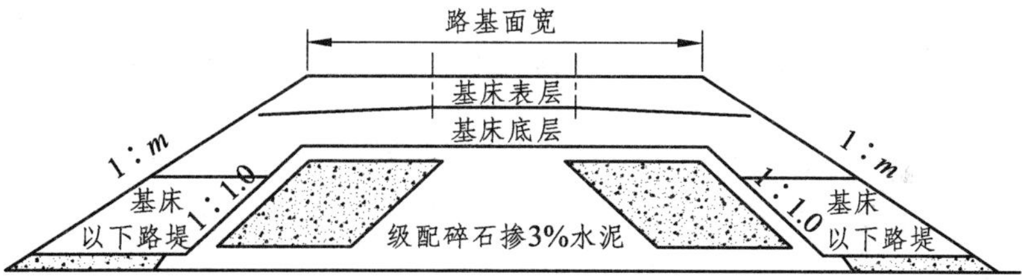

（b）横断面

图 4-16 一般路基与横向结构物（h>1.0 m）过渡段

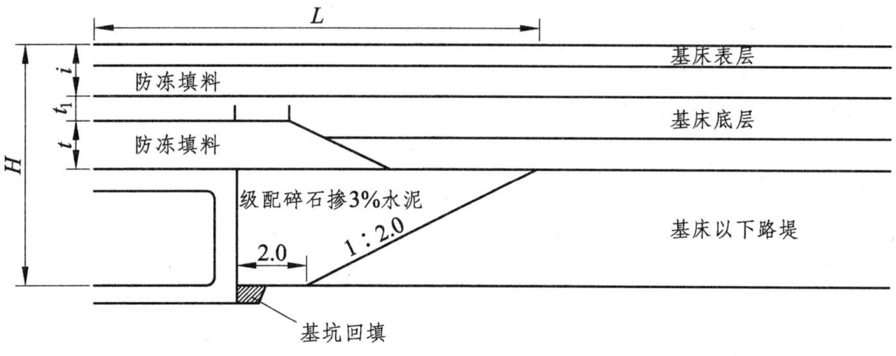

图 4-17 寒冷地区路基与横向结构物（h>1.0 m）过渡段

4）路堑与隧道连接过渡段设置

土质、软质岩路堑与隧道连接处应设置过渡段，宜采用沿线路纵向倒梯形过渡形式，如图 4-18 所示。

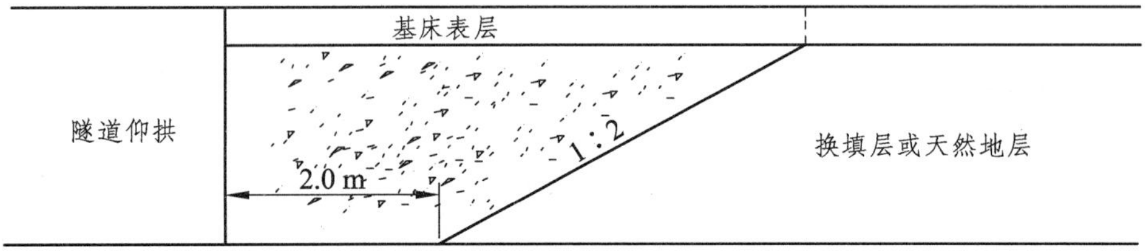

图 4-18　路堑与隧道连接过渡段

习　题

一、填空题

1. 铁路路基面上竖向荷载包括________和________。

2. 荷载计算时，通常按照自轨枕底部两端向下呈________角扩散的原则。

3. 路基基底应力采用简化方法计算时，主要方法有________及________。

4. 为避免产生几何不平顺和力学不平顺，需要在路基与其他建筑物之间设置一定长度的________，以保证列车或车辆安全、舒适地运行。

二、选择题

1. 高速铁路、无砟轨道铁路地基压缩层的计算深度按附加应力等于（　　）倍的自重应力确定。

A. 0.5　　B. 0.3　　C. 0.2　　D. 0.1

2. 确定地基沉降计算深度时，（　　）随深度递减，在一定深度处，其引起的压缩变形可以忽略不计，此处即为地基沉降计算深度。

A. 附加应力　　B. 自重应力　　C. 外部荷载　　D. 基底应力

3. 路基与横向结构物（立交框构、箱涵等）连接处，根据地形、地质条件设置过渡段，可采用沿线路纵向（　　）过渡形式。

A. 纵向正梯形　　B. 纵向倒梯形　　C. 横向倒梯形　　D. 横向正梯形

三、简答题

1. 什么是换算土柱？它是如何确定的？

2. 路基不均匀沉降的原因有哪些？

3. 什么是几何不平顺和力学不平顺？

4. 路基过渡段处理的一般原则与方法有哪些？

四、计算题

某正常固结土层厚 2.0 m，其下为不可压缩土层，平均自重应力 p_{cz}=100 kPa，压缩试验数据见表 4-8，平均附加应力 p_0=160 kPa。试求该土层的最终沉降量。

表 4-8　压缩试验系数

压力 p/kPa	0	50	100	200	300	400
孔隙比 e	0.93	0.86	0.82	0.80	0.75	0.68

Chapter 5

第 5 章
路基排水与路基防护

路基工程的地基、基床和边坡等部位易受水的软化、冲蚀作用而产生病害，应通过排水系统将聚集在路基范围内的水或流向路基本体的水及时排除。受水的影响，路基土的物理力学指标会大大降低，以致发生基床病害，如边坡溜坍等。所以，路基工程应具有良好、完善的排水系统。

路基排水的任务，就是将路基范围内的填料含水量降低到一定限度以内，确保路基具有足够的强度、刚度与稳定性。为此，设计路基时，必须考虑将路基范围内的地面水排除和拦截于路基用地范围以外，并防止地面水漫流、滞积或下渗。对于路基范围内的地下水，则应予以隔断、疏干和降低，并引导至路基用地范围外。

根据水源的不同，影响路基的水流可分为地面水和地下水两大类，路基排水相应可分为地面排水和地下排水两大类。

地面水包括大气降水（雨和雪）以及海、河、湖、水渠、水库水等。地面水对路基产生冲刷和渗透，冲刷可能导致路基整体稳定性受损害，形成水毁现象。渗入路基土体的水分，使土体过湿而降低路基强度。

地下水包括上层滞水、潜水、承压水等，如图 5-1 所示，它们对路基的危害程度，因条件不同而存在差异。轻者使路基湿软，降低路基强度；重者会引起冻胀、翻浆或边坡滑坍，甚至整个路基沿倾斜基底滑动。

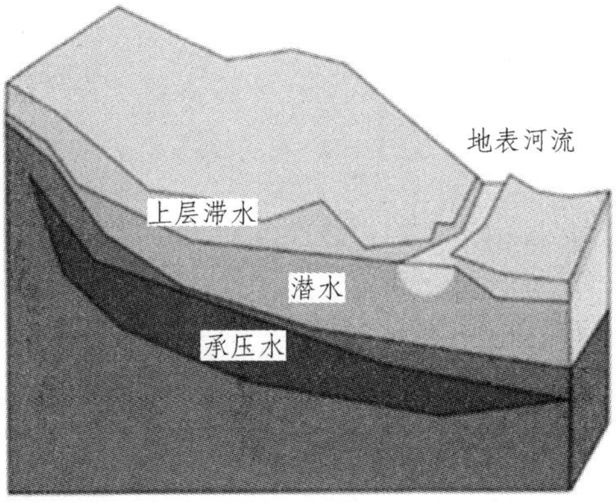

图 5-1　地下水

设计路基排水前必须进行充分的调查研究，使排水系统的规划和设计做到正确合理，且和线路平、纵断面设计密切配合。设计线路时，应注意当地灌溉系统，尽量少占农田，并与水利规划和土地使用规划等相配合进行综合规划。一般情况下，不应利用边沟做农田灌溉用，不得已时应采取加固措施以防水流危害路基。在不良地质地区，要结合地质结构，如山体破碎、岩层渗流等复杂情况，进行单独排水系统设计。在枢纽站、区段站，由于场地宽广、地形平坦，汇水面积大、水源多，排水较困难，应结合该类站场，统一布置单独的排水设施，在不淤不冲的前提下，顺畅排走一切来源的水。

排水设施的设计，应贯彻因地制宜、就地取材的原则以减少造价，应迅速有效地排除“有害水”，以免影响路基的强度和稳定性，保证铁路运输的安全。

5.1 路基地面排水

5.1.1 地面水对路基的危害

地面水渗入路基本体，会降低土的抗剪强度；地面水的流动会造成路基边坡坡面冲刷和坡脚冲刷；地面水渗入含易溶盐的土（如黄土）中会产生溶蚀作用形成陷穴；在气温下降时，地面水也常成为寒冷地区产生冻害的一个重要因素。此外，地面水还给施工及运营造成许多困难和危害。所以，路基地面排水工程虽较简易且费用不大，但其重要性是不可忽视的。

5.1.2 地面排水设施

路基地面排水设施有排水沟、侧沟、天沟（截水沟）、缓流井和跌水、急流槽等。这些排水结构物的主要功能、布置要求及构造形式等都有所差异。

1. 排水沟

排水沟位于路堤护道的外侧，用于排除路堤范围内的地面水和截排流向路堤的地面水。在地面横坡不明显的平坦地段，可设置双侧排水沟；当地面横坡较陡时，排水沟应设置于地面迎水一侧，如图 5-2 所示。

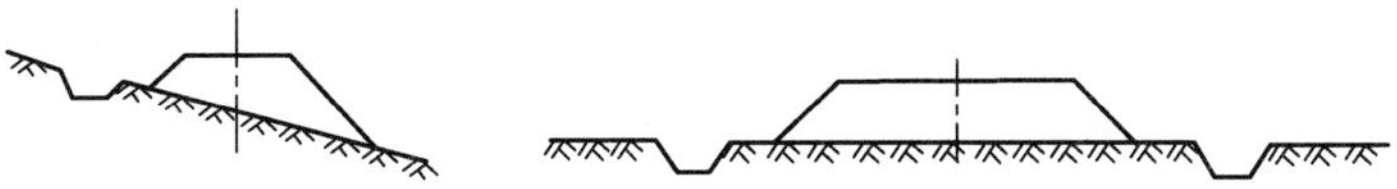

图 5-2 排水沟

排水沟常采用底宽为 0.4 m，深度为 0.6 m 的梯形断面，如图 5-3 所示，干旱少雨地区或硬质岩石地段，深度可减至 0.4 m；根据需要，有时也可采用矩形断面。

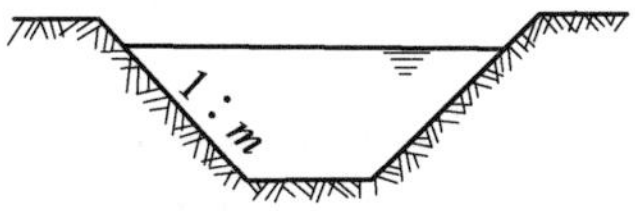

图 5-3 梯形水沟

排水沟纵坡坡度不应小于 2‰，平坦地段或反坡排水地段，在困难情况下，不应小于 0.1‰，且分水点的沟深可减至 0.2 m。排水沟纵坡坡度大于 8‰ 的地段，应对水沟的沟身进行加固，防止冲刷破坏。排水沟沟壁的边坡斜率一般可采用 1∶1，细粒土和砂类土的地段宜采用 1∶1 ~ 1∶1.5。

2. 侧 沟

侧沟位于路堑路肩边缘外侧，用以汇集和排除路堑范围内的地面水，如图 5-4 所示。侧沟的横断面可设计为梯形，以有足够的过水能力。当不需要按流量计算时，侧沟底宽取 0.4 m，深度取 0.6 m，干旱少雨地区或硬质岩石地段的侧沟深度可减少至 0.4 m；当基床表层填 A、B 组填料时，其侧沟深度不应小于 0.8 m。当侧沟横断面需要按流量设计时，其横断面应按设计降雨重现期的流量进行计算，沟顶应高出设计水位 0.2 m。不同等级铁路的重现期值不一样，等级越高，重现期值越大。根据《铁路路基排水设防标准及小流域流量计算方法探讨》，设计速度在 200 km/h 以下的铁路，重现期值选用 25 ~ 50 年；设计速度在 200 km/h 以上的铁路、重载铁路，重现期值选用 50 年。在深长路堑和反坡排水困难的地段，宜视地形条件增设桥涵结构，将侧沟水引排至路基外。

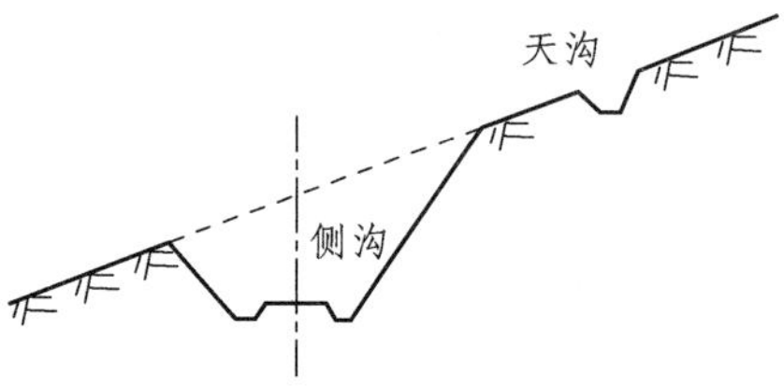

图 5-4　侧沟、天沟

侧沟靠线路一侧沟壁的边坡坡率可采用 1∶1。当侧沟外侧与加固防护工程相连时，侧沟外侧沟壁的边坡与加固防护工程的胸坡相同；当有侧沟平台时，外侧沟壁的边坡坡率采用 1∶1。在砂类土中的两侧沟壁的边坡坡率采用 1∶1 ~ 1∶1.5。

3. 天　沟

天沟又称截水沟，位于堑顶边缘适当距离处，用以截排堑顶上方流向路堑的地面水，如图 5-4 所示。堑顶外可设置单侧或双侧天沟，路堑顶部无弃土堆时，天沟内边缘至堑顶距离不宜小于 5 m，当沟内采取加固防渗措施时，其距离不宜小于 2 m。天沟的横断面尺寸和纵坡设置与排水沟相同。天沟的数量应视天沟距上方分水岭的距离和所需截排的流量而定。

天沟不应向侧沟排水，如受地形限制，难以选择出水口且无其他替代措施时，方可利用急流槽或急流管将天沟的水引向侧沟。在选择急流槽下游侧沟断面时，需考虑天沟流量的汇入，并通过水力计算确定。

4. 跌水与急流槽

跌水与急流槽是路基地面排水沟渠的特殊形式，用于陡坡地段，沟底纵坡可达 45°。由于纵坡陡、水流速度快、冲刷力大，要求跌水与急流槽的结构必须稳固耐久，通常采用浆砌块石或混凝土预制块砌筑，并具有相应的防护加固措施。

在地形陡峻地段的天沟，两端高差很大且水平距离很短时，可用主槽底部呈台阶状的单级或多级跌水连接。如图 5-5 所示，跌水的横断面一般设计为矩形，其每级台阶高差为 0.2 ~ 2 m，跌水设备系利用台阶跌水消能，主体部分和消力部分的槽底厚度应按流量和冲击力的大小设计。进口部分始端和出口部分终端的裙墙埋深应在冻结线以下且不小于 0.4 m（浆砌片石）或 0.3 m（混凝土）；槽壁顶面厚度不小于 0.3 m（浆砌片石）或 0.2 m（混凝土）。

急流槽采用片石或混凝土等材料建造，也常用于连接水沟纵坡过大的沟段。如图 5-6 所示，急流槽的纵坡较大，可达 1∶2，水流急时，可在出口设置消能槛、消力池等装置，急流槽的横断面设计与跌水相同。

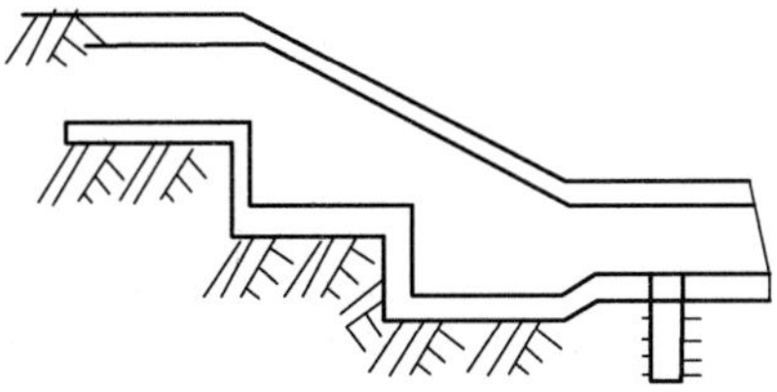

图 5-5 跌水

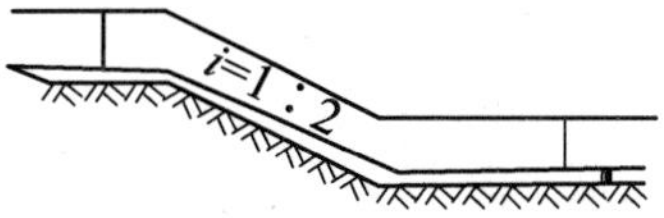

图 5-6 急流槽

5. 缓流井

为了缓和纵坡通过大段水流时的流速，可以设缓流井。如图 5-7 所示，缓流井为井形构造，所以进水口和出水口高差可以很大，可达 15 m 以上。它常设于地面高差很大、地形陡急、水流量又较大的情况。缓流井的出水口应高于井底，井底为消能设备。

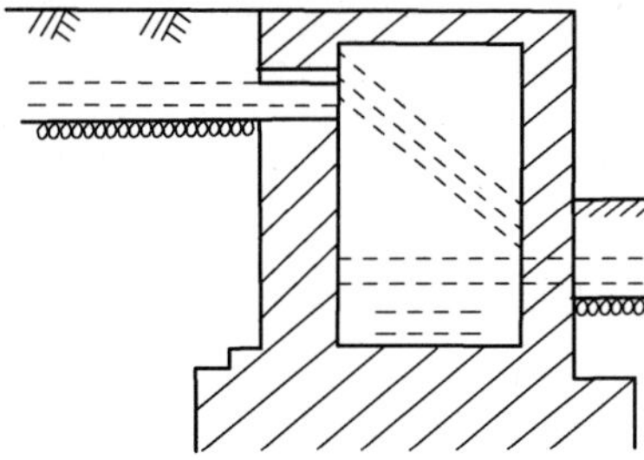

图 5-7 缓流井

5.2 路基地下排水

5.2.1 地下水对路基的危害

路基范围内的地下水及其活动往往引起各种路基病害，主要有以下四种类型。

1. 浸湿软化

地下水在路基范围内活动，逐渐浸湿路基土体，使其强度降低，在土体自重、列车荷载及其他外力的作用下，将产生各种路基病害。例如，基床翻浆冒泥、下沉挤出，边坡表土滑动、溜坍，路堤溃爬或沿倾斜基底面滑动等。地下水在路基旁侧的山坡地层中活动，可降低山坡土体及其结构面的强度，影响其稳定性，导致崩塌、滑坡等病害的发生。

2. 冻胀及盐渍化

毛细水冻结时能吸收集聚大量水分形成冻结层，使路基发生冻胀变形，冻层融化时又会造成翻浆冒泥；在地下水含盐量大的地区，由于毛细水的活动，还可能使路基土体盐渍化，并引起路基膨胀等病害。

3. 潜 蚀

地下水能溶解土中的易溶盐类，地下水的动水压力能带走土中的细颗粒，这些均可降低地基土的强度，甚至形成地下洞穴引起黄土层及其他松散层地表塌陷，进而引起路基下沉、坍塌等病害。

4. 流砂及液化

流砂是指粒径很小、无塑性的土颗粒在动力水压推动下失去稳定，随地下水发生悬浮移动的现象。粉细砂地层因地下水饱和可能随水流动或在列车荷载作用、地震作用下产生液化，而引起路基下沉、滑动等病害。

5.2.2 地下排水设施

选择降低、排除路基地下水设施时，应根据不同类型的地下水及工程具体条件、要求确定。当地下水埋藏浅或无固定含水层时，可采用明沟、排水槽、渗水暗沟等；当地下水埋藏较深或为固定含水层时，可采用渗水隧洞、渗井、渗管等；在有多层含水层时，宜用立式排水设备（如渗井或渗管）与其下的平式排水设备（如排水隧洞或渗沟）相配合，以集引和排除有危害的地下水。

1. 明沟和排水槽

明沟和排水槽建于地表，兼排地表水和土（岩）层中上层滞水和埋藏很浅的潜水。如图5-8、图5-9所示为浆砌片石明沟和浆砌片石排水槽。

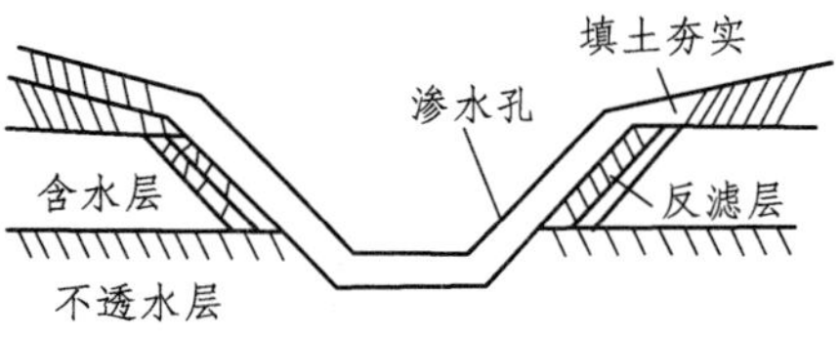

图 5-8 浆砌片石明沟

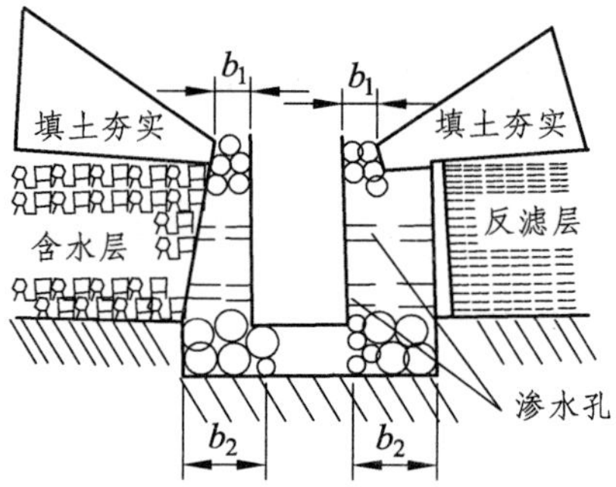

b_1—槽壁顶面宽度；b_2—槽壁底面宽度。

图 5-9 浆砌片石排水槽

明沟和排水槽的底面宜埋入不透水层内，沟壁最下一排渗水孔应高出沟底 0.2 m 以上。一般情况下，为避免开挖断面过大和节省污工，明沟深度不宜超过 1.2 m，否则应采用排水槽，排水槽深度不宜超过 2 m，再深时改用渗沟。

明沟断面通常采用梯形，底宽为 0.4 ~ 1.0 m，沟壁边坡坡率为 1∶1 ~ 1∶1.5，多用浆砌片石修筑。排水槽过水断面通常采用矩形，过水断面底宽为 0.6 ~ 1.0 m，槽壁顶面宽度 b_1 采用 0.4 m，底面宽度 b_2 采用 0.4 ~ 0.75 m。明沟和排水槽沟（槽）壁外侧与含水层之间应设置反滤层，沟（槽）壁上设置一排或多排向内倾斜的渗水孔或缝隙。沿明沟和排水槽纵向每隔 10 ~ 15 m 设置伸缩缝一道，缝宽 2 cm，以沥青麻绳或沥青木板填塞密实，以防漏水。明沟和排水槽不易保温，在冻结期较长的严寒地区，不宜兼排地表水用。

2. 渗水暗沟

渗水暗沟又称盲沟，用于拦截、排除较深含水层内的地下水，以疏干土体中的水或降低地下水位，通常采用明挖法施工。

渗水暗沟可分为有管渗沟和无管渗沟两种。埋设预制管节而成的渗沟称为有管渗沟；就地砌筑的矩形断面渗沟称为无管渗沟。深埋的渗沟为便于检查、修理，其断面应较大，便于工作人员进出。渗沟较长时还应每隔适当距离设置检查井。沟顶应回填夯实，以免地面水渗入。按渗沟作用和设置部位，又可分为引水渗沟和截水渗沟、无砂混凝土渗沟、边坡渗沟和支撑渗沟等。

1）引水渗沟和截水渗沟

引水渗沟（见图 5-10）可以引出富水的低洼湿地或泉水出露地带和地下凹槽地层处的地下水，并使地下水沿最短通路排出，以疏干其附近的土体或者降低地下水位。路堑侧沟下或侧沟旁的浅埋引水渗沟一般顺侧沟走向布置，但其排水出口部分宜偏离路基。其他引水渗沟可布置成条带状和树枝状，其主沟轴线宜沿最短通路将所集引的地下水排至路基范围以外。

截水渗沟（见图 5-11）可以截断流向路基的浅层或深层地下水，并将其排至路基范围以外。截水渗沟应布置在渗流上游较稳定的地层内，其纵向轴线宜尽可能与渗流方向垂直，其纵向长度应能确保地下水不致流入路基范围内。截水渗沟只需在渗流上游一侧沟壁进水，下游侧沟壁应不透水，可用黏土或浆砌片石做成隔水层。

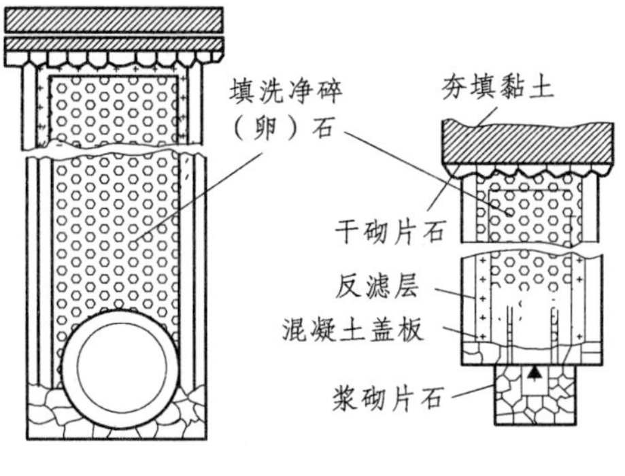

（a）深埋　（b）浅埋

图 5-10　引水渗沟

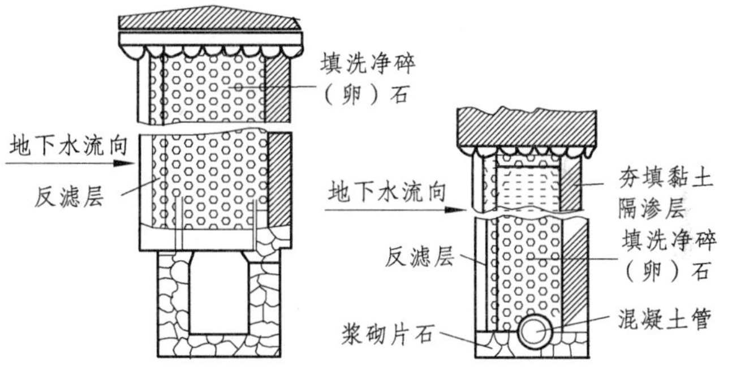

（a）深埋　（b）浅埋

图 5-11　截水渗沟

2）有管渗沟、无砂混凝土渗沟、无管渗沟

有管渗沟（见图 5-12）的渗水管是管壁带有渗水孔的陶管或混凝土管，适用于流程较长，流量较大的情况。为防止渗水孔堵塞，渗管周围应设置反滤层，反滤层可采用砂、砾（卵）石、无砂混凝土板块、土工织物合成材料，砂砾间增铺一层 10 ~ 15 cm 厚的中砂。

为防止水反向渗入土中，尽管渗管置于不透水层上，当渗管中的水对沟底有冲刷时，应采用混凝土或浆砌片石作基础。为防止地表水渗入，渗沟顶部可设防水层（铺藓苔、泥炭或倒铺草皮等），于其上再铺黏土并夯实。当有防冻要求时，从地面到渗管应夯填不小于冻结深度的黏土，且渗管的出口应做成如图 5-12 所示的形式。为便于检查和疏通，渗管必须设检查井。

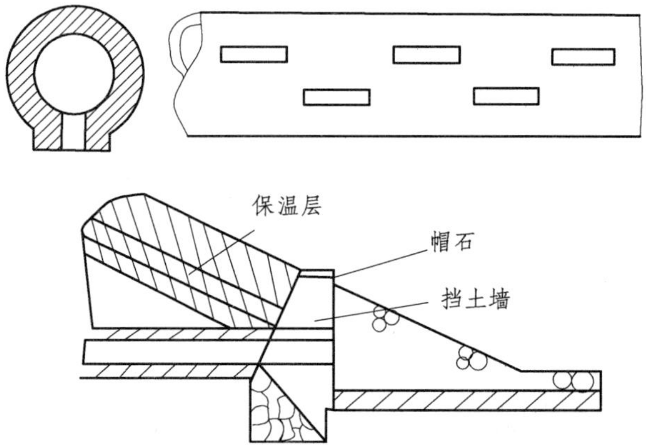

图 5-12　有管渗沟图

无管渗沟（见图 5-13）和有管渗沟的不同之处在于无管渗沟是利用碎石的孔隙作为排水通道，适用于地下水流量小、流程短的情况。排水碎石亦可以采用无砂混凝土板代替。排水碎石周围应设反滤层，对反滤层的要求与有管渗沟相同。

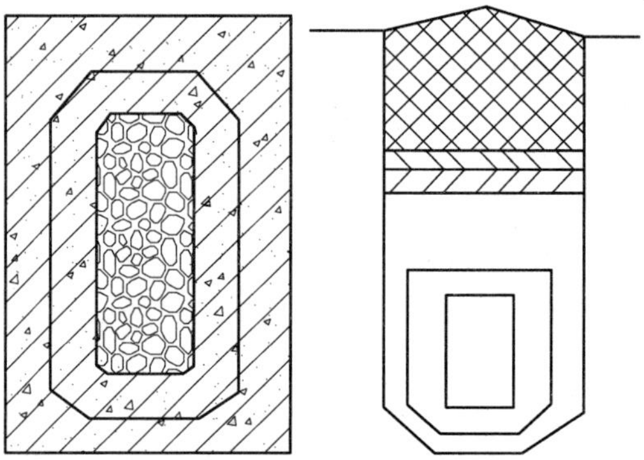

图 5-13　无管渗沟

无砂混凝土渗沟（见图 5-14）是用无砂混凝土壁板及普通钢筋混凝土横撑和盖板等组成。其中无砂混凝土壁板是由水泥浆和粗集料（卵石、砾石及碎石）及水拌制而成的有透水孔隙的圬工块体。无砂混凝土可作为反滤层，在地下水流量不大的地段，亦可代替渗水管。无砂混凝土具有一定的强度，可以承受一定的荷载，具有良好的渗滤性能，施工简单，还可以省去渗沟内部的填充料，使用效果良好。

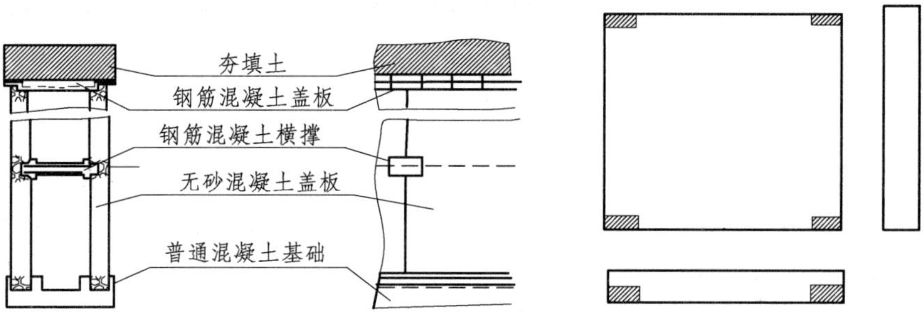

（a）无砂混凝土渗沟断面　　（b）无砂混凝土垫板大样

图 5-14　无砂混凝土渗沟

无砂混凝土的粗集料的粒径应与含水地层土的粒径相适应，以保证其过水能力。对于卵砾石和粗砂地层，无砂混凝土粗集料的粒径宜为 10 ~ 20 mm；对于中砂地层，粗集料的粒径宜为 5 ~ 10 mm；对于细砂地层，宜用 3 ~ 5 mm；灰石比（水泥与粗集料的质量比）宜采用 1∶6，无砂混凝土壁板厚度宜不小于 30 cm，以保证无砂混凝土有良好的透水性，其具体技术指标见表 5-1。

表 5-1　无砂混凝土技术指标参考

粗集料 /mm	灰石比	水灰比	水泥/（N/m^3）	重度/（kN/m^3）	平均强度/kPa		平均渗透系数	适应含水底层
					抗压	抗弯		
10 ~ 20	1∶6	0.38	2 530	18.7	9 140	1 170	2 240	卵石、砾石、粗砂
5 ~ 10	1∶6	0.42	2 530	18.7	11 720	1 720	1 410	粗砂、中砂
3 ~ 5	1∶6	0.46	2 470	18.4	8 540	1 510	377	中砂、细砂

3）边坡渗沟

边坡渗沟（见图 5-15）用于疏干潮湿边坡和引排边坡上局部出露的上层滞水或泉水，并对边坡起支撑作用。边坡渗沟常用于处理坡度不陡于 1∶1 的土质路堑边坡，也常用于加固潮湿且易发生边坡表土溜塌的土质路堤边坡。

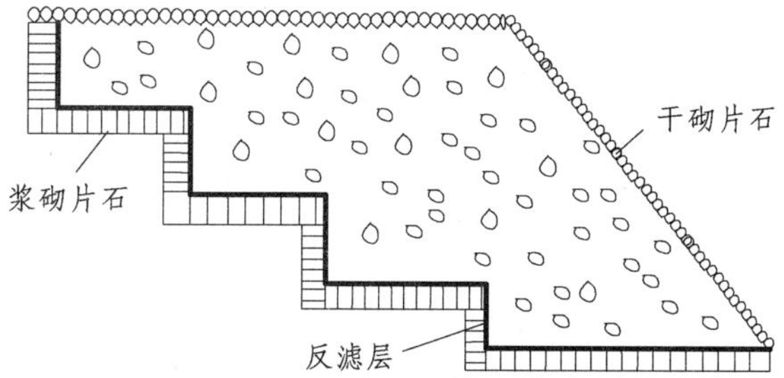

图 5-15　边坡渗沟

对于较小范围的局部湿土或泉水出露处，其立面宜采用条带形布置；对于较大范围的局部湿土，其立面宜采用树枝形布置；当边坡表土普遍潮湿时，宜采用拱形和条带形相结合的形式布置。渗沟断面常采用矩形，宽度不小于 1.2 m，深度视边坡潮湿土层的厚度而定。由于边坡渗沟集引的地下水流量较小，故可只在其底部用大粒径石料作为排水通道，其外周设置适当的反滤层，渗沟内部的其余空间可用筛洗干净的小颗粒渗水材料填充。渗沟顶部一般用单层干砌片石覆盖，其表面大致与边坡面齐平；渗沟下部的出水口一般采用干砌片石垛，用于支挡渗沟内部填料并将渗沟集引的土中水或地下水排入路堑侧沟或路堤排水沟。

4）支撑渗沟

支撑渗沟（见图 5-16）用以支撑可能滑动的不稳定的山体或土坡，并排除在滑动面附近活动的地下水和疏干潮湿土体。支撑渗沟常采用成组的条带形布置，其轴线应与山体的滑动方向大致平行，支撑渗沟深入山体内的长度、间距及断面宽度，可按照每条渗沟所负担的推力进行计算确定。其断面采用矩形，宽度为 2 ~ 3 m，各条渗沟的间距一般为 8 ~ 15 m。

支撑渗沟的埋置深度根据疏干地下水的深度确定。若用于整治可能的坍滑，渗沟底应置于土体（或山体）滑动面以下稳定土层或岩层内至少 0.5 m。在考虑冻结要求时，沟底应置于冻结深度以下至少 0.4 m。在纵向可以顺滑动面的形状做成阶梯形，最下一个台阶的长度宜增大，以增加其抗滑能力，基底应铺砌防渗材料。支撑渗沟宜与抗滑挡墙配合使用，其出水口可在挡墙下部设置若干泄水孔，将集引的地下水排入墙外的排水沟内。支挡渗沟单独使用时，其出水口采用干砌片石垛。

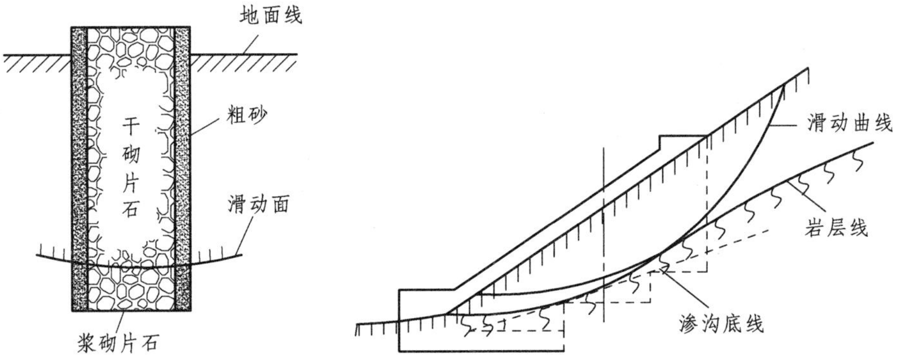

图 5-16　支撑渗沟

3. 渗水隧洞

为拦截或引排埋藏较深的地下水且地下水流量较大时，可采用渗水隧洞。渗水隧洞常和立式渗井以及渗管配合使用，用以排除土体内多层含水层的地下水。

渗水隧洞的平面布置与前述的引水渗沟和截水渗沟相同；渗水隧洞的埋设深度应选择在欲截引的主要含水层内，并应置于稳定地层上。滑坡区的渗水隧洞，其顶部应设置在滑动面以下不小于 0.5 m。

渗水隧洞断面形状可根据所在地层的性质不同，采用直墙式断面或曲墙式断面，一般在裂隙岩层或破碎岩层或中密的碎石土层内可用直墙式渗水隧洞，如图 5-17 所示；在松散的或夹有少量卵石、碎石的黏土层内可用曲墙式断面，如图 5-18 所示。拱部及边墙的进水部分均应留渗水孔，其外围设置与渗水孔眼大小及隧洞所在地层性质相适应的反滤层。渗水隧洞断面净空从便于施工和检查维修以及节省开挖土石方等方面考虑，不受地下水流量限制。

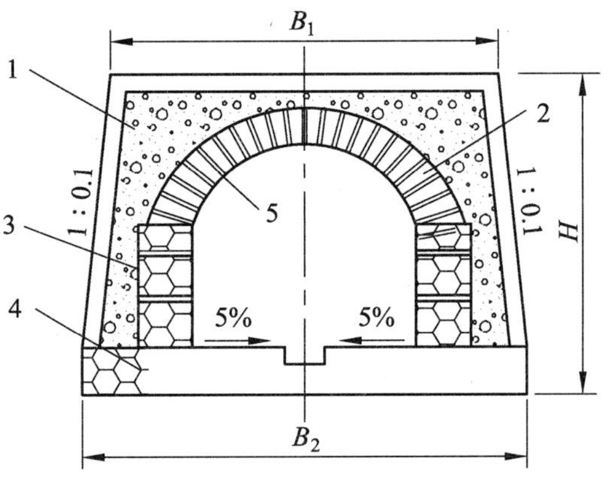

1—反滤层；2—拱砖；3—浆砌片石边墙；4—浆砌片石底板；5—渗水孔。

图 5-17　直墙式渗水隧洞

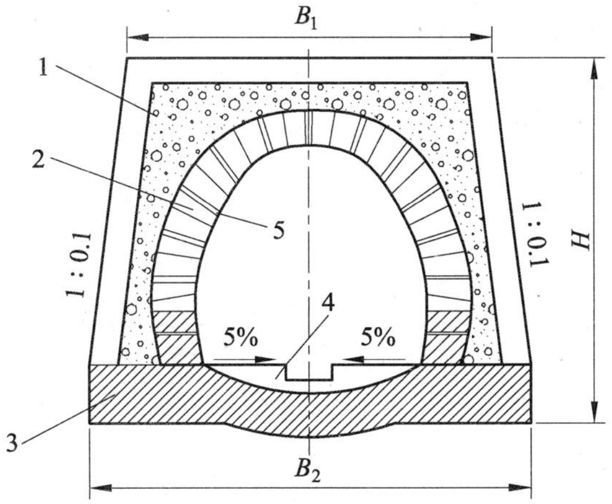

1—反滤层；2—拱砖；3—混凝土底板；4—混凝土过水面；5—渗水孔。

图 5-18　曲墙式渗水隧洞

渗水隧洞洞口位置宜根据当地的地质情况以及便于迅速排水的条件进行选择。洞口挖方不宜太深，以免因仰坡和两侧边坡过高而发生变形和病害，堵塞出口。洞门墙按挡土墙设计，通常采用仰斜重力式挡土墙，挡土墙采用浆砌片石或混凝土修筑，其基础埋入较坚实稳定的地层内，且墙的两侧嵌入洞口挖方边坡内应不小于 0.5 m；洞门墙以外应紧接翼墙或挖方边坡砌石防护及一段具有防冲刷铺砌的排水沟。渗水隧洞每隔 30 ~ 50 m 以及在平面转折、纵坡变坡点处，宜设置检查井。渗水隧洞的纵坡坡度不应小于 0.5%，条件困难时不应小于 0.2%。

4. 渗水井、渗水管

立式集水渗井和渗管如图 5-19 所示，其功能是集引具有多层含水层的复杂地层中的地下水和潮湿土体中的自由水，一般成群布置并与平式排水设备配合使用，以降低地下水位或者疏干其附近的土体。渗井群或渗管群的排列方向宜垂直于渗流方向；其深度一般是穿过含水层而与下卧的平式排水设施（如隧洞或平式钻孔）相衔接。

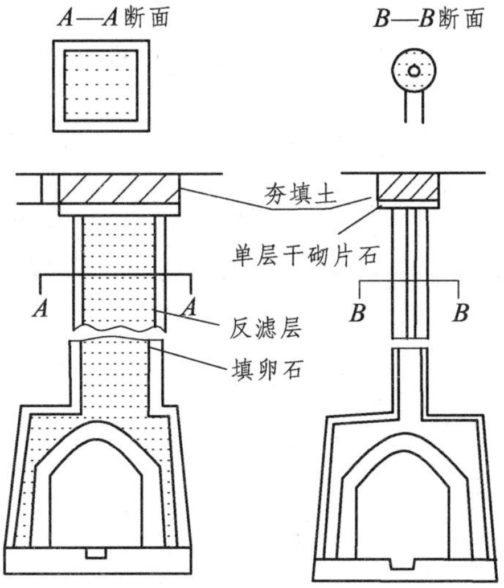

（a）集水渗井与隧洞配合使用剖面图　（b）集水渗管与隧洞配合使用剖面图

图 5-19　渗水井、渗水管

渗井断面通常采用直径为 1.0 ~ 1.5 m 的圆形或边长为 1.0 ~ 1.5 m 的方形。渗井内部可用筛洗干净的渗水材料填充，井壁与填充料之间可根据两者的颗粒组成情况设置或不设置反滤层。渗井或渗管的顶部应用隔渗材料覆盖，以防淤塞。圆形集水渗井也可采用无砂混凝土结构以代替设置反滤层和填充渗水材料。

5. 平式排水钻孔

平式排水钻孔的主要排水功能是引排地层的地下水及盆地或分散的局部凹地中聚集的地下水，或与立式集水渗井群配合使用以疏干潮湿的土体。平式排水钻孔除本身集引一部分土中水外，还作为通道排除自上方立式设备集引的土中水。

如图 5-20 所示，平式排水钻孔可平行布置，亦可扇形布置，可设一层排水平孔，也可设多层平孔。单独使用的平式排水钻孔一般宜垂直于山坡走向或土体边坡走向；与立式渗井群配合使用的平式排水钻孔一般宜垂直于渗井群纵向布置的走向，并尽可能多穿越几个渗井。设置的位置应在地下水低水位以下，以有效排除地下水，扩大排水疏干的范围。平式排水钻孔的仰坡设计以考虑迅速排水的需要为主；若穿过有可能沉落的土体时，还应考虑土体下沉的影响，一般以采用 10% ~ 15%的仰坡较为适宜。

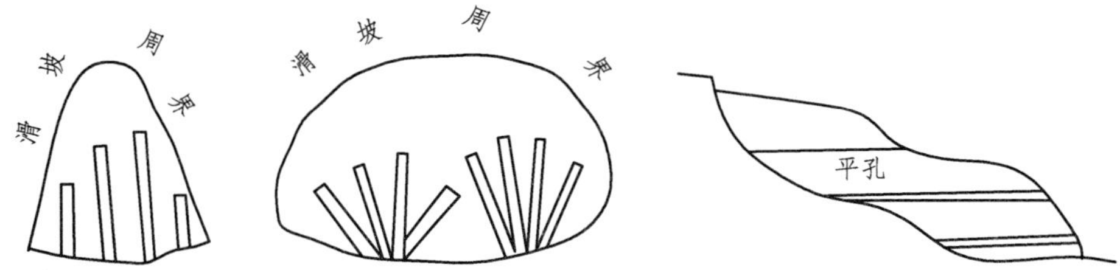

图 5-20　平式排水钻孔

5.3　路基防护

路基防护包含路基边坡防护、风沙及雪害地段平面防护、路基保温防护等。

5.3.1　路基边坡防护

路基边坡防护设计应遵循因地制宜、安全可靠、经济适用、易于管护、兼顾景观的原则，需结合边坡的岩土性质、地质构造、水文地质条件、气候环境、边坡朝向、边坡坡率和高度等综合确定，合理采用植物防护或植物防护与工程防护相结合的措施。

1. 植物防护

植物防护设计应根据边坡岩土条件、种植目的、水源及周边环境条件等，结合边坡坡面情况、防护类型，合理确定植物种类及配置、建植方法以及施工和养护要求。

土质路基边坡宜采用灌草结合或栽植灌木的防护形式。气候条件适宜植物生长的地区，其岩石路基边坡可采用客土（种植土）植草，植生袋植草，灌植物，喷混植生等防护形式。

受季节性水流浸泡、流速小于 1.8 m/s 地段的路堤边坡，应采用根茎发达、缠绕性强和耐湿、耐水淹的灌木防护。沿河路堤的下部边坡或坡脚，可采用栽植乔木、灌木的防冲刷措施。

混播草、灌木或藤本植物种子的配置要遵循速生与慢生相结合、豆科与非豆科相结合、浅根与深根相结合、返青期不同的品种相结合的原则。草、灌木或藤本植物种子的播种量，应结合工点边坡的岩土性质、边坡坡率、种子发芽率、粒重、设计覆盖率和成活率等综合确定。

2. 工程防护

路堤、路堑边坡高度较高时，一般采用骨架护坡、喷射混凝土护坡、土工合成材料护坡等工程防护与植物防护相结合的防护措施。

1）骨架护坡

骨架护坡（见图 5-21）是指铁路路基边坡使用混凝土或浆砌片石形成的框架式构筑物，以防止路基边坡溜坍。可用于路堤边坡和土质、全风化岩层及强风化软质岩路堑边坡防护。

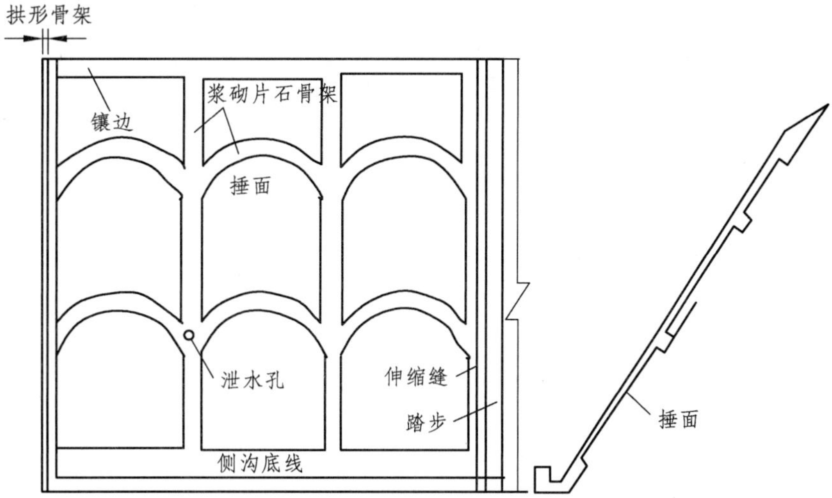

图 5-21 浆砌片石骨架护坡

骨架护坡宜采用带截水缘的拱形、人字形、方格形等，可多级设置，边坡坡率不应陡于 1∶1，每级高度不宜大于 12 m，骨架间距宜采用 2～4 m。骨架嵌入边坡的深度应结合边坡岩土性质、坡率、气候条件等综合确定，不应小于 0.4 m，其内宜根据土质及环境条件采用铺设干砌片石、浆砌片石、混凝土块、空心砖、种植草灌等防护措施。

2）实体护坡（墙）

实体护坡（墙）包括干砌片石护坡（见图 5-22）、混凝土预制块护坡、浆砌片石护坡（见图 5-23）或混凝土护坡（墙）等，宜用于风沙、浸水及受河流冲刷地段的路堤边坡及河岸和水库岸坡等的防护，也可用于土质和易风化剥落的岩石路堑边坡防护。

干砌片石护坡、混凝土预制块护坡可用于水流较平顺，不受主流冲刷且流速小于 3 m/s 的地段。浆砌片石护坡、混凝土护坡用于受主流冲刷，流速不大于 8 m/s 且波浪作用强烈的地段。护坡下应设置反滤层。

实体护坡（墙）用于路堑边坡防护时，单级高度不宜超过 12 m，超过时宜设平台、分级砌筑或浇筑。用于河流冲刷或岸坡的实体护坡，应埋设在冲刷深度以下不小于 1.0 m 或嵌入基岩内不小于 0.2 m 处。用于路堑边坡的护墙基础埋深不应小于 1.0 m。

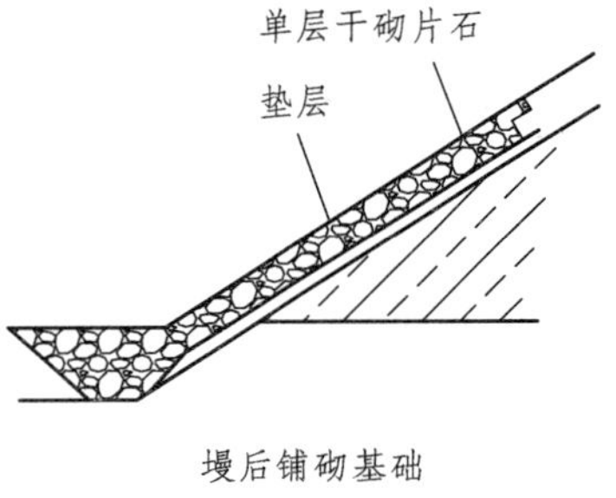

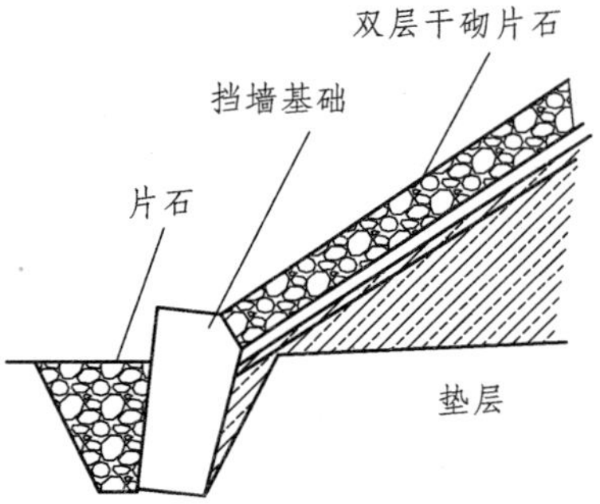

图 5-22　干砌片石护坡

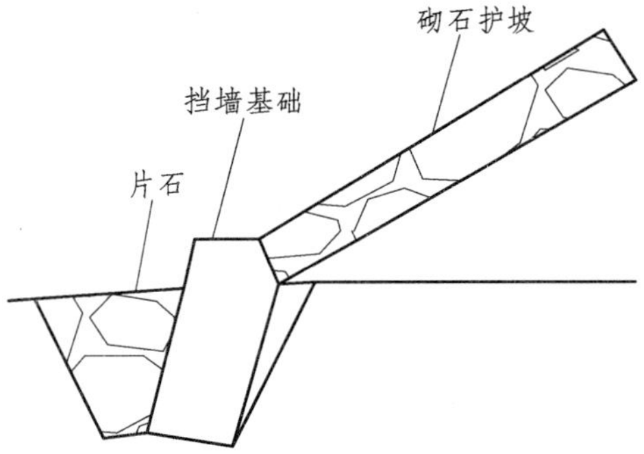

图 5-23　浆砌片石护坡

干砌片石护坡厚度不宜小于 0.25 m，浆砌片石护坡厚度不宜小于 0.3 m，现浇混凝土护坡厚度不宜小于 0.15 m，预制混凝土护坡厚度不宜小于 0.08 m。浆砌片石或混凝土护墙厚度不宜小于 0.4 m。

3）孔窗式护坡（墙）

孔窗式护坡（墙）（见图 5-24）可用于易风化或风化破碎的岩石路堑边坡和坡面易受侵蚀的土质路堑边坡防护。

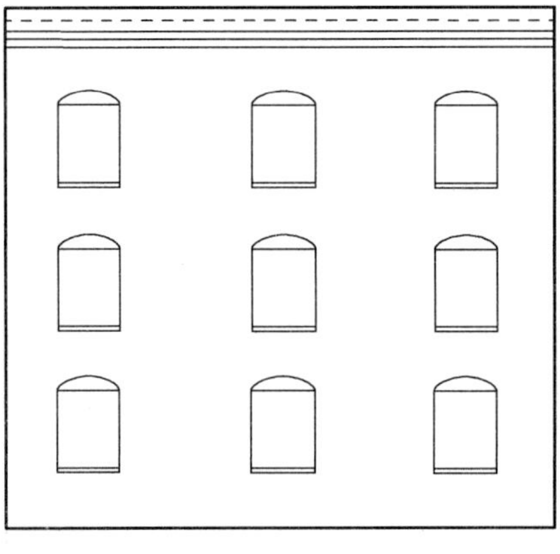

图 5-24　孔窗式护坡（墙）

孔窗式护坡（墙）可采用片石或混凝土预制块砌筑、混凝土浇筑，单级高度不宜超过 12 m，超过时宜设平台、分级砌筑或浇筑，其坡率不宜陡于 1∶0.75，开孔尺寸宜选用 2～

4 m，窗孔内宜喷混植生或种植植物。护墙的基础埋深应不小于 1 m。

4）锚杆框架梁护坡

锚杆框架梁护坡（见图 5-25）可用于土质、软质岩及风化硬质岩路堑边坡防护，可与植物防护、土工网垫客土植生、空心砖内客土植生、喷混植生、生态袋、植生袋、喷锚网、柔性防护网等防护组合使用。

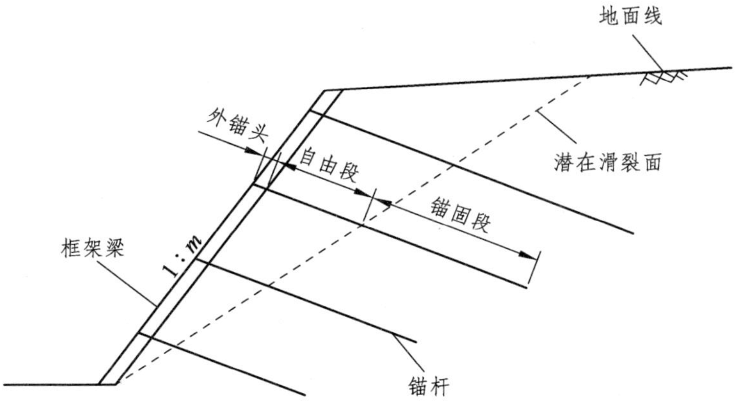

图 5-25 锚杆框架梁护坡

锚杆框架梁护坡可多级设置，边坡坡率不宜陡于 1∶0.75，单级高度不宜超过 15 m，其应采用钢筋混凝土现浇，可按正方形或菱形布置，截面尺寸不宜小于 0.3 m，混凝土强度等级不应低于 C30。锚杆间距不宜小于 2 m，锚杆长度不宜小于 5 m。锚杆总长度为锚固段、自由段和外锚头的长度之和，锚杆自由段长度应为外锚头到潜在滑裂面的长度；预应力锚杆自由段长度应不小于 5.0 m，且应超过潜在滑裂面 1.5 m。土层锚杆的锚固段长度不应小于 4.0 m，并不宜大于 10.0 m，岩石锚杆的锚固段长度不应小于 3.0 m，且不宜大于 45*D*（*D* 为锚杆锚固段钻孔直径）和 6.5 m。

年平均降雨量超过 600 mm 的地区，框架梁上应设置截水槽，边坡平台应设置截水沟。

5）喷射混凝土（砂浆）护坡

喷射混凝土（砂浆）护坡（见图 5-26）可用于风化破碎、节理裂隙较发育或较高陡的岩石路堑边坡，必要时可增加挂网措施。

重力喷射砂浆宜采用纯净的细砂，粒径应为 0.1 ~ 0.25 mm；机械喷射砂浆和喷射混凝土宜采用纯净的中粗砂，粒径应为 0.25 ~ 0.5 mm，含土量不应超过 5%。喷射砂浆厚度不宜小于 5 cm。喷射混凝土厚度宜为 7 ~ 10 cm，喷射混凝土时，需进行分层喷射，单层厚度主要由喷射混凝土颗粒间的凝聚力和喷射层与受喷面的黏结力决定，一般根据岩性、围岩应力、裂隙及其他形式支护的配合情况确定，以保证混凝土层不错裂、不脱落。喷射厚度太小，将增大回弹率；喷射厚度太大则会削弱混凝土颗粒间的凝聚力。通常一次喷射厚度为粗骨料最大粒径的 2 倍。

喷射混凝土（砂浆）护坡应设置泄水孔，每隔 2 ~ 3 m 上下左右交错布置。地下水发育时，应根据情况适当加密、加深、加粗。

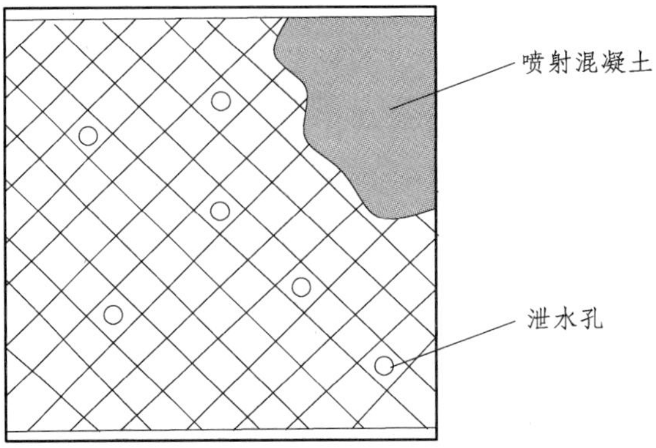

图 5-26　喷射混凝土（砂浆）护坡

6）石笼防护

石笼防护可用于流速为 4 ~ 5 m/s、波浪高 1.5 ~ 1.8 m 的周期性浸水地段的河岸或路基边坡防护。石笼防护的优点是具有较好的强度和柔性，不需用较大的石料。当水流中含有大量泥沙时，石笼中的孔隙将很快被填满而形成坚固的整体护层。若水流中带有较多的滚石，则容易冲破钢丝网，不能采用石笼防护。

近年编织石笼常用的金属材料主要为宾格合金钢丝网，其母材采用合金含锌钢材；涂膜钢丝具有不生锈、防静电、耐腐蚀的功能，有较好的疲劳强度及工程耐久性；钢丝直径 2 ~ 3 mm，编织网钢丝单根疲劳强度不小于 420 MPa，使用寿命大于 50 年。石笼内填充石料应选用坚硬不崩解，未风化的卵石、块石。用于防护岸坡时，一般在最底下的一层采用扁长方体石笼，在靠岸坡处采用长方体石笼的垒砌形式，如图 5-27 所示；用于防洪抢险的石笼，一般采用有骨架的圆柱体，以便于顺路基或河岸边坡滚下，以防护洪水对边坡的冲刷。

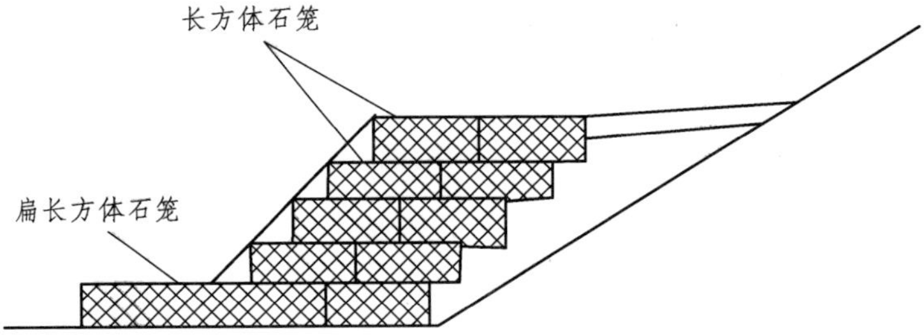

图 5-27　长方体石笼防护

7）防护网

危岩、落石边坡防护措施应根据其分布范围、规模大小、边坡高度及距线路远近等因素综合确定，可结合清除危石处理等防护措施设置防护网防护（见图 5-28）。防护网按其结构形式、防护功能和作用方式的不同分为主动防护网和被动防护网两类。

根据主动防护网的主要特征及构成分为钢丝绳网、钢丝格栅和高强度钢丝格栅三类。钢丝绳网和钢丝格栅采用钢丝绳锚杆和支撑绳固定方式；高强度钢丝格栅采用钢筋（可以施加预应力）、钢丝绳锚杆（有边沿支撑绳时采用）、锚垫板以及加边沿支撑绳（必要时）等固定方式。

被动防护网由钢丝绳网或环形网（需拦截小块落石时附加一层钢丝格栅）、固定系统

（锚杆、拉锚绳、基座和支撑绳）、减压环和钢柱四个主要部分构成。坡面危石分布较多且体积较大，可根据检算采用主动防护网防护或分级采用被动防护网防护。坡面危石、孤石分散且难以清理时，宜采用被动防护网防护或进行综合治理。被动防护网设计高度不应小于落石最大弹跳高度加 1.0 m，最小设计高度不应小于 2.0 m。被动防护网钢柱的高度不应低于防护网设计高度，钢柱间距不宜大于 12.0 m，最小间距不宜小于 4.0 m。

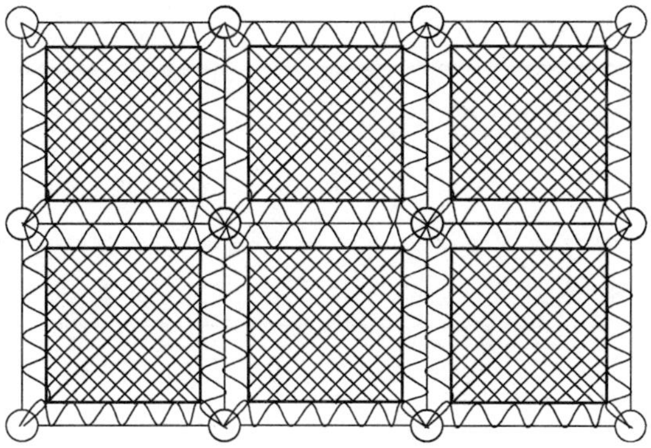

图 5-28 防护网

8）土工合成材料防护

土工合成材料主要包括土工网、土工格栅等。

土工网、土工网垫、立体植被护坡网适应范围较广，不但可用于适宜植物生长的土质、风化岩、易风化软岩路基边坡防护，如图 5-29 所示；也可用于粉细砂填筑的路堤边坡及粉细砂地层路堑边坡的风蚀防护，如图 5-30 所示；还可用于风沙路基两侧的固沙、阻沙工程。

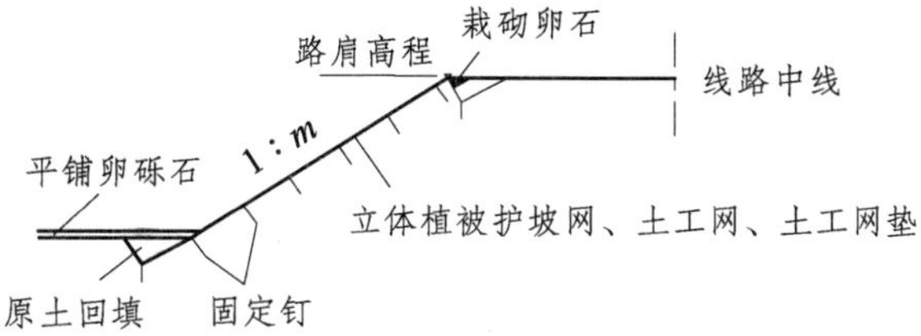

图 5-29 土工合成材料路堤坡面防护

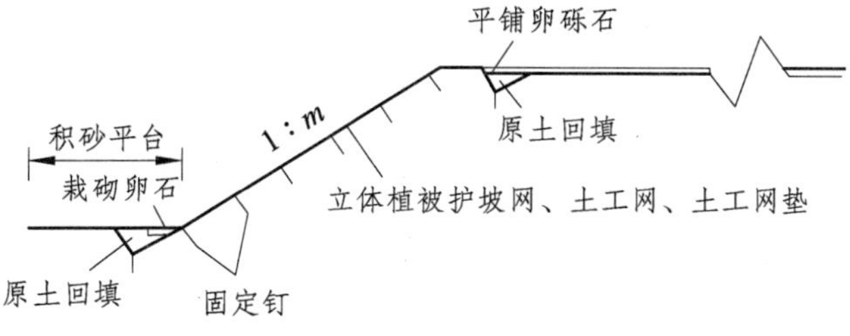

图 5-30 土工合成材料路堑坡面防护

土工格栅用于土质路基边坡补强时，可于边坡表层不小于 3 m 宽度范围铺设，以抑制边坡浅层溜坍和增强边坡抗冲蚀能力。改建或增建第二线帮宽或加宽、陡坡地基填土路堤时，可于边坡坡面至填土界面内铺设，以提高界面处的摩擦力，增强路堤的整体稳定性。

土工合成材料石笼或沉枕、土工模袋等可与土、石、混凝土相结合，用于覆盖冲刷防护工程的坡面或河底，其类型及适用条件可按表 5-2 确定。

表 5-2　土工合成材料用于冲刷防护工程的类型及适用条件

防护类型	结构形式	使用条件
土工格栅或土工网石笼	用土工格栅或土工网等制成箱形或圆柱形，笼内装块石、卵石形成条体或块体	适用于临时工程，流速 4～5 m/s，无滚石河段
土工合成材料沉枕	土工布缝成管袋，内填砂石料等制成的枕状物	流速 4～5 m/s、冲刷较严重的护坡、护底，如丁坝、顺坝等
土工模袋	土工模袋内充填流动性水泥砂浆或混凝土，厚度视工程需要确定	护坡坡度不陡于 1∶1.5，充填水泥砂浆时，容许流速为 2～3 m/s；充填混凝土时，容许流速大于 3 m/s

5.3.2　风沙及雪害地区路基平面防护

风沙地区路基应结合当地的治沙经验，采取固沙、阻沙、输沙和封沙育草以及保护天然植被等多种防护措施，构成具有严密性和整体性的防沙体系。防沙体系应自路堤坡脚或路堑堑顶外依序设置防火带、防护带、植被保护带等。防护带内工程防护和植物防护措施应相互协调配合，发挥整体效能。防沙林和采用草类等易燃材料的防护带，应在路基坡脚或堑顶外选用卵石土、碎石土、粗砾土等铺设防火带。防火带宽度应符合《铁路工程设计防火规范》（TB 10063—2016）的规定。路基两侧应根据沙源、风况、沙丘活动情况和天然植被状况等因素，分别按严重、中等和轻微风沙地段设置防护带和植被保护带。有水源可利用或年平均降水量大于 250 mm 地区，应采用植物固沙；在年平均降水量为 100～250 mm 且湿沙层含水率大于 3% 的地区，宜采用植物固沙。固沙植物应选择生长良好、固沙能力强的当地沙漠植物。

雪害地区应根据地形、地貌、植被、气候、风向、积雪厚度，并结合线路位置、路基高度等因素综合确定在路基一侧或两侧设计防护林带。经验证明，防护林带不仅能起到很好的防雪作用，而且有绿化造林的意义。防护林带的防护效果与林带结构（林带的布置、高度、透风度）有密切关系。防护林带要选用上下紧密，使风雪流不易通过的乔、灌木混合林，使林带起到长期的防护作用。在不宜种植防护林和防护林未能起作用前，可在迎风一侧设置固定式或活动式防雪栅栏、防雪堤、防雪沟或导风板等，并与主导风向垂直。当地形开阔积雪严重时，可采用防雪堤、防雪栅栏和灌木林带相结合的综合防护体系。易发生掩埋线路的严重雪害或有雪崩情况的地段，可采用明洞或棚洞等防护措施。

5.3.3　路基保温防护

多年冻土地区路基应根据年平均地温、冻土类别、冻土含冰量、平面分布特征及路基的稳定状态综合分析，采用保温层、通风管、热棒、遮阳板、保温护道等措施。青藏高原地区宜采用片石气冷路基，边坡设置片（碎）石护坡等措施。

多年冻土区高含冰量地段路基两侧或向阳一侧边坡可设遮阳板防护，采用片石气冷路基降温时，片石层厚度不宜小于 1.0 m，片石粒径宜为 0.1 ~ 0.3 m，并应在片石层顶部设置 0.2 m 厚碎砾石层和 0.2 m 厚中粗砂垫层，片石层底应做好防排水措施，采用片（碎）石护坡时，片（碎）石层厚度不宜小于 0.8 m，阳坡侧应适当加厚。

多年冻土区高含冰量地段路堤两侧应设置保温护道，护道材料可采用细粒土或细粒土内埋设聚苯乙烯泡沫（EPS）隔温板等。护道尺寸根据路堤边坡的朝向、护道材料综合确定，并应符合表 5-3 规定。

表 5-3　保温护道尺寸

填筑材料	护道/m		边坡坡率
	高度	宽度	
细粒土	1.5 ~ 2.0	2.5 ~ 3.0	1∶1.75
细粒土+聚苯乙烯泡沫隔温板或聚氨酯板	0.5	1.5 ~ 3.0	1∶1.75

注：1. 人为活动频繁或地面排水困难的地段，要优先设置土护道，护道尺寸取大值。
2. 岛状多年冻土带或地温较高、地面保温条件差的地段，护道尺寸取大值。
3. 朝向差别明显地段，向阳侧的护道尺寸取大值或仅在向阳侧设置护道。
4. 青藏高原地区可以采用片（碎）石保温护道，片石粒径为 0.1 ~ 0.3 m，保温护道的尺寸要取细粒土的小值。

习　题

一、填空题

1. ＿＿＿＿位于路堑路肩边缘外侧，用以汇集和排除路堑范围内的地面水。

2. 渗水暗沟又称＿＿＿＿，用于拦截、排除较深含水层内的地下水，疏干土体中的水或降低地下水位，通常采用明挖法施工。

3. 常见的坡面防护措施有＿＿＿＿、＿＿＿＿等。前者可视为有“生命”防护，后者属无机物防护。

4. 路堤、路堑边坡高度较高时，一般采用＿＿＿＿、＿＿＿＿、＿＿＿＿等工程防护与植物相结合的防护措施。

5. 风沙地区路基应结合当地的治沙经验，采取＿＿＿＿、＿＿＿＿、＿＿＿＿和封沙育草以及保护天然植被等多种防护措施，构成具有严密性和整体性的防沙结构体系。

6. 多年冻土地区路基，常采用＿＿＿＿、＿＿＿＿、＿＿＿＿、＿＿＿＿、＿＿＿＿等措施进行路基保温防护。

二、选择题

1. 截水沟内边缘至堑顶距离不宜小于（　　）。

A. 5 m　　B. 10 m　　C. 15 m　　D. 20 m

2. 位于路堤护道外侧的地面排水设施为（　　）。

A. 截水沟　　B. 侧沟　　C. 天沟　　D. 排水沟

3. 下列属于排除地下水的设施有（　　）。（多选）

A. 截水沟　　B. 渗沟　　C. 暗沟　　D. 急流槽

4. 骨架护坡中，骨架间距宜采用（　　）。

A. 2 ~ 4 m　　B. 3 ~ 5 m　　C. 4 ~ 6 m　　D. 5 ~ 7 m

5. 喷射混凝土（砂浆）护坡应设置泄水孔，每隔（　　）上下左右交错布置。

A. 1 ~ 2 m　　B. 2 ~ 3 m　　C. 3 ~ 4 m　　D. 4 ~ 5 m

三、简答题

1. 水对路基有哪些危害？
2. 路基地面排水设施有哪些？各自适用于哪些场合？
3. 路基地下排水设施有哪些？各自适用于哪些场合？

Chapter 6

第 6 章
路基边坡的稳定性

6.1 路基边坡的失稳形式及分析方法

边坡是指为了保证路基的稳定性，在路基两侧做成的具有一定坡度的坡面，如图 6-1 所示。

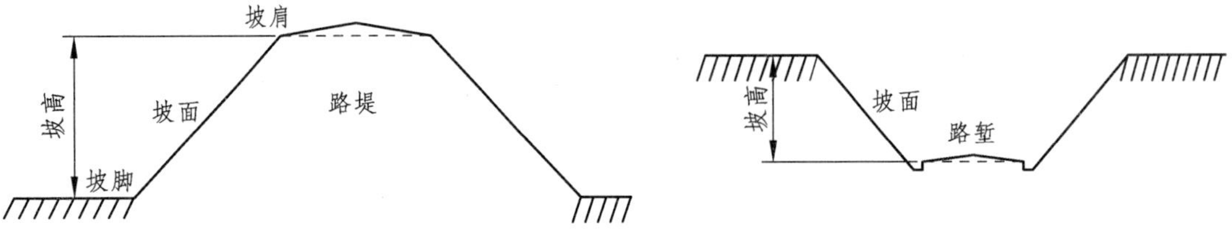

（a）路堤　　（b）路堑

图 6-1　边坡面

边坡稳定问题是路基工程建设和运营中经常遇到的问题，铁路路堤、路堑边坡都涉及稳定性问题。边坡的失稳，是由各种自然因素（如地下水的水位及分布、降雨量的大小、冻融的循环以及地震作用等）和人为因素（如挖掘坡脚和边坡堆载等）造成的。这些作用破坏了土体的力学平衡，导致土体沿着某一滑面有滑动的趋势，当滑面上土体的剪应力超过抗剪强度时，滑面上的土体将沿着滑面滑动，导致边坡发生失稳破坏。路基边坡失稳的原因可分为外部原因和内部原因。

1. 内部原因

1）土质

土的抗剪强度首先取决于土的性质，土质不同则抗剪强度不同。对路堑边坡而言，其稳定性除了与土或岩石的性质有关，还与岩石的风化、破碎程度有关。

2）土层结构

土层结构也会影响路基边坡的稳定性。如在斜坡上堆有较厚的土层，特别是当下伏土层（或岩层）不透水时，容易在交界处发生滑动。

3）边坡形状

边坡的高度、坡度等直接关系到其稳定性。凸肚形的斜坡由于重力作用，比上陡下缓的凹形坡易于下滑。直立形的黏性土质边坡，由于黏聚力的存在，当边坡不高时可直立，但随时间和气候的变化，也会逐渐塌落。

2. 外部原因

1）降水或地下水的作用

持续的降雨或地下水渗入土层中，使土的含水量增加、易溶盐溶解、土质变软、强度降低。含水量的增加还会增加土的重度、增大孔隙水压力，使土体在动、静水压力的作用下处于不利的状态。

2）振动的作用

振动的作用包括车辆运动、施工打桩或爆破等，可使邻近边坡变形或失稳。对于砂土，在地震的反复作用下，可能发生液化。对于黏性土，振动易使土的结构破坏，降低土的抗剪强度。

3）人为因素

由于不合理的开挖，特别是开挖坡脚或将弃土堆在坡顶附近，都会引起边坡的失稳破坏。

6.1.1 路基边坡的失稳形式

通常情况下，路基边坡失稳时滑动面的形式主要有直线、圆弧和折线三种。当路基土为非黏性土时，滑动面较浅并且接近于平面，横断面上呈现为直线，如图 6-2（a）所示。而黏性土路基中的滑动面则深入边坡体内，当黏性土为匀质土体时，其滑动面接近于圆柱面，横断面上近似为圆弧，如图 6-2（b）所示。另外，当路堤修建于陡坡上时，填方可能沿着地基接触面滑动，此时，破坏面的形式通常取决于接触面的形态，往往呈现为折线，如图 6-2（c）所示。

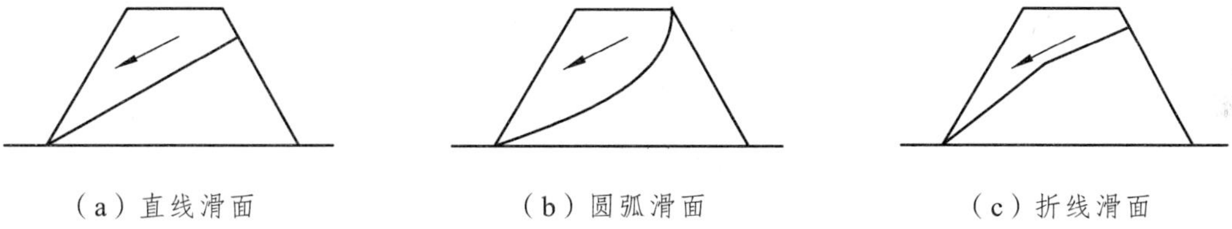

图 6-2 滑面形式

6.1.2 路基边坡的稳定分析

路基边坡的稳定分析是确定边坡是否处于稳定状态、是否需要对其进行加固与治理以及防止其失稳破坏的重要参考依据。失稳破坏是一种复杂的地质灾害过程，应针对不同的边坡形式、不同的岩土性能，采用不同的分析方法及计算理论来分析其稳定状态。目前边坡稳定分析方法大体可分为以下两种。

1. 定性分析方法

定性分析方法主要通过工程地质勘察，利用已有的工程经验，对影响边坡稳定性的主要因素、可能的破坏方式及失稳的力学机制进行分析。主要包括地质分析法、工程地质类比法、图解法等。

1）地质分析法

根据边坡的地形地貌形态、地质条件和边坡变形破坏的基本规律，追溯边坡演变的全过程，预测边坡稳定性发展的趋势及其破坏方式，从而对边坡的稳定性作出评价；对已发生过失稳破坏的边坡，判断其能否恢复或转化。

2）工程地质类比法

将已有的天然边坡或人工边坡的研究经验（包括稳定的或破坏的）用于研究边坡的稳定性分析，如坡角或计算参数的取值（如坡率法）、边坡的处理措施等。

工程地质类比法具有经验性和地区性的特点，应用时必须全面分析已有边坡与研究边坡两者之间的地貌、地层岩性、结构、水文地质、自然环境、变形主导因素及发育阶段等方面的相似性和差异性，同时还应考虑工程的规模、类型及其对边坡的特殊要求等。

3）图解法

根据设计时的大量计算资料，用一定的曲线和图形来表示边坡有关参数之间的定量关系，由此求出边坡稳定安全系数，或在已知稳定安全系数及其他参数（结构面倾角、坡角、坡高）仅一个未知的情况下，求出稳定坡角或极限坡高，并绘制成图，可以直接进行查阅，降低计算工作量。

2. 定量分析方法

定量分析方法主要包括极限平衡法和数值分析法。

1）极限平衡法

极限平衡法以莫尔-库仑定律为基础，将滑动土体视为刚体，通过建立作用在土体上的力的平衡方程式，求得作用于土体上的滑动力矩（或力）和抗滑力矩（或力），然后求得边坡的稳定安全系数 K_s 。

在工程实践中，极限平衡法的一般步骤是先假定破坏沿土体内某一确定的滑动面滑动。根据滑动土体的静力平衡条件和莫尔-库仑定律计算出沿该滑动面滑动的可能性，即稳定安全系数 K_s 的大小，然后系统选取多个可能的滑动面，分别计算各个滑面的稳定安全系数 K_s 。其中稳定安全系数最小的滑动面就是破坏可能性最大的滑动面。为了使路基具有足够的稳定性且经济合理，最小稳定安全系数 K_{min} 应大于 1，《铁路路基设计规范》（TB 10001—2016）规定最小稳定安全系数应符合下列规定：

（1）永久边坡。一般工况边坡最小稳定安全系数应为 1.15 ~ 1.25；地震工况边坡最小稳定安全系数应为 1.10 ~ 1.15。

（2）临时边坡。边坡最小稳定安全系数不应小于 1.05 ~ 1.10。

为了消除各种不易控制的因素所造成的可能误差，通常采用稳定安全系数不小于最大值，若采用数据和检算方法符合实际，稳定安全系数不小于最小值。

2）数值分析法

随着岩土力学、数学以及计算机技术的发展，数值分析方法在边坡稳定性分析中得到了日益广泛的研究和推广。主要的数值分析方法有以下三种：

（1）有限单元法。

有限单元法是目前应用最广泛的数值分析方法，其步骤已经系统化，并形成了很多通用的计算机程序。其优点是部分地考虑了边坡土体的非均质、不连续介质特征，考虑了土体的应力-应变特性，因而可以避免将坡体视为刚体、过于简化边界条件的缺点，能够接近实际地从应力-应变方面分析边坡的变形破坏机制。

（2）边界单元法。

边界单元法只需对已知区域的边界进行离散化，具有输入数据少的特点。其优点是离散化的误差仅来源于边界，区域内的有关物理量是用精确的解析公式计算的，故边界单元法的计算精度较高，在处理无限域方面有明显的优势；其缺点是一般边界单元法得到的线性方程组的关系矩阵是不对称矩阵，不便使用有限元中成熟的对称矩阵的系列解法。

（3）离散单元法。

离散单元法为显式解法，不需要求解大型矩阵，计算比较简便，其基本特征在于允许各个离散块体发生平动、转动甚至分离，弥补了有限单元法或边界单元法的介质连续和小变形的限制。因此，该方法特别适合块裂介质的大变形及破坏问题的分析；其缺点是阻尼系数难以确定等。离散单元法可以直观地反映岩体变化的应力场、位移场及速度场等各个参量的变化，可以模拟边坡失稳的全过程。

在以上分析方法中，极限平衡法是根据边坡上的滑体或滑体分块的静力学平衡原理分析边坡各种破坏模式下的受力状态，以及根据边坡滑体上的抗滑力和下滑力之间的关系来评价边坡的稳定性。它是边坡稳定分析计算的主要方法，也是工程实践中应用最多的一种方法。

下面以路堤边坡为例，在分析路堤边坡破坏模式的基础上，重点介绍基于极限平衡理论的路堤边坡稳定性分析方法，包括直线滑面边坡稳定性分析、圆弧滑面边坡稳定性分析、折线滑面边坡稳定性分析方法，并介绍这些方法在路基工程中的应用。

6.2 直线滑面的边坡稳定性分析

6.2.1 直线滑面的边坡稳定性分析方法

直线滑面的边坡稳定性分析方法适用于采用非黏性土填筑路堤时，其抗剪强度主要是由填料的内摩擦角提供的情况，其滑动破坏面接近于平面，在横断面上为一条直线。而对于一些虽然具有一定黏聚力，但其抗剪强度主要是由摩擦力组成的黏性土，直线滑面的边坡稳定性分析方法对其同样适用。如图 6-3（a）所示，在路堤横断面中，通过几何计算得出每延米路堤滑面 AD 以上土体的重力 W，如果滑面 AD 在列车与轨道的换算土柱荷载 P 的外侧，则作用在滑面 AD 上的力包括滑动土体的重力 W、列车荷载 Q 与轨道荷载 P，定义其和为 W'；如果 D 点在列车与轨道的换算荷载范围内，则应取滑面以内所包含的部分列车与轨道换算荷载值，如图 6-3（b）所示。设滑面的倾角为 α，长度为 l，路堤填料的内摩擦角为 φ，黏聚力为 c，则沿滑面向下的滑动力 T 为 W' 在滑面上的切向分力 $T=W'\sin\alpha$，阻止土体下滑的抗滑力 R 为滑面上的摩擦力（W' 在滑面上的法向分力 $N=W'\cos\alpha$）与黏聚力之和，即 $R=W'\cos\alpha\tan\varphi+cl$。以抗滑力与滑动力两者的比值来估算路基的稳定性，则滑面上土体的稳定安全系数 K_s 为

$$K_s=\frac{R}{T}=\frac{W'\cos\alpha\tan\varphi+cl}{W'\sin\alpha} \tag{6-1}$$

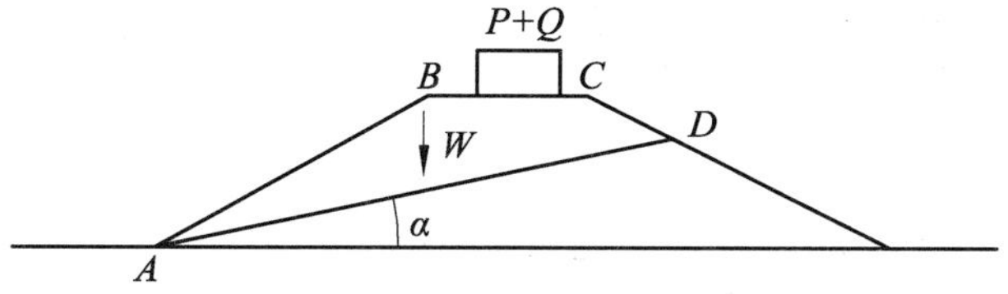

（a）

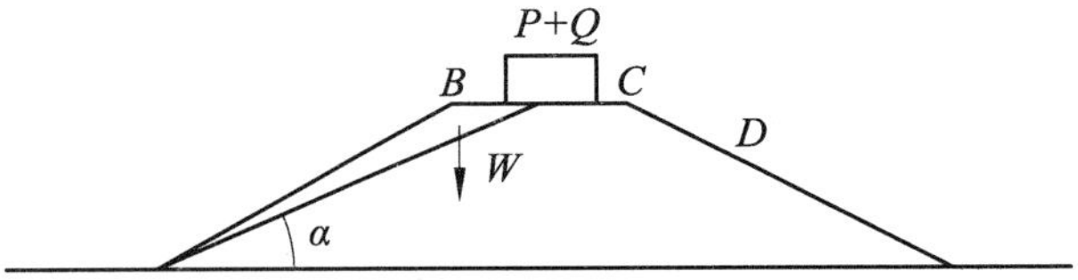

（b）

图 6-3　直线滑面法计算图式

6.2.2　直线滑面的边坡稳定性分析方法的应用

1. 试算法

由式（6-1）可知，稳定安全系数 K_s 受到滑面倾角 α 的影响。为求出最小的稳定安全系数 K_{min}，可假定滑面为任意滑面 AD_1，AD_2，…，AD_n，首先分别计算各滑面倾角 α 及相应的稳定安全系数 K_s，如图 6-4（a）所示；然后以 K_s、α 为纵、横坐标，绘制 K_s-α 曲线，如图 6-4（b）所示；最后作水平线与曲线相切，切点所对应的纵横坐标就是边坡的最小稳定安全系数 K_{min} 和对应的滑面倾角 α。在边坡稳定性检算中，常将最小稳定安全系数 K_{min} 所对应的滑面定义为最危险滑面。

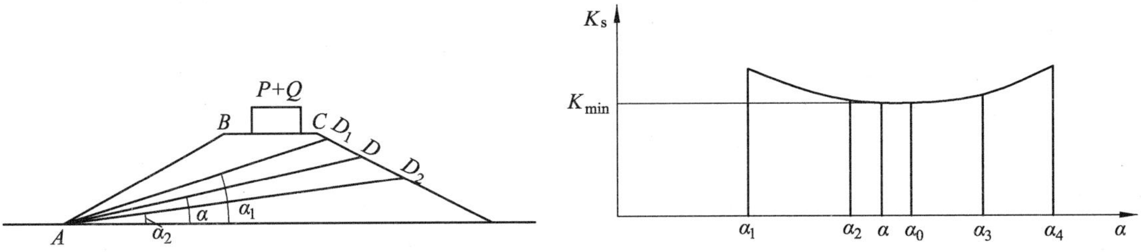

（a）　　　（b）

图 6-4　K_{min} 的确定方法

当路堤以不同的砂、石填料或透水土体分层填筑时，土体产生滑动破坏时的滑面亦常接近于平面，故仍可采用上述直线滑面法进行检算。因在滑面上各层填料的计算指标不同，当滑面假定以后，按滑面和各层面的交点，以垂直线将滑动土体分块，计算每一分块的填料重力 W_i、轨道荷载 P_i 和列车荷载 Q_i（如果存在），其和为 W_i'；由此可得各分块的 W_i' 及其沿滑面的法向分力 $W_i'\cos\alpha$ 和切向分力 $W_i'\sin\alpha$；因而可得各分段的抗滑力为 $W_i'\cos\alpha_i\tan\varphi_i + c_il_i$。以各分段的抗滑力之和与各分段的下滑力之和的比值，即为该假定滑面上土体的稳定安全系数 K_s，可按式（6-2）计算：

$$K_s = \frac{\sum_1^n W_i'\cos\alpha\tan\varphi_i + \sum_1^n c_il_i}{\sum_1^n W_i'\sin\alpha} \tag{6-2}$$

2. 解析法

由式（6-1）可以看出来，稳定安全系数 K_s 是滑面倾角 α 的一元函数关系，要想求得稳定安全系数的最小值 $K_{\min}$，只需通过式（6-1）对滑面倾角 α 求一阶导数，即可求得稳定安全系数的最小值 $K_{\min}$。

如图 6-5 所示，土楔 ABD 沿假设滑面 AD 滑动，单位长度滑动土体重力 W 为

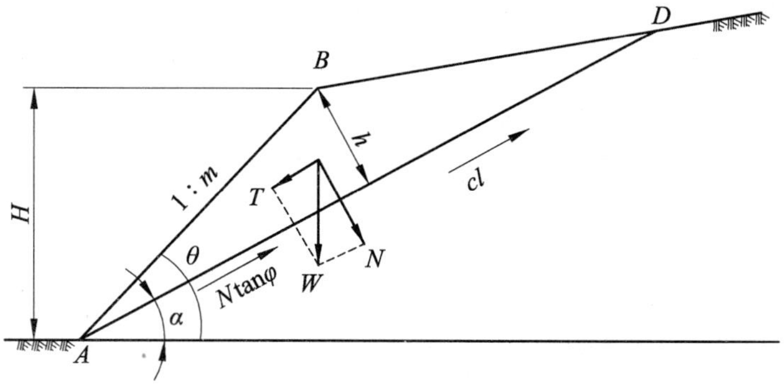

图 6-5　直线滑面计算简图

$$W = \frac{1}{2} lh\gamma \tag{6-3}$$

$$h = AB\sin(\theta - \alpha) = \frac{\sin(\theta - \alpha)}{\sin\theta} H \tag{6-4}$$

式中：l——滑动面长度（m）；

h——滑动面至土楔 B 点的垂直距离（m）；

H——边坡高度（m）；

γ——土体重度（$\mathrm{kN/m^3}$）。

$$K_s = \frac{R}{T} = \frac{W\cos\alpha\tan\varphi + cl}{W\sin\alpha} = \frac{\tan\varphi}{\tan\alpha} + \frac{cl}{W\sin\alpha} = \frac{\tan\varphi}{\tan\alpha} + \frac{2c}{\gamma H}\cdot\frac{\sin\theta}{\sin(\theta-\alpha)\sin\alpha} \tag{6-5}$$

令 $$f = \tan\varphi,\quad a_0 = \frac{2c}{\gamma H}$$

则 $$K_s = f\cot\alpha + a_0\frac{\sin\theta}{\sin(\theta-\alpha)\sin\alpha}$$

其中 $$\frac{\sin\theta}{\sin(\theta-\alpha)\sin\alpha} = \frac{\sin[(\theta-\alpha)+\alpha]}{\sin(\theta-\alpha)\sin\alpha} = \frac{\sin(\theta-\alpha)\cos\alpha + \cos(\theta-\alpha)\sin\alpha}{\sin(\theta-\alpha)\sin\alpha}$$

$$= \frac{\cos\alpha}{\sin\alpha} + \frac{\cos(\theta-\alpha)}{\sin(\theta-\alpha)} = \cot\alpha + \cot(\theta-\alpha)$$

故 $$K_s = f\cot\alpha + a_0[\cot\alpha + \cot(\theta-\alpha)] = (f + a_0)\cot\alpha + a_0\cot(\theta-\alpha) \tag{6-6}$$

欲求稳定安全系数的最小值 $K_{\min}$，只需要利用式（6-6），求

$$\frac{\mathrm{d}K_s}{\mathrm{d}\alpha} = 0 \tag{6-7}$$

通过求解方程式（6-7），得

$$K_{\min} = (f + 2a_0)\cot\theta + 2\sqrt{a_0(f + a_0)}\csc\theta \tag{6-8}$$

式中：c，φ，γ——土体的黏聚力（kPa），内摩擦角（°），土体的重度（kN/m^3）。

利用式（6-8），可求边坡的最小稳定安全系数，也可求得在边坡高度确定时的稳定坡率（确定边坡），还可求得在坡率确定时的边坡限制高度。

【例题 6-1】某挖方边坡，已知 $\varphi = 30°$，$c = 14.7\ \text{kPa}$，$\gamma = 17.64\ \text{kN/m}^3$，$H = 8.0\ \text{m}$。现采用 1∶0.5 的边坡，检算其稳定性。

解：由 $\cot\theta = 0.5$，$\theta = 63°26'$，$\csc\theta = 1.118\ 1$

$$f = \tan 30° = 0.577\ 4,\quad a_0 = \frac{2c}{\gamma H} = 0.208\ 3$$

代入式（6-8）得 $K_{\min} = 1.40$。由于 $K_{\min} > 1.25$，故该路基边坡稳定。

6.3 圆弧滑面的边坡稳定性分析

6.3.1 圆弧滑面的边坡稳定性分析方法

现场观测和调查资料表明，由黏性土组成的自然山坡、人工填土或开挖的边坡发生破坏时，破裂面的形状接近于圆弧状。在工程计算中，常假设为圆弧滑动面的平面应变问题。

用圆弧滑动面对边坡稳定性进行分析时，常用的极限平衡方法有整体圆弧滑动面法、瑞典条分法、毕肖普法和詹布法。

1. 整体圆弧滑动面法

对均质土路基进行边坡稳定性分析时，在理论上将滑动面近似为圆柱面，滑动土体视为刚体，在横断面上呈现圆弧形，假设黏性土体沿着圆弧滑动面滑动，且在滑动面上满足极限平衡条件，该法称为整体圆弧滑动面法。

确定稳定安全系数时，沿边坡长度方向截取单位长度边坡，作为平面应变问题分析。圆弧 AC 为可能的滑动圆弧，圆心为 O，弧长为 l，圆弧的半径为 R，如图 6-6 所示。

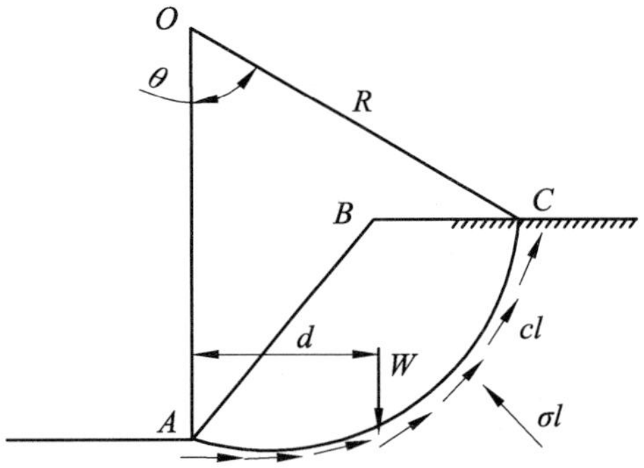

图 6-6　整体圆弧滑动面计算图式

当边坡失稳时，滑动土体绕圆心 O 转动，此时，滑动力矩 $M_s = Wd$，抗滑力矩 $M_r = \tau_f lR$。

极限平衡状态时，滑动面上的剪应力达到极限值：$\tau_f = c + \sigma\tan\varphi$。

黏性土滑动面上的抗滑力矩由以下两部分组成：

（1）黏聚力 c 在圆弧 AC 上产生的抗滑力矩 $M_r = clR$ 。

（2）滑动面上的反力产生的抗滑力矩，其大小和方向与土的内摩擦角有关。对于内摩擦角 $\varphi = 0$ 的土体，滑动面是一个光滑面，反力的方向垂直于滑动面，即通过圆心 O ，因而不产生抗滑力矩。

土体稳定安全系数：

$$K_s = \frac{M_r}{M_s} = \frac{clR}{Wd}$$

上述公式只适合 $\varphi = 0$ 的情况，对于 $\varphi > 0$ 的边坡，稳定安全系数可采用瑞典条分法。

2. 瑞典条分法

瑞典条分法是将圆弧滑动面上的土体划分为若干竖向土条，依次计算每一土条沿滑动面的下滑力和抗滑力，然后叠加计算出边坡的稳定安全系数。如果边坡最危险滑动面的稳定安全系数满足要求，那么边坡就是稳定的。

用瑞典条分法进行边坡稳定性分析时，一般假定：土为均质和各向同性的；不考虑土体的内应力分布及各土条之间相互作用力的影响，土条不受侧向力作用。

图 6-7 所示为瑞典条分法计算图式，其中 $ABCD$ 为滑动土体，CD 为圆弧形滑面。路堤土体失稳时，滑动土体 $ABCD$ 沿 CD 弧同时整体地滑动。对圆心来说，相当于整个滑动土体沿 CD 弧绕圆心 O 点转动。

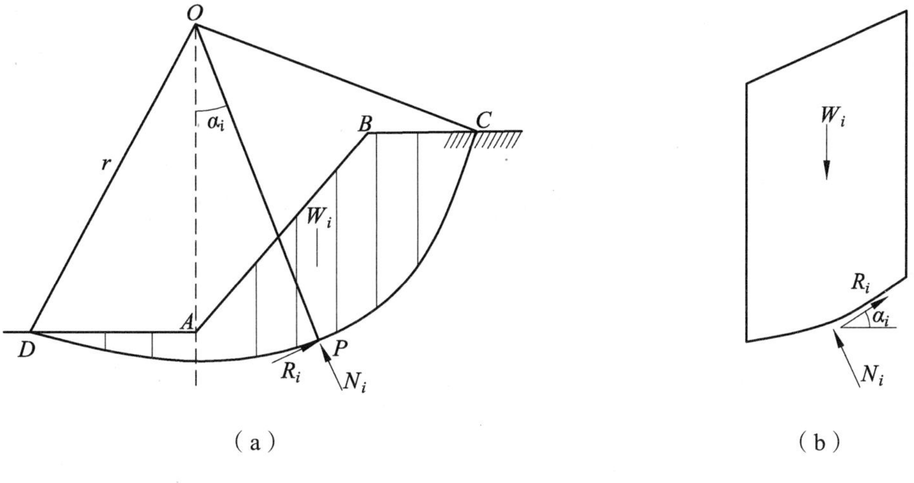

图 6-7 瑞典条分法计算图式

在具体计算中，将滑动土体 $ABCD$ 分成 n 个土条，为保证计算的精确度，土的宽度一般取 2 ~ 4 m。当用 i 表示土条的编号时，则作用在第 i 个土条上的力如图 6-7（b）所示。将稳定安全系数 K_s 以滑动面上各点对圆心 O 的抗滑力矩之和与各土条的下滑力矩之和的比值来表示。具体分析如下：

1）下滑力 T_i

当确定了滑动体各土条的面积以后，就可以通过各土条的断面积，以纵向延长为 1 m 求体积，并根据土的重度求各土条的重力 W_i（若土条上存在列车与轨道的换算荷载，仍应包括换算荷载）。过重心作垂线与滑面相交于 P 点，则交点切线与水平面的夹角为 α_i，土条自重在 P 点的法向分力为 N_i，切向分力为 T_i。其中法向分力 N_i 通过滑面的圆心 O，虽然对边坡不起滑动作用，但却是影响滑面摩擦力大小的重要因素；切向分力 T_i 为土条的下滑力，与滑面相切。

值得注意的是，如果以图 6-7（a）中过圆心的垂线为界，则垂线右侧各土条的切向分力 T_i 对整个滑动土体起下滑作用，垂线左侧各土条的切向分力 T_i 对整个滑动土体起到抗滑作用，计算时应视为抗滑力。

2）抗滑力 R_i

第 i 个土条所处滑面上的抗滑力 R_i 作用于滑面上的 P 点并与滑面相切，其方向与滑动的方向相反。若第 i 个土条在滑面上的弧长为 l_i，土条的内摩擦角与黏聚力分别为 φ_i、c_i，则抗滑力 $R_i = N_i \tan\varphi_i + c_i l_i = W_i \cos\alpha_i \tan\varphi_i + c_i l_i$

3）稳定安全系数 K_s

将各土条圆弧面上土的抗滑力与下滑力乘以对滑动圆心的力臂 r，就可得到抗滑力矩 $M_r = r\left(\sum_{i=1}^{n} W_i \cos\alpha_i \tan\varphi_i + \sum_{i=1}^{n} c_i l_i\right)$，滑动力矩 $M_s = r\sum_{i=1}^{n} W_i \sin\alpha_i$，以抗滑力矩 M_r 与滑动力矩 M_s 的比值表示稳定安全系数 K_s，则

$$K_s = \frac{\sum_{i=1}^{n} W_i \cos\alpha_i \tan\varphi_i + \sum_{i=1}^{n} c_i l_i}{\sum_{i=1}^{n} W_i \sin\alpha_i} \tag{6-9}$$

式（6-9）便是瑞典条分法计算路堤边坡稳定安全系数的基本检算式。当通过圆心的铅垂线将滑动土体分为左右两部分时，左侧部分 $1 \sim m(m<n)$ 土条重量的切向分力与半径相乘形成的力矩，因切向分力的作用方向与滑动方向相反而成为抗滑力矩，此时式（6-9）应改写成式（6-10）：

$$K_s = \frac{\sum_{i=1}^{n} W_i \cos\alpha_i \tan\varphi_i + \sum_{i=1}^{n} c_i l_i + \sum_{i=1}^{m} W_i \sin\alpha_i}{\sum_{i=m+1}^{n} W_i \sin\alpha_i} \tag{6-10}$$

上述公式是用来计算已经确定滑动面位置的稳定安全系数，因为滑动面是任意取的，所以该安全系数并不能确定该边坡是否真正稳定。进行稳定分析时必须找出最危险滑面的位置，也就是稳定安全系数最小的滑面位置。最危险滑面的位置与路堤填料的性质、边坡形式和坡度、地基土质条件等因素有很大关系，所以最危险滑面圆心的位置需要对滑面进行大量的试算工作才能确定。

由大量的工程实践得到，当地基的承载力较低或地基土的强度低于路堤填料的强度时，

路堤的危险滑面常常切入地基内，可能在坡脚或坡脚外出现，如图 6-8（a）所示，所以在地基稳固、边坡坡度更缓的条件下，试算圆弧滑动面的下端可定在坡脚并向坡脚外移动。而当边坡较陡或填料强度较低以及边坡高度较高时，滑面的下端可能出现在边坡面上，如图 6-8（b）所示。圆弧滑动面检算时，可将圆弧滑面的下端定在坡脚。圆弧滑动面的上端，对于单线路堤，常以换算土柱的外侧边线与路基面交点为端点；对于双线路堤，在填料强度较高时会向两线的中部移动，但当填料强度较低时，仍然可能出现在与单线路堤相似的部位。

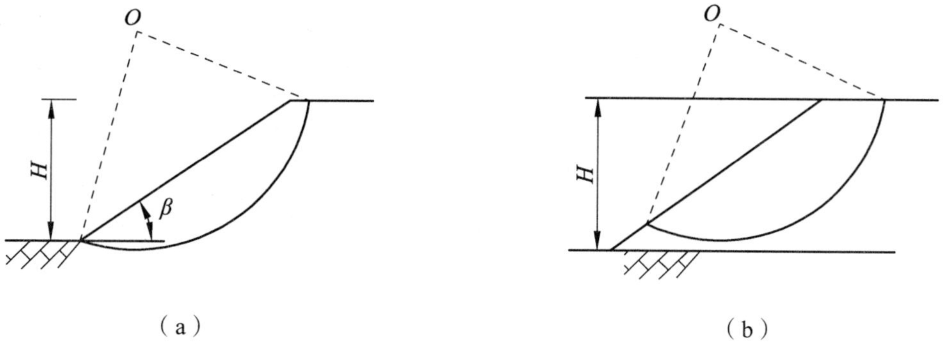

图 6-8 滑面可能的位置

瑞典条分法在进行边坡稳定性分析时，忽略了条块间的相互作用力，它只满足滑动土体的整体力矩平衡条件而不满足各条块的静力平衡条件，原则上不是很完善。但该方法应用的时间很长，也积累了大量的工程实践经验，且计算的安全系数偏低，偏于安全，故仍然是工程上常用的方法。

3. 毕肖普法

毕肖普（A. N. Bishop）法也是通过对滑动土体进行分条，然后对边坡进行稳定检算的方法。但它与瑞典条分法不同，它考虑条块间的侧向作用力，在理论上比瑞典条分法更完善。图 6-9（a）所示为从圆弧滑动体中取出土条 i 进行分析的计算图式。作用在条块 i 上的力有重力 W_i（若存在外荷载也应计入），滑动面上的反力 N_i 和抗滑力 T_i，条块的两侧面上的竖向力 V_i、V_{i+1} 和横向力 H_i、H_{i+1}。

若土条处于静力平衡状态，根据竖向力的平衡条件 $\sum Y=0$ 得

$$W_i+V_{i+1}-V_i-R_i\sin\alpha_i-N_i\cos\alpha_i=0$$

即

$$N_i\cos\alpha_i=W_i+V_{i+1}-V_i-R_i\sin\alpha_i \tag{6-11}$$

考虑到边坡土体处于稳定状态时的安全储备 K_s（$K_s>1$），也就是滑动面上的抗滑力缩小 K_s 倍，即

$$R_i=\frac{1}{K_s}(N_i\tan\varphi_i+c_il_i) \tag{6-12}$$

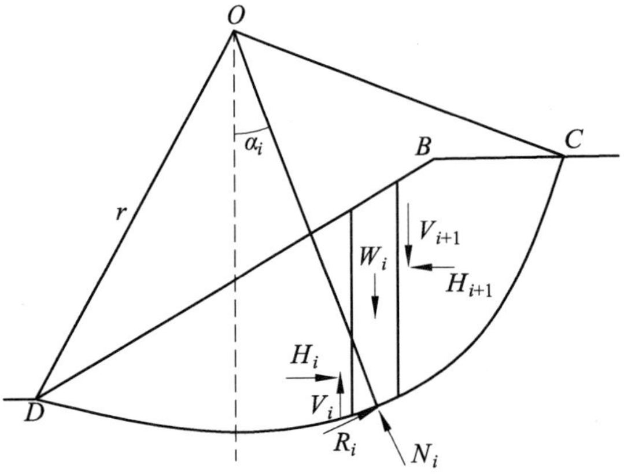

（a）

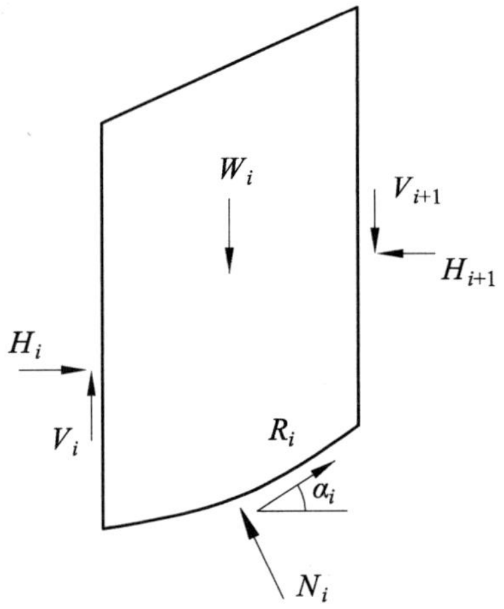

（b）

图 6-9　毕肖普法计算图式

将式（6-12）代入式（6-11）并整理得

$$N_i = \frac{1}{m_{\alpha i}}\left(W_i + V_{i+1} - V_i - \frac{c_i l_i \sin\alpha_i}{K_s}\right) \tag{6-13}$$

$$m_{\alpha i} = \cos\alpha_i + \frac{\tan\varphi_i \sin\alpha_i}{K_s} \tag{6-14}$$

当整个滑动土体处于整体平衡状态时，各土条所受的力对滑面圆心力矩之和为零。这时土条间作用力 H_i、V_i、H_{i+1}、V_{i+1} 作为内力，其力矩将出现正负各一次而相互抵消。滑动面上的反力 N_i 通过圆心，也不产生力矩，只有重力 W_i 和抗滑力 R_i 对圆心产生力矩，即

$$\sum W_i r\sin\alpha_i - \sum R_i r = 0 \tag{6-15}$$

将式（6-12）代入式（6-15）得

$$\sum W_i r\sin\alpha_i = \sum \frac{1}{K_s}(N_i \tan\varphi_i + c_i l_i) r \tag{6-16}$$

将式（6-13）代入式（6-16），简化可得

$$K_s = \frac{\sum \frac{1}{m_{\alpha i}}[c_i l_i \cos\alpha_i + (W_i + V_{i+1} - V_i)\tan\varphi_i]}{\sum W_i \sin\alpha_i} \tag{6-17}$$

以上公式是毕肖普法计算边坡稳定的一般公式。但由于条间力 $V_{i+1} - V_i$ 为未知量，式（6-17）仍然不能求解。由于 $(V_{i+1} - V_i)\tan\varphi_i$ 项一般较小，毕肖普进一步假定 $V_{i+1} - V_i = 0$，于是式（6-17）进一步简化为

$$K_s = \frac{\sum \frac{1}{m_{\alpha i}}(c_i l_i \cos\alpha_i + W_i \tan\varphi_i)}{\sum W_i \sin\alpha_i} \tag{6-18}$$

式（6-18）称为简化的毕肖普公式。式中参数 $m_{\alpha i}$ 包含有稳定安全系数 K_s，因而不能直接由式（6-18）求出稳定安全系数 K_s，而需要采用试算的办法迭代计算。

应该指出的是，对于 α_i 为负值的那些土条，$m_{\alpha i}$ 可能趋于零，如果出现这种情况，式（6-18）将失去意义。根据研究结果，当任意一个土条的 $m_{\alpha i} \leqslant 0.2$ 时，会导致计算的 K_s 值出现较大的误差，此时应考虑采用其他的稳定性分析方法。

与瑞典条分法相比，简化毕肖普法是在不考虑条块间竖向力的前提下，满足力多边形的闭合条件，也就是隐含着条块间有水平力的作用（虽然在公式中水平作用力并未出现）。由于考虑了条块间水平力的作用，得到的稳定安全系数较瑞典条分法略高一些。

4. 詹布法

詹布法又称普遍条分法，它适用于任意的滑面，此方法假定各土条间推力作用点连线为光滑连续曲线，这些光滑的连续曲线形成了土条的推力作用线，即假定了条块间力的作用点位置，如图 6-10 所示。用詹布法对滑面进行稳定性分析时，取土条 i 进行分析，如图 6-11 所示。

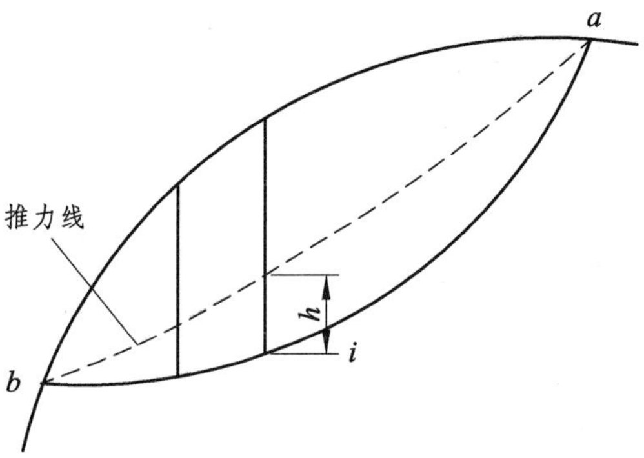

图 6-10　推力线示意

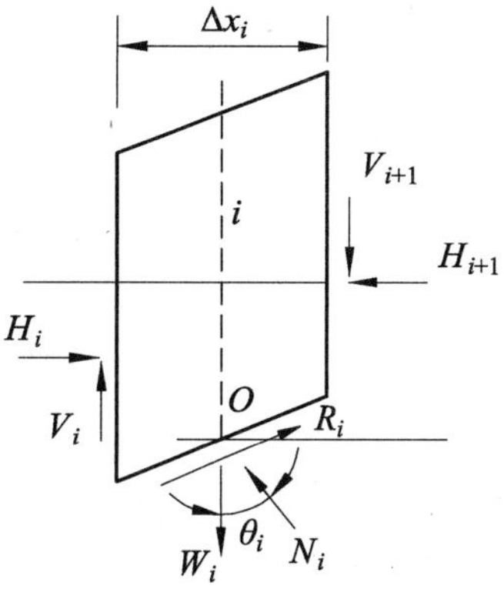

图 6-11　土条的受力分析

根据滑面上的极限平衡条件有

$$R_i = \frac{c_i l_i + N_i \tan\varphi_i}{K_s} \tag{6-19}$$

根据静力平衡条件 $\sum V_i = 0$，则

$$N_i \cos\theta_i = W_i + V_{i+1} - V_i - R_i \sin\theta_i \tag{6-20}$$

式（6-20）转化可得

$$N_i = \frac{W_i + V_{i+1} - V_i - R_i \sin\theta_i}{\cos\theta_i} \tag{6-21}$$

由 $\sum H_i = 0$，则

$$H_{i+1} - H_i = R_i \cos\theta_i - N_i \sin\theta_i \tag{6-22}$$

将式（6-21）代入试（6-22）得

$$H_{i+1}-H_i=R_i\left(\cos\theta_i+\frac{\sin^2\theta_i}{\cos\theta_i}\right)-(W_i+V_{i+1}-V_i)\tan\theta_i \tag{6-23}$$

将式（6-21）代入式（6-19）并整理可得

$$R_i=\frac{\dfrac{1}{K_s}\left[c_il_i+\dfrac{1}{\cos\theta_i}(W_i+V_{i+1}-V_i)\tan\varphi_i\right]}{1+\dfrac{\tan\theta_i\tan\varphi_i}{K_s}} \tag{6-24}$$

将式（6-24）代入式（6-23）可得

$$H_{i+1}-H_i=\frac{1}{K_s}\cdot\frac{\sec^2\theta_i}{1+\dfrac{\tan\theta_i\tan\varphi_i}{K_s}}[c_il_i\cos\theta_i+(W_i+V_{i+1}-V_i)\tan\varphi_i]-(W_i+V_{i+1}-V_i)\tan\theta_i \tag{6-25}$$

又有

$$P_n=\sum_{i=1}^{n}(H_{i+1}-H_i)=0 \tag{6-26}$$

将 $H_{i+1}-H_i$ 代入式（6-26）并整理可得

$$K_s=\frac{\sum\dfrac{1}{m_{\theta i}}[c_il_i\cos\theta_i+(W_i+V_{i+1}-V_i)\tan\varphi_i]}{\sum(W_i+V_{i+1}-V_i)\tan\theta_i} \tag{6-27}$$

其中

$$m_{\theta i}=\frac{1+\tan\theta_i\tan\varphi_i/K_s}{\sec^2\theta_i}$$

前面讲述了四种圆弧滑面边坡稳定性分析的方法，这些方法的假设、适用性和平衡条件各不相同，具体对比见表 6-1。

表 6-1　圆弧滑面方法总结对比

方法		整体圆弧法	瑞典条分法	毕肖普法	詹布法
滑面形状		圆弧	圆弧	圆弧	圆弧
假设		$\varphi=0$	忽略全部条间力	忽略条间切向力	条间力作用点位置
适用性		饱和软黏土	一般均质土	一般均质土	任意
精度		—	偏小 10%	误差 20%~40%	难以确定
平衡条件	整体力矩	—	√	√	√
	各条力矩	√	×	×	√
	各条垂向力	√	×	√	√
	各条水平力	√	×	×	√

6.3.2　圆弧滑动面的位置

前述方法是在滑动面位置确定的情况下，计算确定的滑动面边坡的稳定安全系数。因此，在应用该类方法时最重要的是确定最危险圆弧滑面的圆心位置和其对应半径大小。

确定最危险圆弧滑面的圆心位置时，常常采用 4.5*H* 法或 36°线法来确定圆心轨迹线。

1．4.5*H* 法

如图 6-12（a）、图 6-12（b）所示为 4.5*H* 法确定最危险圆弧滑面圆心的辅助线位置。以图 6-12（a）为例，先由坡脚 *E* 点向下引竖直线，在竖直线上截取高度 *H*=边坡高度+换算土柱高度，得 *F* 点，自 *F* 点向右引水平线至 4.5*H* 处得 *M* 点；然后连接边坡坡脚 *E* 和换算土柱顶点 *S*，求得 *ES* 线的坡度，查表 6-2 可得 β_1 和 β_2 值。再从 *E*、*S* 点分别引直线 *EI*（与 *ES* 线成角 β_1）、*SI*（与水平线成角 β_2）相交于 *I* 点，则 *IM* 连线就是最危险滑面圆心轨迹线。*H* 为边坡高度或边坡高度加换算土柱高度，其结果影响不大，因此，该方法还可以进行简化，如图 6-12（b）所示，即 *H*=边坡高度，β_1 和 β_2 值仍按表 6-2 查取。

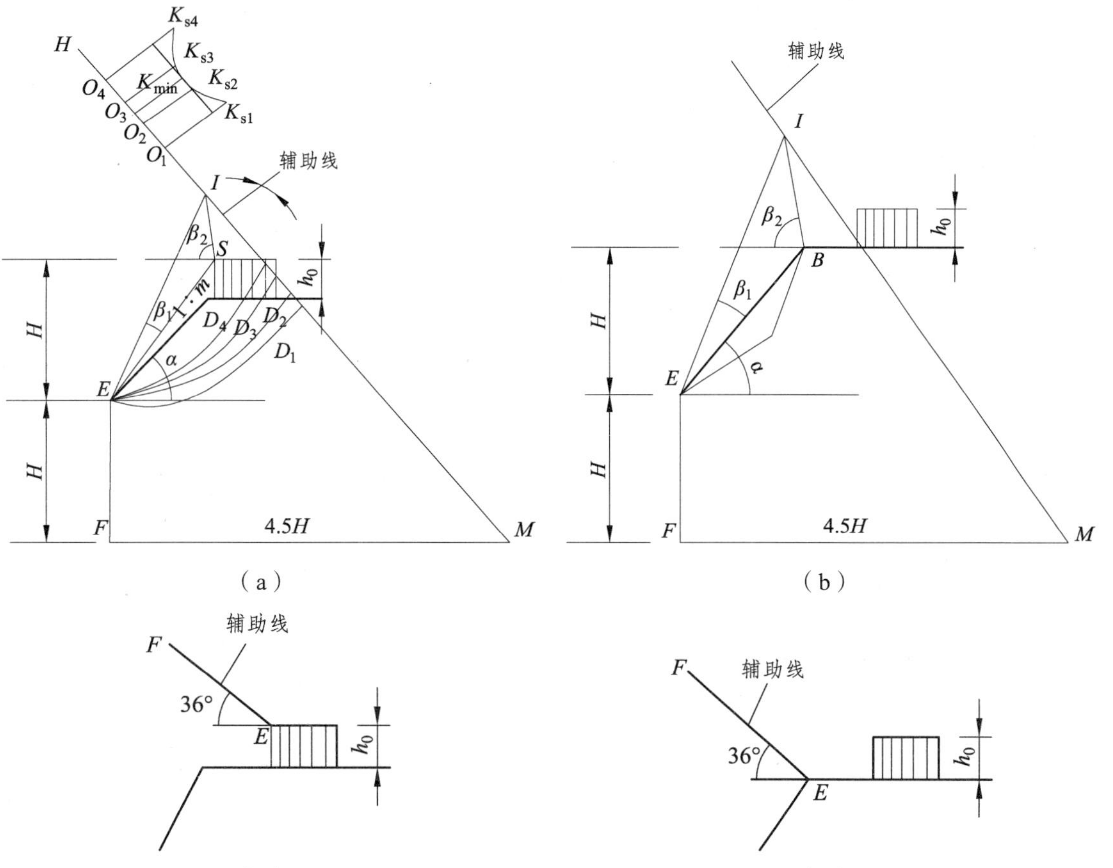

图 6-12　最危险圆弧滑面的圆心辅助线

表 6-2　确定黏性边坡最危险滑面圆弧圆心的 β_1 和 β_2 角

边坡坡度	β_1	β_2	边坡坡度	β_1	β_2
1∶0.75	29°	39°	1∶1.25	25°	35°
1∶1	28°	27°	1∶1.5	25°	35°

续表

边坡坡度	β_1	β_2	边坡坡度	β_1	β_2
1∶1.75	27°	35°30′	1∶3	25°	35°
1∶2	26°	35°	1∶4	25°	36°
1∶2.5	25°	35°	1∶5	25°	37°

在稳定性检算中，先做最危险破裂圆弧的圆心轨迹线 *HIM*，沿此线在 *I* 点的外上方取点 O_1、O_2、O_3、O_4…，以 O_1、O_2、O_3、O_4…为圆心，通过坡脚 *E* 点作出相应的破裂圆弧 EO_1、EO_2、EO_3、EO_4…，对每一破裂圆弧求出相应的稳定安全系数 K_1、K_2、K_3、K_4…的值。再以圆心轨迹线为横坐标，用同一比例将对应于各圆心的 K_s 值绘制坐标，并连成曲线，作此线的切线平行轨迹线，则切点的纵坐标表示 K_{min} 值，切点的横坐标表示最危险破裂圆弧的圆心位置。

2. 36°线法

用 36°线法确定危险滑面圆弧的圆心轨迹线如图 6-12（c）、图 6-12（d）所示。可由荷载换算土柱顶点（或路肩边缘点）*E* 作与水平线成 36°角的引线 *EF*，即得圆心辅助线。

4.5*H* 法和 36°线法的计算结果相差不大，采用 36°线法计算比较简便，而 4.5*H* 法则比较精确且求出的稳定安全系数 K_s 值最小，故常用于路堤边坡的稳定性分析。

6.3.3 圆弧滑面的边坡稳定性分析方法的应用

圆弧滑面的边坡稳定性分析计算步骤：

（1）按比例画出所求边坡的几何形态。

（2）确定圆心位置。

（3）过边坡脚取圆弧，划分一定宽度的垂直土条。

（4）计算每条土条重力，并进行分解。

（5）计算每一小段滑动面上的抗滑力矩和滑动力矩。

（6）计算总的抗滑力矩和滑动力矩。

（7）求稳定安全系数。

（8）选取不同圆心位置和不同半径进行计算，求最小的稳定安全系数，如果 K_{min} =1.15～1.25，则边坡稳定，否则重新计算。

【例题 6-2】已知计算的路堤断面如图 6-13 所示，路基面宽度 *B*=7.5 m，路堤高 24 m。填土物理指标 γ=20 kN/m^3，φ=20°，黏聚力 *c*=22 kPa。路基面以上的列车荷载和轨道荷载换算土柱高度为 3.1 m，宽度为 3.3 m。试以瑞典条分法检算假设滑动面圆弧 *AD*（圆心为 *O*，半径 *r*=53.5 m）的稳定性。

解：将滑动圆弧以上的土体按宽度 2～4 m 分为 16 条，视每条的重心在该土条的中分线上，α_i 为土条的重力线与通过此土条底面中点半径之间的夹角。将换算土柱重力分别纳入相应的土体中计算，也可以将土柱重力单独计算，视其为独立土条，与其他土条同样计算。其计算结果见表 6-3。

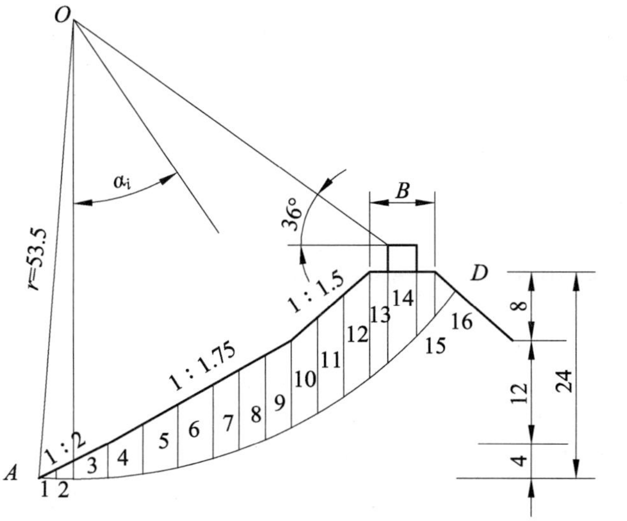

图 6-13　路堤断面

表 6-3　圆弧滑面边坡稳定性分析

土条序号	土条距圆心的水平距离/m	土条滑面长度/m	$\sin\alpha_i$	$\cos\alpha_i$	土条面积/m²	土条重力/（kN/m）	抗滑力 R_i/（kN/m）	下滑力 T_i/（kN/m）
1	3.0	2.0	−0.052	0.999	1.109	22.18	52.06+1.16	
2	1.0	2.0	−0.017	1.000	3.255	65.10	67.69+1.14	
3	2.0	4.0	0.035	0.999	12.291	245.82	177.42	8.58
4	6.0	4.02	0.105	0.995	19.693	393.86	231.02	41.17
5	10	4.07	0.191	0.982	26.477	529.54	278.75	101.04
6	14	4.14	0.259	0.966	32.032	640.64	316.33	165.81
7	17.5	3.16	0.326	0.946	26.933	538.66	254.91	175.37
8	20.5	3.23	0.391	0.921	28.756	575.12	263.76	224.72
9	23.5	3.32	0.438	0.899	29.963	599.26	269.09	262.70
10	26.5	3.42	0.500	0.866	31.930	638.60	276.55	319.30
11	29.5	3.56	0.545	0.839	34.593	691.86	289.53	376.81
12	32.5	3.72	0.602	0.799	36.432	728.64	293.66	438.51
13	35.1	2.73	0.656	0.755	24.169	483.38	192.85	317.13
14	37.8	4.54	0.707	0.707	40.195	803.90	306.79	568.44
15	40.4	3.10	0.755	0.656	13.398	267.96	132.19	202.23
16	42.7	3.92	0.788	0.616	6.459	129.18	115.19	101.80
$\sum$							3 517.8+2.3	3 303.6

$$K_s = \frac{\sum_{i=1}^{16} W_i \cos\alpha_i \tan\varphi_i + \sum_{i=1}^{16} c_i l_i + \sum_{i=1}^{2} W_i \sin\alpha_i}{\sum_{i=3}^{n} W_i \sin\alpha_i} = \frac{3\,517.8 + 2.3}{3\,303.6} = 1.07 < 1.15$$

所以，该边坡不稳定。

6.4 折线滑面的边坡稳定性分析

6.4.1 折线滑面法的边坡稳定性分析方法

沿斜坡地基表面或已知软弱层带滑动情况下的边坡稳定性分析中，如果已知的滑动面在路基横断面上可简化为直线，则可以用直线滑动面分析方法来分析。但实际工程中，这些滑动面有可能不是一条直线，而是一条折线，这时就需要采用折线滑动面的边坡稳定性分析方法。折线滑面法又称为不平衡推力传递系数法。

如图 6-14 所示，假设第 i 个土条，侧壁上的条间力的作用方向平行于该土条的滑动面，此时作用于土条上的基本力系有土条 i 上的重力 W_i；土条（i-1）传来的推力 P_{i-1}，称为剩余下滑力，作用方向与土条（i-1）的底面相平行；下一个土条（i+1）对土条 i 的侧向作用力 P_i，其大小等于土条 i 传递给土条（i+1）的剩余下滑力，其作用方向与土条 i 的底面相平行；土条 i 底面的法向反力为 N_i，土条 i 底面的切向抗滑力为 T_i。

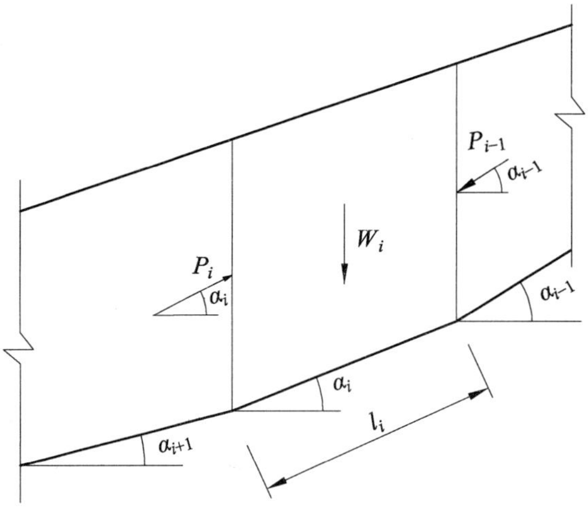

图 6-14 折线滑面法计算图式

根据力的平衡条件可以得到土条 i 单位宽度剩余下滑力为

$$P_i = P_{i-1}\psi_{i-1} + W_i \sin\alpha_i - \frac{c_i l_i + W_i \cos\alpha_i \tan\varphi_i}{K_s} \tag{6-28}$$

式中：P_i——第 i 个计算土条单位宽度剩余下滑力（kN/m）；

ψ_i——土条$(i\text{-}1)$对土条 i 的传力系数，$\psi_{i-1}=\cos(\alpha_{i-1}-\alpha_i)-\dfrac{\sin(\alpha_{i-1}-\alpha_i)\tan\varphi_i}{K_s}$；

α_i、α_{i-1}——第 i 个土条、第（$i-1$）个土条所在滑动面的倾角（°）。

在计算时要先假定 K_s，然后从第一土条开始逐条向下推求，直至求出最后一个土条的推力 $P_n\leqslant 0$，否则要重新假设 K_s 再进行试算。需要注意的是，由于土条之间不能承受张力，所以若某一土条的计算推力 $P_i<0$，则该 P_i 值就不能再向下传递，此时应该取该土条 $P_i=0$。

6.4.2 折线滑面法的边坡稳定性分析方法的应用

折线滑面法的边坡稳定性分析计算方法及步骤如下：

（1）将实际分析的边坡，结合勘察资料，按一定的比例尺绘出计算横断面及折线滑动面，并按照折线段划分为若干垂直土块。

（2）自上而下取一延米分别计算每土块本身的力系。

自重：$W_i=A_i\gamma_i\cdot 1$；

切向分力：$R_i=W_i\sin\alpha_i$；

法向分力：$N_i=W_i\cos\alpha_i$；

黏聚力：$c_i l_i$。

（3）按力的传递法则，自上而下逐块分析其稳定性。

如果 $P_i\leqslant 0$，则说明该土块自身稳定，无剩余下滑力；如果 $P_i>0$，则说明该土块自身不稳定，传给下一块的下滑力为 P_i，方向平行于本滑面。

（4）用最后一块的 P_n 确定边坡稳定性，即当 $P_n\leqslant 0$ 时，边坡是稳定的，而当 $P_n>0$ 时，边坡是不稳定的。

【例题 6-3】根据图 6-15 求其整个路堑边坡的剩余下滑力，滑动土体的容重 $\gamma=18.0\ \text{kN/m}^3$，内摩擦角 $\varphi=10°$，凝聚力 $c=4\ \text{kN/m}^2$，稳定安全系数 $K_s=1.05$，土条分块重力 W、滑面长 L 和倾角 α 如下：

$W_1=112.4\ \text{kN}$　　$l_1=6.6\ \text{m}$　　$\alpha_1=45°$

$W_2=690.0\ \text{kN}$　　$l_2=9.0\ \text{m}$　　$\alpha_2=30°$

$W_3=686.3\ \text{kN}$　　$l_3=8.2\ \text{m}$　　$\alpha_3=10°$

$W_4=684.5\ \text{kN}$　　$l_4=9.2\ \text{m}$　　$\alpha_4=8°$

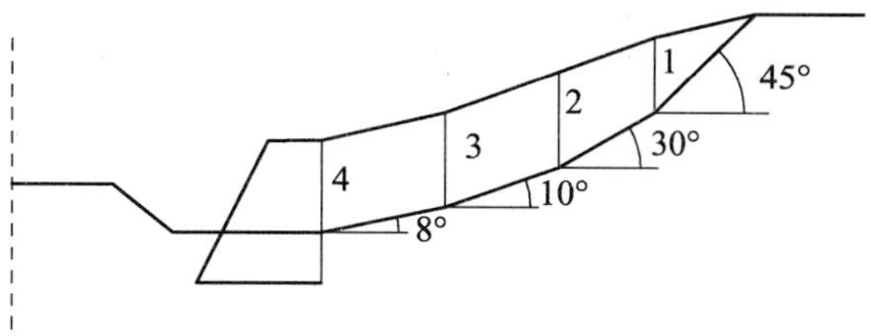

图 6-15　某路堑边坡稳定分析示意

计算得到的结果见表 6-4。

表 6-4　折线滑面边坡稳定性分析

土条号	土条重量+附加荷载 W_i /（kN/m）	滑动面倾角 α_i（°）	滑面长 l_i/m	传递系数 ψ_i	正压力 $N_i = W_i \cos\alpha_i$ /（kN/m）	下滑分力 $T_i = W_i \sin\alpha_i$ /（kN/m）	剩余下滑力 P_i /（kN/m）
1	112.4	45	6.60	0.000	79.47	79.47	40.99
2	690.0	30	9.00	0.911	597.54	345.00	248.20
3	686.3	10	8.20	0.867	676.01	119.42	193.40
4	684.5	8	9.20	0.992	677.84	95.26	138.57

从表 6-4 可以看出，最后一块的剩余下滑力为 138.57 kN/m>0，故可判断该边坡是不稳定的。

边坡稳定性分析应根据边坡类型和可能的破坏形式，采用直线滑面法、圆弧滑面法或折线滑面法等适宜的计算方法分析。当边坡破坏机制复杂时，宜结合数值分析法进行分析。

习　题

一、填空题

1. 坡顶堆土，土坡的稳定性_______。

2. 土的含水量增加，土坡的稳定性_______。

3. 路基边坡失稳时，滑动面的形式主要有_______、_______和_______三种。

4. 无黏性土坡的稳定性除了与土的黏聚力、内摩擦角等土的工程特性有关外，还与__________有关。

5. 黏性土坡稳定性分析常用的方法有整体圆弧法、________、________和________等。

二、选择题

1. 瑞典条分法不考虑土条间的作用力，该假定对安全系数计算结果的影响是（　　）。

A. 偏安全　　B. 调整安全系数　　C. 偏不安全　　D. 均不对

2. 关于简化毕肖普法说法正确的是（　　）。

A. 不满足条块力的多边形闭合条件　　B. 忽略土条间的法向作用力

C. 是严格的极限平衡分析法　　D. 忽略土条间的切向作用力

3. 在用数值分析方法对边坡稳定性进行分析时，（　　）方法将坡体视为刚体、过于简化边界条件。

A. 有限单元法　　B. 边界单元法　　C. 离散单元法　　D. 极限平衡法

4. 在对边坡进行稳定性分析时，（　　）忽略了条块间的相互作用力，它只满足滑动土体的整体力矩平衡条件而不满足各条块的静力平衡条件，原则上不是很完善。

A. 整体圆弧法　　B. 瑞典条分法　　C. 毕肖普法　　D. 詹布法

5. 在对边坡进行稳定性分析时，（　　）满足整体力矩平衡条件和极限平衡条件且计算不是很复杂、精确度较高，所以是目前工程中很常用的方法。

A. 整体圆弧法　　B. 瑞典条分法　　C. 毕肖普法　　D. 詹布法

三、简答题

1. 简述直线滑动面法和圆弧滑动面法各自适用条件？

2. 如何初步判定黏性土危险滑动面的圆心位置？

3. 对圆弧滑面边坡稳定性分析的方法有哪些？各有什么不同点？

4. 简述求边坡稳定安全系数时的计算步骤。

四、计算题

1. 已知边坡高 H=12 m，坡度为 1∶2.0，土的重度 γ=17.5 kN/m^3，内摩擦角 φ=20°，黏聚力 c=15 kPa，试采用瑞典条分法确定最危险滑面，并计算其稳定安全系数。

2. 已知某均匀的边坡，其坡角 α=30°，土的重度 γ=16.5 kN/m^3，内摩擦角 φ=30°，黏聚力 c=30 kPa，试计算此边坡的安全高度。

Chapter 7

第 7 章

路基支挡结构

路基支挡结构分为重力式挡土墙、轻型挡土墙和其他支挡结构，其作用是支撑加固土体，并保持其稳定。支挡结构的稳定性分析与设计是支挡结构形式优选和设计的关键，它不仅与断面结构设计有关，还与填料类型、地基条件等有关。支挡结构的选择可从地形、地质、水文、结构功能、承受荷载、环境、施工、工程造价等多方面因素综合考虑。

支挡结构主要用于承受土体侧向土压力，被广泛应用于铁路路堤、路堑、隧道洞口以及桥梁两端的路基边坡。

7.1 路基支挡结构设计要求和设计荷载

7.1.1 路基支挡结构的设计要求

路基支挡结构因用于支撑不稳定的路基两侧山坡或土体，故要承受较大的土压力。为了避免支挡结构遭受各种形式的破坏，必须保证支挡结构在设计荷载的作用下，具有足够的整体稳定性和结构强度。以下是路基支挡结构常用的设计要求：

（1）抗滑动稳定性应按式（7-1）进行检算：

$$\frac{R}{T} \geqslant K_c \tag{7-1}$$

式中：K_c——滑动安全系数，应按表7-1采用；

R——总的抗滑力（kN）；

T——总的滑动力（kN）。

（2）抗倾覆稳定性应按式（7-2）进行检算：

$$\frac{M_y}{M_0} \geqslant K_0 \tag{7-2}$$

式中：K_0——抗倾覆安全系数，应按表7-1采用；

M_y——总的抗倾覆力矩（kN·m）；

M_0——总的倾覆力矩（kN·m）。

（3）基底压应力应按式（7-3）进行检算：

$$\sigma \leqslant [\sigma] \tag{7-3}$$

式中：σ——基础检算点的压应力（kPa）；

$[\sigma]$——地基容许承载力（kPa）。

（4）钢筋混凝土结构的承载能力极限状态设计，应按式（7-4）进行检算：

$$S_d \leqslant R_d \tag{7-4}$$

式中：S_d——承载能力极限状态作用组合效应的设计值，包括弯矩、剪力、拉力、压力等；

R_d——结构抗力设计值，包括抗弯力、抗剪力、抗拉力、抗拔力、承压力等。

（5）钢筋混凝土结构的正常使用极限状态设计，应按式（7-5）进行检算：

$$S_d \leqslant C_d \tag{7-5}$$

式中：S_d——正常使用极限状态作用组合效应的设计值，包括裂缝宽度、挠度或位移等；

C_d——结构正常使用状态的限定值，包括最大裂缝限定值、挠度或位移限定值等。

表 7-1 支挡结构稳定性安全系数

项目名称	一般及常水位工况	洪水位工况	地震工况	临时工况
抗滑动安全系数 K_c	1.3	1.2	1.1	1.05
抗倾覆安全系数 K_0	1.6	1.4	1.3	1.1

注：临时荷载主要指架桥机等运架设备及其他施工临时荷载。

7.1.2 路基支挡结构的设计荷载

铁路路基支挡结构上承受的荷载可根据作用的时间和出现的频率按表 7-2 进行分类。设计采用的列车荷载和轨道荷载应符合《铁路路基支挡结构设计规范》（TB 10025—2019）的规定。

表 7-2 荷载分类

荷载分类		荷载名称
主力	永久荷载	土压力
		结构重力
		结构顶面上的恒载
		轨道荷载
		常水位时静水压力和浮力
		滑坡推力
	可变荷载	列车荷载
		人行道荷载
附加力	可变荷载	设计水位时的静水压力和浮力
		水位退落时的渗透力
		波浪压力、风压力
		膨胀力、冻胀力和冰压力
特殊力	偶然荷载	地震力、冲击力等
	可变荷载	施工及临时荷载等

注：1. 常水位系指每年大部分时间保持的水位。

2. 浸水挡土墙应从设计水位及以下选择最不利水位作为计算水位。

一般情况下只考虑主力的作用。在浸水和地震等特殊情况下，还应考虑附加力和特殊力的作用。

1. 主　力

土压力作用应根据路基支挡结构的具体情况采用主动土压力、静止土压力或被动土压力，并结合工程经验乘以相应的土压力修正系数。明挖基础挡土墙前的被动土压力可不考虑；当基础埋置较深且地层稳定、不受水流冲刷和扰动破坏时，根据墙身的位移条件，可采用 1/3 被动土压力值。

承受主动土压力的支挡结构，应根据墙背或假想墙背反力与破裂棱体重力和破裂面反力的静力平衡进行主动土压力计算，破裂棱体上作用力系的平衡关系如图 7-1 所示。

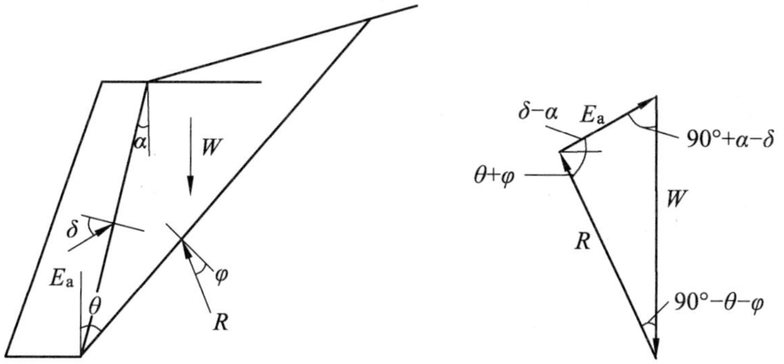

α—墙背倾角，俯斜墙背 α 为正，仰斜墙背 α 为负；若产生第二破裂面，则为第二破裂面的竖向夹角；
θ—破裂面的竖向夹角；δ—墙背摩擦角；φ—墙背岩土内摩擦角（采用综合内摩擦角时为 φ_0）；
W—破裂棱体自重；E_a—墙背反力，与主动土压力相等；R—破裂面反力。

图 7-1　主动土压力及与之平衡的力系

土压力计算值往往与实际值有一定的差异，这与支挡结构实际受力情况是否达到库仑主动或被动土压力有关，也与边界的限制条件有关。对于抗滑桩、锚杆挡土墙、预应力锚索以及悬臂式和扶壁式挡土墙等，当采用库仑主动土压力公式计算悬臂段上的土压力时，应根据约束条件，变形情况和墙背岩土性质等对土压力计算值进行适当修正。例如，锚杆挡土墙的土压力附加了增大系数并进行了图形修正。

滑坡地段的路基，滑坡推力可根据边界条件、滑体重度和滑带土的强度指标，采用折线滑面的极限平衡法计算。滑动面的强度指标计算时应考虑岩土性质、滑坡体变形特征及含水条件等因素，根据试验值、反算值和地区经验值等综合分析确定。

浸水支挡结构墙背土体透水性强时，宜采用水土分算；墙背土体为黏性土、黏质粉土时宜采用水土合算。墙背土体为砂性土时，水下部分采用浮重度；当墙背土体为黏性土时，水下部分采用饱和重度。

2. 附加力

在浸水地段路基中，支挡结构所受的静水压力和浮力（附加力）应按最不利设计水位进行计算。

当支挡结构作为防浪建筑物时，作用在支挡结构的波浪压力，应根据墙前的风向、风速、风区长度、风区内的平均水深及墙前实际波态等，按相关标准的规定计算确定。

冻土地区路基的支挡结构设计荷载应考虑作用在基础及墙背上的冻胀力。土压力、冻胀力应按暖季和寒季分别计算，土压力和冻胀力不应叠加。

3. 特殊力

地震地区路基受地震作用的影响，其计算应符合《铁路工程抗震设计规范（2009 年版）》（GB 50111—2006）的规定，刚性结构和土体破裂棱体上的地震力计算可采用静力法。支挡结构墙背土压力应计入水平地震力，重力式或自重较大的非重力式支挡结构应考虑结构上所承受的水平地震力。

路堤地段支挡结构检算应考虑运架设备及其载重量等临时荷载。轮轨式运架荷载轨道作用在路基面上的单位荷载可按式（4-1）计算，运架机单位荷载可按式（4-2）计算，式中 Q 为运架机轴重除以运架机纵向轴间距。轮胎式运架荷载应根据车型和梁的运载方式计算。

7.2 挡土墙

7.2.1 挡土墙基本概念

挡土墙是指支承路基填土或山坡土体，防止填土或土体变形失稳的构筑物。本节以重力式挡土墙为例，介绍挡土墙的基本概念。

重力式挡土墙是一种常用的支挡结构形式，其墙身材料宜采用混凝土、片石混凝土等，一般不配钢筋或只在局部配置少量钢筋。由于重力式挡土墙主要依靠自身重量抵抗土体和外荷载产生的土压力来维持自身稳定，因此墙体断面尺寸较大，圬工量大，导致自身重量大，在软弱地基上修建时会因承载力不够而受到限制。

如图 7-2 所示，墙身靠近土体的一面称为墙背，另一侧大部分露在外面的称为墙胸（或墙面），墙的顶面部分称为墙顶，墙的底面部分称为墙底，墙背与墙底的交线称为墙踵，墙面与墙底的交线称为墙趾，墙背与竖直面的夹角称为墙背倾角，一般用 α 表示。

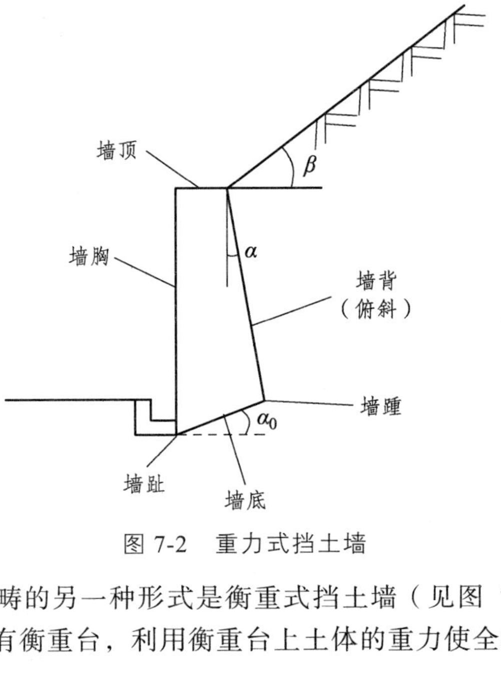

图 7-2　重力式挡土墙

属于重力式挡土墙范畴的另一种形式是衡重式挡土墙（见图 7-3），它由上墙和下墙组成。墙背在上下墙之间设有衡重台，利用衡重台上土体的重力使全墙重心后移，增加了墙身的稳定。由于采用陡直的墙面，且下墙采用仰斜墙背，因而可以减小墙身高度，减少开挖工作量。

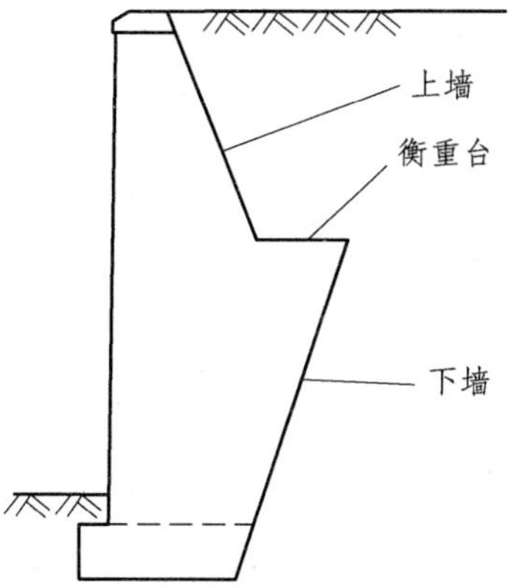

图 7-3　衡重式挡土墙

当重力式挡土墙墙背只有单一坡度时，称为直线形墙背。直线形墙背可做成俯斜、仰斜、垂直三种，墙背向外侧倾斜时称为俯斜，墙背向土体一侧倾斜时称为仰斜，如图 7-4 所示。

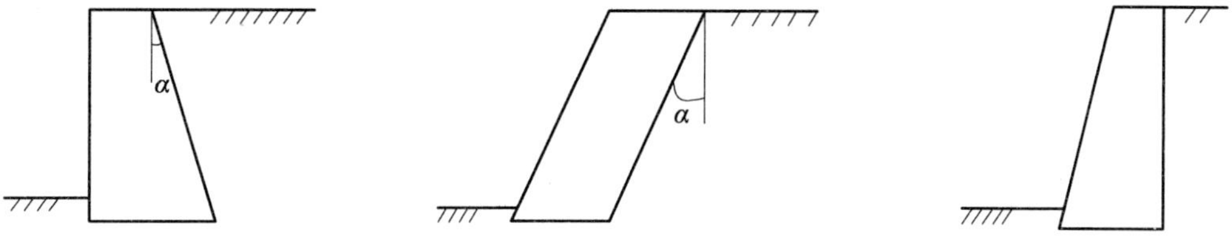

（a）俯斜　（b）仰斜　（c）垂直

图 7-4　重力式挡土墙墙背形式

7.2.2　挡土墙结构的土压力计算

土压力是土体作用在支挡建筑物上的侧压力，是支挡结构设计中的主要荷载。在挡土墙设计前必须求取其大小、方向及沿墙高的土压应力分布图形（目的是求取合力作用点）。所以土压力的计算实际包括土压力的大小、方向和土压应力分布规律等的求解。

土压力的计算是一个十分复杂的问题，它涉及填料、墙体和地基三者之间的共同作用问题。土压力不仅与挡土墙的高度、墙背的倾斜度、形状及粗糙度有关，还与填土的物理力学性质、填土的顶面形状及其上所受荷载有关。此外，墙体的刚度和墙后填土的施工方法也会影响土压力的大小，尤其是挡土墙受力后的位移状态和位移量的大小将直接影响土压力的性质。

根据土力学理论，土压力可以分为静止土压力、主动土压力和被动土压力三种，而求取主动土压力和被动土压力通常采用由法国库仑（C. A. Coulomb）提出的库仑土压力理论和由英国朗肯（W. J. M. Rankine）提出的朗肯土压力理论。究竟采用哪种理论计算、采用哪种性质的土压力作为设计荷载，需根据挡土墙的具体条件而定。

路基挡土墙一般都可能有向外位移或倾覆的条件，因此在设计中按主动土压力考虑。另外，由于路基工程中挡土墙背后边界条件的复杂性，设计时一般采用库仑土压力理论，且取一定的安全系数，以保证墙背土体的稳定。

1. 各种边界条件下的库仑主动土压力计算

挡土墙是条形建筑物，其长度远远大于其高度和宽度，且其断面积在相当长的范围内是不变的，因而计算土压力时取一延米挡土墙进行力学分析，而不考虑其相邻部分的影响，即将土压力计算视作平面问题处理。

1）库仑主动土压力大小

库仑土压力理论的基本假定：墙后土体为粗粒土；当土体达到极限平衡状态时，墙后土体中出现平面状的滑裂面，形成破裂棱体；墙身及破裂棱体均视为刚体，在外力作用下无压缩或膨胀变形；土压力 E_a 的方向与墙背法向成 δ 角（墙背与填土间的摩擦角），破裂面反力 R 与破裂面法线成 φ 角，并均偏向阻止棱体滑动的一侧，如图 7-5 所示。

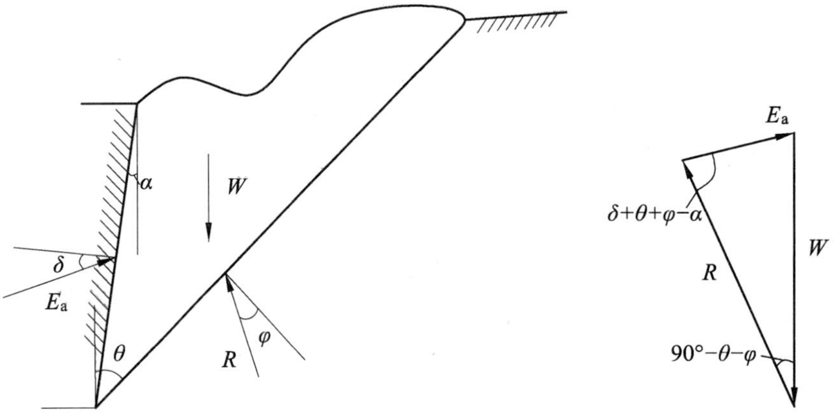

图 7-5　破裂棱体受力分析及力多边形

根据上述假定，将破裂棱体作为分离体，棱体上作用三个力 E_a、W 及 R，作用方向如图 7-5 所示，当棱体为刚体并处于极限平衡状态时，三个力用静力平衡的三角形表示。从力多边形可得

$$E_a = W\frac{\sin(90° - \theta - \varphi)}{\sin(\theta + \varphi + \delta - a)} = W\frac{\cos(\theta + \varphi)}{\sin(\theta + \varphi + \delta - a)} \tag{7-6}$$

当参数 φ、δ、α 固定时，E_a 随破裂面的位置而变化，即 E_a 是破裂角 θ 的函数，为求最大土压力 E_a，首先要求对应于最大土压力时的破裂角 θ。可令

$$\frac{dE_a}{d\theta} = 0 \tag{7-7}$$

由式（7-6）、式（7-7），根据不同的边界条件，可求出不同情况下主动土压力 E_a 的表达式。

在路基工程中，因路基的形式不同，以及挡土墙的设计位置和路基面上的荷载作用形式的差异，土压力的计算存在多种计算图式和实用公式。以路肩挡土墙为例，按破裂面交于路基面位置的不同，可分为破裂面交于上部荷载的外侧和中间两种计算图式。

（1）破裂面交于上部荷载外侧（见图 7-6）。

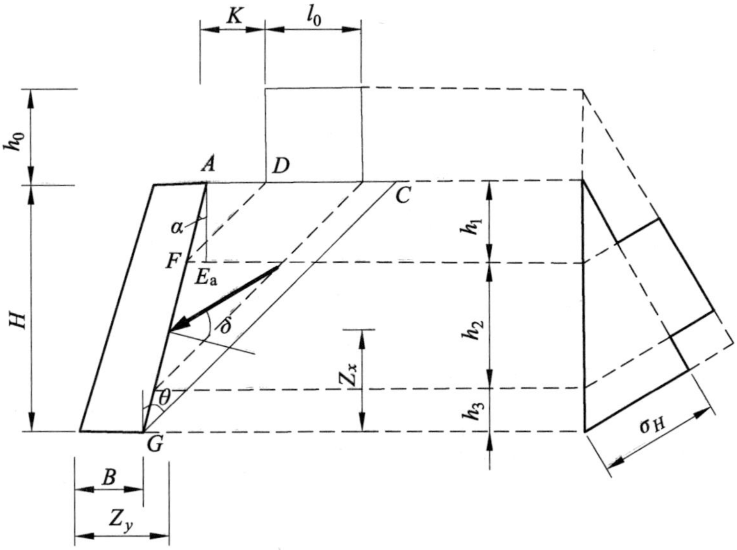

图 7-6　破裂面交于上部荷载外侧

当破裂面交于路基面时，破裂棱体的面积 S 随着挡土墙及破裂面的位置（如交于上部荷载内或上部荷载外）而变化，但都可以归纳为一个表达式：

$$S = A_0 \tan\theta - B_0$$

若令 $\psi = \varphi + \delta - \alpha$，则式（7-6）可变为

$$E_a = W\frac{\cos(\theta+\varphi)}{\sin(\theta+\psi)} = \gamma(A_0\tan\theta - B_0)\frac{\cos(\theta+\varphi)}{\sin(\theta+\psi)} \tag{7-8}$$

当边界条件已定时，A_0、B_0 为常数，可从破裂棱体的几何关系中求得。当破裂面交于荷载外时

$$A_0 = \frac{1}{2}H^2 \tag{7-9}$$

$$B_0 = A_0\tan\alpha - l_0 h_0 \tag{7-10}$$

根据破裂棱体的力三角形可得

$$E_a = W\frac{\cos(\theta+\varphi)}{\sin(\theta+\psi)} = \gamma\left(\frac{1}{2}H^2\tan\theta - \frac{1}{2}H^2\tan\alpha + l_0 h_0\right)\frac{\cos(\theta+\varphi)}{\sin(\theta+\psi)} \tag{7-11}$$

对式（7-11）求导，整理化简后得

$$\tan\theta = -\tan\psi \pm \sqrt{(\tan\psi + \cot\varphi)\left(\tan\psi + \frac{B_0}{A_0}\right)} \tag{7-12}$$

将式（7-12）求得的 θ 代入式（7-11），即可求得主动土压力 E_a。如果用 $\tan\theta$ 来表示 E_a，则式（7-11）通过三角函数变换可表达为

$$E_a = \gamma\lambda_a \frac{A_0 \tan\theta - B_0}{\tan\theta - \tan\alpha} \tag{7-13}$$

其中，λ_a为主动土压力系数，$\lambda_a = (\tan\theta - \tan\alpha)\dfrac{\cos(\theta+\varphi)}{\sin(\theta+\psi)}$。

另外，为了检算挡土墙稳定性时应用方便，常将主动土压力 E_a 分解为水平土压力 E_x 和竖直土压力 E_y。

$$E_x = E_a \cos(\delta - a) \tag{7-14}$$

$$E_y = E_a \sin(\delta - a) \tag{7-15}$$

（2）破裂面交于上部荷载的中间（见图 7-7）。

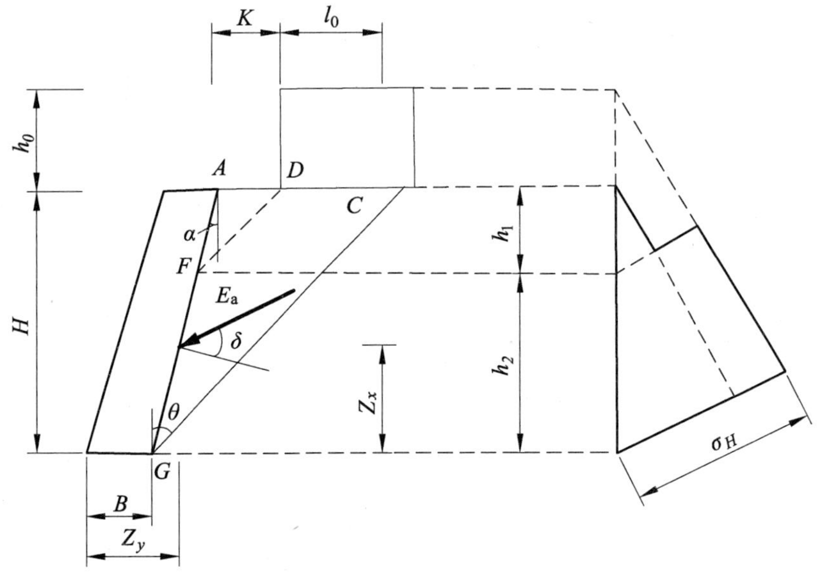

图 7-7　破裂面交于上部荷载中间

由图 7-7 可得

$$A_0 = \frac{1}{2}H(H+2h_0) \tag{7-16}$$

$$B_0 = A_0 \tan\alpha + Kh_0 \tag{7-17}$$

根据破裂棱体的力三角形可得

$$E_a = W\frac{\cos(\theta+\varphi)}{\sin(\theta+\psi)} = \gamma\left[\frac{1}{2}H(H+2h_0)\tan\theta - \frac{1}{2}H(H+2h_0)\tan\alpha - Kh_0\right]\frac{\cos(\theta+\varphi)}{\sin(\theta+\psi)} \tag{7-18}$$

对式（7-18）求导整理化简可知，破裂角 θ 的表达式与式（7-12）相同。需要注意的是，此时的 A_0、B_0应按式（7-16）、式（7-17）计算。

2）库仑主动土压力方向

如前所述，土压力方向与墙背的特性有关，与墙背法向成 δ 角，并偏向阻止棱体滑动的一侧。

3）库仑主动土压力作用点

E_a 的作用点位置，可由墙背上的土压力分布图的形心来求得。当地面不是一个平面而是多个平面或有上部荷载作用时，墙背土压应力往往不是呈直线分布的。为了求得土压力作用点，常借助于土压应力分布图。土压应力分布图可表示竖直投影面上的墙背应力分布情况。

对于图 7-7 所示的破裂面交于上部荷载中间的路肩墙，若沿墙高 H 以变量 h 代替，由式（7-13）可知，E_a 是 h 的函数，将 E_a 对 h 求导，得土压应力

$$\sigma_h = \gamma\lambda_a(h_0 + h) \tag{7-19}$$

在图 7-7 中，过 D 作 GC 的平行线与墙背 AG 交于 F 点，设 AF、FG 的竖直投影长度分别为 h_1、h_2，按图示几何关系，有

$$h_1 = \frac{K}{\tan\theta - \tan\alpha} \tag{7-20}$$

$$h_2 = H - h_1 \tag{7-21}$$

当 $h=0$（即在墙顶 A 处）时，土压力不受上部荷载的影响，$h_0=0$，所以 $\sigma_0=0$。

当 $0<h<h_1$ 时，h 由 0 增至 h_1，且仍不受上部荷载的影响，$h_0=0$，由式（7-19）可知，σ_h 为 h 的一次函数，当 $h=h_1$ 时：

$$\sigma_1 = \gamma h_1 \lambda_a \tag{7-22}$$

当 $h_1<h<h_2$ 时，h 由 h_1 增至 h_2，此时土压应力受上部荷载的影响，其换算土柱高度为常数 h_0，当 $h=h_1+h_2=H$（即在墙底 G 处）时：

$$\sigma_H = \gamma\lambda_a(H + h_0) \tag{7-23}$$

根据土压应力分布图，可以求得该图形的几何形心距墙底的高度 Z_x，进而可求得土压力作用点的位置。对于图 7-7 所示的破裂面交于上部荷载中间的路肩墙，可按式（7-24）计算：

$$Z_x = \frac{\int_0^H \sigma y \mathrm{d}y}{\int_0^H \sigma \mathrm{d}y} = \frac{H^3 + 3h_0 h_2^2}{3(H^2 + 2h_0 h_2)} \tag{7-24}$$

根据几何关系可得

$$Z_y = B + Z_x \tan\alpha \tag{7-25}$$

【例题 7-1】有一路肩挡土墙，墙高 $H = 5$ m，墙身及路基断面尺寸如图 7-8 所示，试计算该挡土墙所受主动土压力。墙后填土 γ=16 kN/m^3，φ=35°，$\delta = \frac{2}{3}\varphi$。

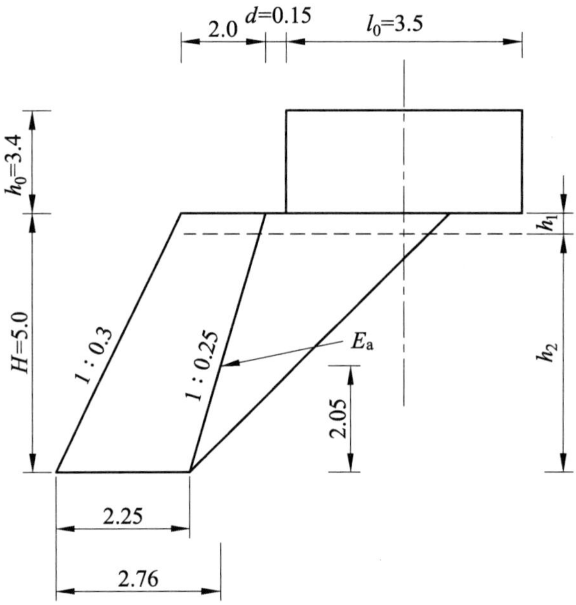

图 7-8　墙身及路基断面尺寸（尺寸单位：m）

解：（1）求破裂角 θ。

根据已知条件得 $\alpha=\arctan 0.25=14°02'$，$\psi=\varphi+\delta-\alpha=35°+23°20'-14°02'=44°18'$（因为仰斜墙背，故 α 取负值）。

假设破裂面交于荷载分布范围以外，计算得

$$A_0=\frac{1}{2}H^2=\frac{1}{2}\times 5^2=12.5\ \text{m}^2$$

$$B_0=\frac{1}{2}H^2\tan\alpha-l_0h_0=\frac{1}{2}\times 5^2\times 0.25-3.5\times 3.4=-8.775\ \text{m}^2$$

$$\begin{aligned}\tan\theta&=-\tan\psi+\sqrt{(\tan\psi+\cot\varphi)(\tan\psi+B_0/A_0)}\\&=-0.9759+\sqrt{(0.9759+1.4281)\left(0.9759+\frac{-8.775}{12.5}\right)}\\&=-0.9759+0.8115=-0.1644\end{aligned}$$

故 $\theta=-9°21'$。

计算结果显然与原假设不符合。故重新假定破裂面交于荷载分布范围内，计算得

$$A_0=\frac{1}{2}H(H+2h_0)=\frac{1}{2}\times 5\times(5+2\times 3.4)=29.5\ \text{m}^2$$

$$B_0=\frac{1}{2}H(H+2h_0)\tan\alpha+dh_0=\frac{1}{2}\times 5\times(5+2\times 3.4)\times 0.25+0.15\times 3.4=7.885\ \text{m}^2$$

$$\begin{aligned}\tan\theta&=-\tan\psi\pm\sqrt{(\tan\psi+\cot\varphi)(\tan\psi+B_0/A_0)}\\&=-0.9759\pm\sqrt{(0.9759+1.4281)\left(0.9759+\frac{-8.775}{29.5}\right)}\\&=-0.7529\end{aligned}$$

故 $\theta=36°58'$。

校核假定：$H\tan\theta = 5\times0.752\,9 = 3.76\ \text{m}$

$$H\tan\alpha + K = 5\times0.25 + 0.15 = 1.4\ \text{m}$$

$$H\tan\alpha + K + l_0 = 5\times0.25 + 0.15 + 3.5 = 4.9\ \text{m}$$

$$H\tan\alpha + K < H\tan\theta < H\tan\alpha + K + l_0$$

故破裂面交于荷载分布范围内，与假设符合。

若 $H\tan\theta < H\tan\alpha + K$，则按破裂面交于路肩的情况计算破裂角；若 $H\tan\theta > H\tan\alpha + K + l_0$，则按破裂面交于荷载分布宽度外的情况计算破裂角。若与上述计算结果均不符合，则应按破裂面交于荷载内缘点或外缘点的情况计算破裂角；若与上述两种边界条件都符合，即出现双解区，此时应分别计算两种情况下的土压力，然后按较大者进行设计。

（2）求土压力系数 λ_a、土压力 E_a（E_x, E_y）及土压力作用点 Z_x，Z_y。

$$\begin{aligned}\lambda_a &= (\tan\theta - \tan\alpha)\frac{\cos(\theta+\varphi)}{\sin(\theta+\psi)}\\ &= (0.752\,9 - 0.25)\frac{\cos(36^\circ58' + 35^\circ)}{\sin(36^\circ58' + 44^\circ18')}\\ &= 0.157\,5\end{aligned}$$

其中，λ_a 计算使用的 $\tan\theta$ 值，是通过前面试算确定的。

$$\begin{aligned}E_a &= \gamma(A_0\tan\theta - B_0)\frac{\cos(\theta+\varphi)}{\sin(\theta+\psi)}\\ &= 16\times(29.5\times0.752\,9 - 7.885)\frac{0.309\,6}{0.988\,4}\\ &= 71.8\ \text{kN/m}\end{aligned}$$

$$\begin{aligned}E_x &= E_a\cos(\delta-\alpha)\\ &= 71.8\times\cos(23^\circ20' - 14^\circ02') = 70.86\ \text{kN/m}\end{aligned}$$

$$\begin{aligned}E_y &= E_a\sin(\delta-\alpha)\\ &= 71.8\times\sin(23^\circ20' - 14^\circ02') = 11.60\ \text{kN/m}\end{aligned}$$

$$h_1 = \frac{K}{\tan\theta - \tan\alpha} = \frac{0.15}{0.752\,9 - 0.25} = 0.30\ \text{m}$$

$$h_2 = H - h_1 = 5 - 0.30 = 4.70\ \text{m}$$

$$Z_x = \frac{H^3 + 3h_0h_2^2}{3(H^2 + 2h_0h_2)} = \frac{5^3 + 3\times3.4\times4.70^2}{3\times(5^2 + 2\times3.4\times4.7)} = 2.05\ \text{m}$$

$$Z_y = B + Z_x\tan\alpha = 2.25 + 2.05\times0.25 = 2.76\ \text{m}$$

（3）绘制应力图形求土压力的计算。

$$\sigma_0 = \gamma h_0\lambda_a = 16\times3.4\times0.157\,5 = 8.57\ \text{kPa}$$

$$\sigma_H = \gamma H\lambda_a = 16\times5\times0.157\,5 = 12.6\ \text{kPa}$$

$$E_a = \sigma_0 h_2 + \frac{1}{2}\sigma_H H = 8.57\times4.7 + \frac{1}{2}\times12.6\times5 = 71.8\ \text{kN/m}$$

2. 大俯斜墙背的主动土压力——第二破裂面法

在挡土墙设计中，有时会遇到俯斜墙背倾角 α 比较大的情况。如衡重式挡土墙的上墙（见图 7-9），将连线 AC 视为假想墙背。当墙后土体达到主动极限平衡状态时，破裂棱体并不沿墙背或假想墙背滑动，而是沿着土体的另一破裂面 CD 滑动。CD 称为第二破裂面，而远离墙的破裂面 CF 则称为第一破裂面，α_i、θ_i 为相应的破裂角。

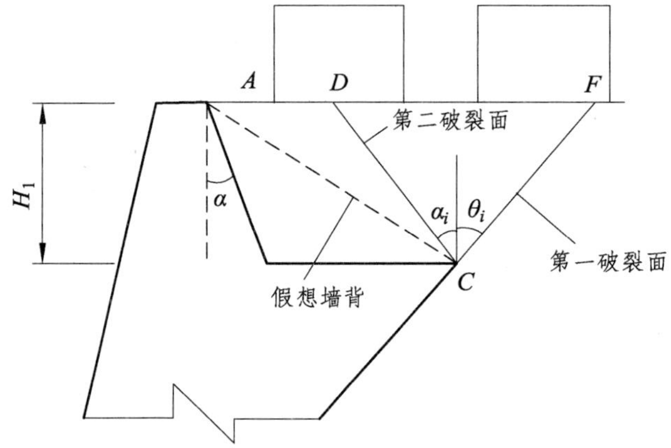

图 7-9　衡重式挡土墙的上墙

此时，挡土墙的上墙承受着第二破裂面上的土压力 E_a，因为 E_x 是 E_a 的水平分力，故可以列出

$$E_x = f(\alpha_i, \theta_i) \tag{7-26}$$

取 E_x 为最大值时作为出现第二破裂面的极限条件，有

$$\begin{cases} \dfrac{\partial E_x}{\partial \alpha_i} = 0 \\ \dfrac{\partial E_x}{\partial \theta_i} = 0 \end{cases} \tag{7-27}$$

当墙顶作用有列车局部荷载时，土压力是个多峰值函数。因此，所求结果还须满足式（7-28）的条件：

$$\begin{cases} \dfrac{\partial^2 E_x}{\partial \alpha_i^2} < 0 \\ \dfrac{\partial^2 E_x}{\partial \theta_i^2} < 0 \\ \dfrac{\partial^2 E_x}{\partial \alpha_i^2}\dfrac{\partial^2 E_x}{\partial \theta_i^2} - \left(\dfrac{\partial E_x}{\partial \alpha_i}\dfrac{\partial E_x}{\partial \theta_i}\right)^2 > 0 \end{cases} \tag{7-28}$$

由于铁路挡土墙要考虑列车荷载的作用，其边界条件比较复杂，当考虑双线铁路荷载时，根据第二破裂面和第一破裂面所交位置不同，由式（7-26）和式（7-27）推导出的衡重式挡土墙上墙的土压力计算公式多达 31 种。以图 7-10 所示的衡重式路堤挡土墙中第一破裂

面交于边坡情况为例，可导出该边界条件下两个破裂角的大小为

$$\begin{cases}\alpha_i = \dfrac{1}{2}(90° - \varphi) - \dfrac{1}{2}(\varepsilon - i) \\ \theta_i = \dfrac{1}{2}(90° - \varphi) + \dfrac{1}{2}(\varepsilon - i)\end{cases} \tag{7-29}$$

其中 $\varepsilon = \arcsin\dfrac{\sin i}{\sin\varphi}$

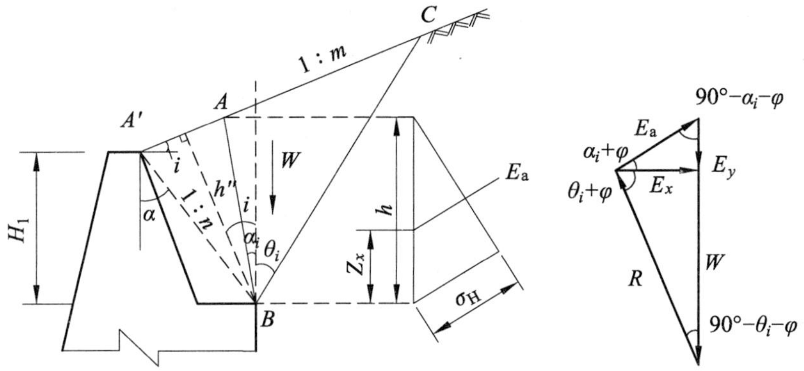

图 7-10 第二破裂面上的土压力（第一破裂面交于边坡）

下面以衡重式路堤挡土墙中第一破裂面交于边坡情况为例，说明通过力多边形求作用在第二破裂面上的主动土压力的公式和步骤。

由图（7-10）力多边形可得

$$E_x \tan(\alpha_i + \varphi) + E_x \tan(\theta_i + \varphi) = W \tag{7-30}$$

其中 $W = \dfrac{1}{2} AC \times h'' \times \gamma$

因为 $AC = h''[\tan(\alpha_i - i) + \tan(\theta_i + i)]$

$$h'' = H_1 \sec\alpha \cos(\alpha - i) = (m + n) H_1 \sin i$$

代入式（7-30）整理得

$$E_x = \frac{\gamma}{2}[H_1 \sec\alpha \times \cos(\alpha - i)]^2 \cdot \frac{\tan(\alpha_i - i) + \tan(\theta_i + i)}{\tan(\alpha_i + \varphi) + \tan(\theta_i + \varphi)} \tag{7-31}$$

将式（7-29）代入式（7-31）得

$$E_x = \frac{\gamma}{2} h''[1 - \tan(\varphi - i)\tan(\theta_i + i)]^2 \cos^2(\varphi - i) \tag{7-32}$$

因此 $E_y = E_x \tan(\alpha_i + \varphi)$

$$E_{\rm a} = E_x \sec(\alpha_i + \varphi)$$

土压力作用点的位置由第二破裂面上的应力分布图确定，而应力分布图可根据土压力系

数 λ_a 计算出各点的应力值绘制而成。

需要注意的是，必须同时满足以下条件，才会出现第二破裂面：

（1）墙背或假想墙背的倾角 α 大于第二破裂面的倾角 α_i，即墙背或假想墙背不妨碍第二破裂面的出现。

（2）作用于墙背或假想墙背 AB 面上的总压力引起的下滑力，小于该面上的抗滑力，使破裂棱体不会沿墙背或假想墙背下滑。

3. 折线形墙背土压力计算

为了适应山区的地形特点和工程需要，常采用凸形墙背的挡土墙或衡重式挡土墙。这类挡土墙的墙背不是一个平面，而是折面，称为折线形墙背。对于这类墙背，常以墙背转折点或衡重台为界，分为上墙或下墙，如图 7-11 所示。

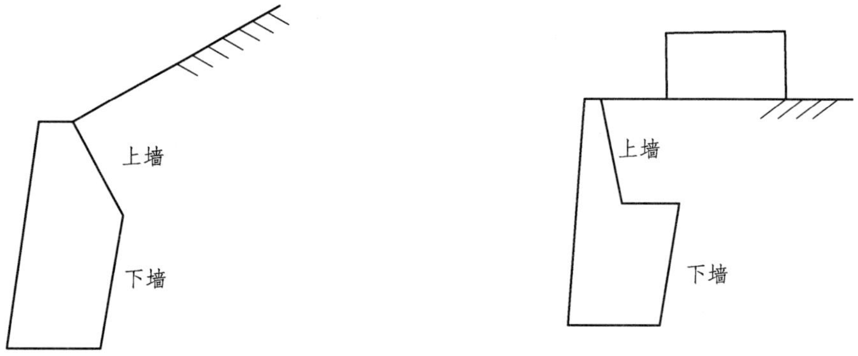

（a）凸形墙背挡土墙　　　　（b）衡重式挡土墙

图 7-11　折线形墙背

如前所述，库仑理论仅适用于直线墙背。当墙背有转折时，不能直接用库仑理论求全墙的土压力。这时应将上墙和下墙看作独立的墙背，分别按库仑理论计算主动土压力，然后取两者的矢量和作为全墙的土压力。

对于折线形墙的上墙，可作为独立墙背来分析其土压力，而不考虑下墙的存在。上墙土压力的计算，采用一般的库仑理论公式。当上墙墙背（或假想墙背）俯角较大时，采用第二破裂面法。

对于折线形墙的下墙，其土压力的计算主要有延长墙背法和力多边形法等。

1）延长墙背法

如图 7-12 所示，AB 为上墙，BC 为下墙。先将上墙视为单独的墙，用一般的方法求出主动土压力 E_1，压力分布图形为 abc。计算下墙土压力时，首先延长下墙墙背 CB，交地面线于 D 点。以 BD 作为假想墙背，用一般方法求算假想墙背的土压力，其压力分布图形为 def，截取其中与下墙相应的部分，即 $befg$，其合力为下墙主动土压力 E_2。

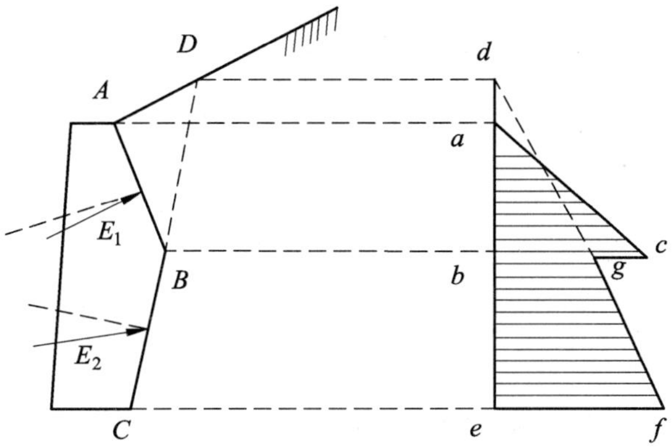

图 7-12 延长墙背法

延长墙背法是一种简化的近似方法。由于计算简单，这个方法至今在工程界仍得到广泛的应用。但是，因为它的理论依据不足，会给计算结果带来一定的误差。

2）力多边形法

计算折线形墙背下墙土压力的力多边形法是依据极限平衡条件下破裂棱体的实际力多边形来推求下墙土压力的。它不借助于任何假想墙背，消除了延长墙背法中存在的误差，因而更能反映折线形墙背的实际情况。

力多边形法的特点是考虑了上墙土压力对下墙土压力的影响，如图 7-13 所示，设 $gf=\Delta E$，则 $cf=E_{a2}+\Delta E$，在△cdf中，由正弦定律可得

$$E_2+\Delta E=W_2\frac{\sin(90°-\theta-\varphi)}{\sin(\theta+\varphi+\delta_2-\alpha_2)} \tag{7-33}$$

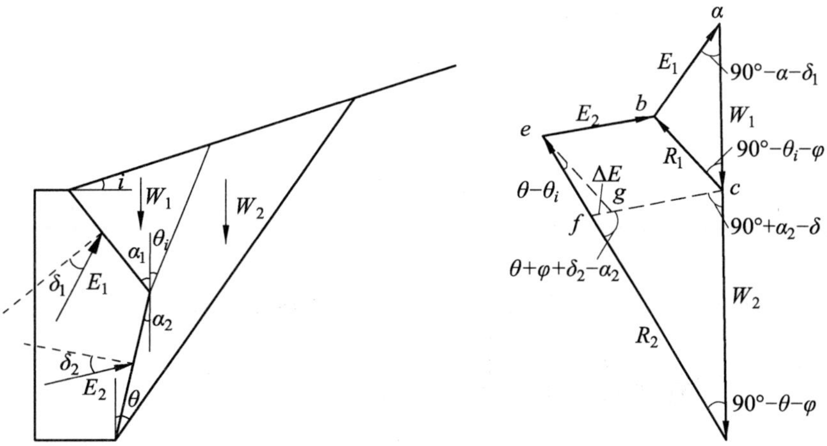

图 7-13 力多边形法受力图

而在△cdf中，有

$$\Delta E=R_1\frac{\sin(\theta-\beta)}{\sin(\theta+\varphi+\delta_2-\alpha_2)} \tag{7-34}$$

其中 R_1 为上墙破裂棱体对下墙破裂棱体的作用力，可由上墙的土压力计算求得

$$R_1 = E_1 \frac{\sin(90° - \alpha_1 - \delta_1)}{\sin(90° - \beta - \varphi)} = E_1 \frac{\cos(\alpha_1 + \delta_1)}{\cos(\beta + \varphi)} \tag{7-35}$$

所以下墙按力多边形计算的土压力表达式为

$$E_2 = W_2 \frac{\sin(90° - \theta - \varphi)}{\sin(\theta + \varphi + \delta_2 - \alpha_2)} - E_1 \frac{\sin(\theta - \beta)\cos(a_1 + \delta_1)}{\sin(\theta + \varphi + \delta_2 - \alpha_2)\cos(\beta + \varphi)} \tag{7-36}$$

当上墙土压力一定时，下墙土压力的大小就取决于下墙破裂面的破裂角 θ，即

$$E_2 = f(\theta) \tag{7-37}$$

为了求得下墙土压力的最大值，需求解式（7-38），即

$$\frac{\mathrm{d}E_2}{\mathrm{d}\theta} = 0 \tag{7-38}$$

将求得的 θ 代入式（7-36），可求得下墙土压力 E_2。

4. 黏性土土压力计算

在工程实践中，根据就地取材的原则，对于挡土墙墙后的填料，我国不采用远运粗粒土，而是就近取土填筑，因此填料或多或少地具有一定的黏聚力。而库仑理论中的基本假定都是将填料视为粗粒土，因此计算结果与实际有出入，有时甚至出入很大。

1）等效内摩擦角法

目前在设计中常用的方法是用综合内摩擦角 φ_0 代替抗剪强度中的内摩擦角 φ 和黏聚力 c。如考虑一般的稳定边坡为 1∶1.5，相当于边坡与水平面的稳定角为 33°44′，故综合内摩擦角选用 33°～35°。墙背的单位压力强度，在不同的填土高度下，虽然法向应力不同，但黏聚力是不变的，而由内摩擦角 φ 引起的摩擦力，则随法向应力的增高（填土高度增加）而增大，因此，综合内摩擦角选用 33°～35°时，墙高在 6～8 m 是合适的。但用此值计算高墙或低墙时，其土压力会出现低墙偏大，高墙偏小的现象，依据它所设计出的挡土墙截面会出现低墙保守、高墙危险的问题。对于此类问题应采用综合内摩擦角随墙高变化的方法，当墙高≤6 m 时，建议 φ_0=35°～40°；当墙高>6 m 时，建议 φ_0=30°～35°。

值得注意的是，这里的综合内摩擦角的变化只与墙高有关，而未考虑填土的高度。事实上，填土的综合内摩擦角不仅与挡土墙墙高有关，还与墙后填土的高度有关，而且即使墙高相同，路堑墙与路堤墙由于墙后填土的状况不同，其综合内摩擦角也是有区别的。

2）力多边形法

当墙身向外有足够位移时，黏性土土层顶面会出现拉应力，产生竖向裂缝，裂缝从地面向下延伸至拉应力为零处。裂缝深度 h_c 按式（7-39）计算：

$$h_c = \frac{2c}{\gamma} \tan\left(45° + \frac{\varphi}{2}\right) \tag{7-39}$$

在 h_c 范围内，竖直面上的侧压力为零，因此在此范围内不计土压力。

根据库仑理论，假设破裂面为一平面，沿破裂面土的抗剪强度由土的内摩擦角和黏聚力组成。至于墙背和土之间的黏聚力，由于影响因素很多，为简化其计算及使用安全，可忽略不计。现以路堤墙后破裂面交于上部荷载内的情况为例，介绍黏性土的主动土压力计算过程。

图 7-14 所示为有局部荷载作用的路堤挡土墙，BD 为试算破裂面，设破裂角为 θ，则试算破裂棱体为 $ABDEFMN$。在主动极限应力状态下，该棱体自重为 W；墙背反力为 E_a，它与墙背法线成 δ 角，并偏于阻止棱体下滑方向；破裂面上的反力为 R，它与破裂面法向成 φ 角，也偏于阻止破裂体下滑的方向；破裂面上的黏聚力为 c，沿 BD 方向，阻止棱体下滑。破裂棱体在这 4 个力的作用下保持静力平衡。

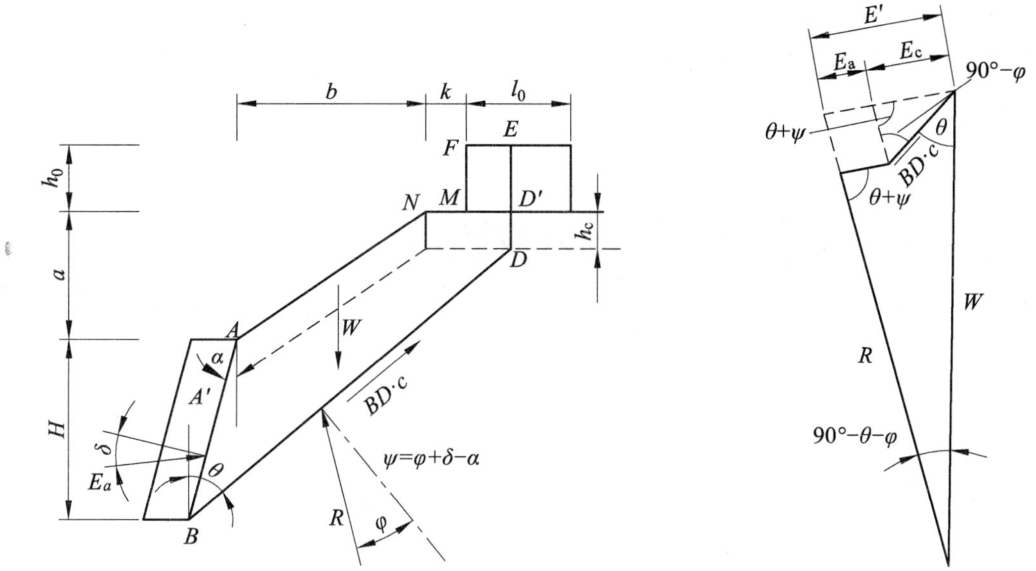

（a） （b）

图 7-14 路堤墙黏性土主动土压力计算

从破裂棱体的力多边形（见图 7-14）可知，作用于墙背的主动土压力为

$$E_a = E' - E_c \tag{7-40}$$

其中，E'为 c=0 时的土压力为

$$E' = W\frac{\sin(90^\circ - \theta - \varphi)}{\sin(\theta + \varphi + \delta - a)} \tag{7-41}$$

其中，W 为破裂棱体 $ABDEFMN$ 的自重，它的数值等于这个棱体的截面积乘以土的容重 γ。在图 7-14 所示的情况下，它应为

$$W = \gamma(A_0 \tan\theta - B_0) \tag{7-42}$$

而

$$A_0 = \frac{1}{2}(H+a)^2 - \frac{1}{2}h_c^2 + h_0(H + a - h_c) \tag{7-43}$$

$$B_0 = \frac{1}{2}ab + (b+k)h_0 + \frac{H}{2}(H + 2a + 2h_0)\tan\alpha \tag{7-44}$$

将 W 的表达式代入 E'，可得

$$E' = \gamma(A_0 \tan\theta - B_0)\frac{\cos(90° - \theta - \varphi)}{\sin(\theta + \varphi + \delta - \alpha)} \tag{7-45}$$

E_c是由于黏聚力的存在而减少的土压力，由力多边形可知

$$E_c = \frac{\overline{BD} c\cos\varphi}{\sin(\theta + \varphi + \delta - \alpha)} = \frac{c(H + a - h_c)\cos\varphi}{\cos\theta\sin(\theta + \varphi + \delta - \alpha)} \tag{7-46}$$

最后，得到黏性土库仑主动土压力的表达式为

$$E_a = \gamma(A_0 \tan\theta - B_0)\frac{\cos(90° - \theta - \varphi)}{\sin(\theta + \varphi + \delta - \alpha)} - \frac{c(H + a - h_c)\cos\varphi}{\cos\theta\sin(\theta + \varphi + \delta - \alpha)} \tag{7-47}$$

由
$$\frac{dE_a}{d\theta} = \frac{dE'}{d\theta} - \frac{dE_c}{d\theta} = 0$$

经化简整理得破裂角 θ 的计算公式为

$$\tan\theta = -\tan\psi \pm \sqrt{\sec^2\psi - D} \tag{7-48}$$

其中
$$D = \frac{A_0 \sin(\varphi - \psi) - B_0 \cos(\varphi - \psi)}{\cos\psi\left[A_0 \sin\varphi + \frac{c}{\gamma}(H + a - h_c)\cos\varphi\right]} \tag{7-49}$$

求得了 θ 后，即可根据式（7-47）所示的 E_a 的表达式得到黏性土库仑主动土压力 E_c。

7.2.3 重力式挡土墙

1. 重力式挡土墙的设计

1）抗滑稳定性

挡土墙的抗滑动稳定性应按式（7-1）进行检算，总滑动力 T 和总抗滑力 R 应分别按式（7-50）和式（7-51）计算。基底下有软弱土层时，还应检算该土层的滑动稳定性。稳定性检算如图 7-15 所示。

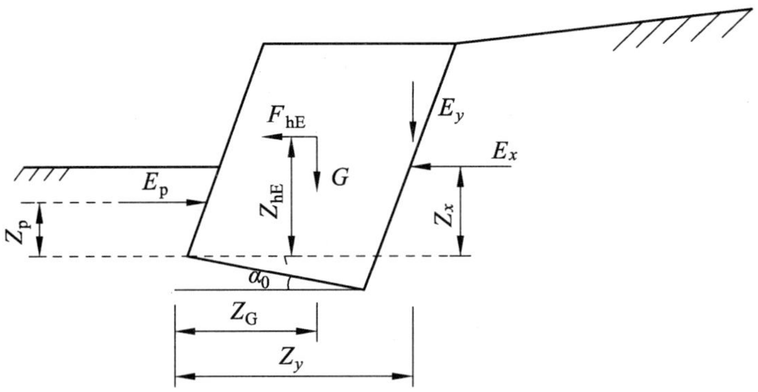

图 7-15　稳定性检算

$$T = E_x + F_{hE} - (G + E_y)\tan\alpha_0 \tag{7-50}$$

$$R=[(G+E_y)+(E_x+F_{hE}-E_P)\tan\alpha_0]f+E_P \tag{7-51}$$

式中：E_x——墙后主动土压力水平分力（kN）；

F_{hE}——地震时作用于墙体质心和墙背与第二破裂面间岩土质心处的水平地震力之和（kN）；

a_0——基底倾斜角度（°）；

G——作用于基底上的墙身重力，浸水时应扣除浸水部分墙身的浮力（kN）；

E_y——墙后土压力的总竖向分力，挡土墙浸水时，应扣除浸水部分土体的浮力，出现第二破裂面时，含主动土压力及实际墙背与第二破裂面之间土体的重力（kN）；

f——基底与地基间的摩擦系数，宜根据试验资料确定，在有经验时，按表 7-3 确定；

E_p——被动土压力（kN）。

表 7-3 基底与地基间的摩擦系数经验值 f

地基类别	经验值 f
硬塑黏土	0.25 ~ 0.30
粉质黏土、粉土、半干硬的黏土	0.30 ~ 0.40
砂类土	0.30 ~ 0.40
碎石类土	0.40 ~ 0.50
软质岩	0.40 ~ 0.60
硬质岩	0.60 ~ 0.70

当挡土墙抗滑稳定性不足时，可采取以下措施：

（1）基底换填。在基底以下换填摩擦系数大或与墙体产生较大黏聚力的土层。

（2）设置倾斜基底（见图 7-16）。即保持墙胸高度不变，而使墙踵下降一个高度，从而使基底具有向内倾斜的逆坡，与水平基底相比，可减小滑动力，增大抗滑力，增强挡土墙的抗滑稳定性。

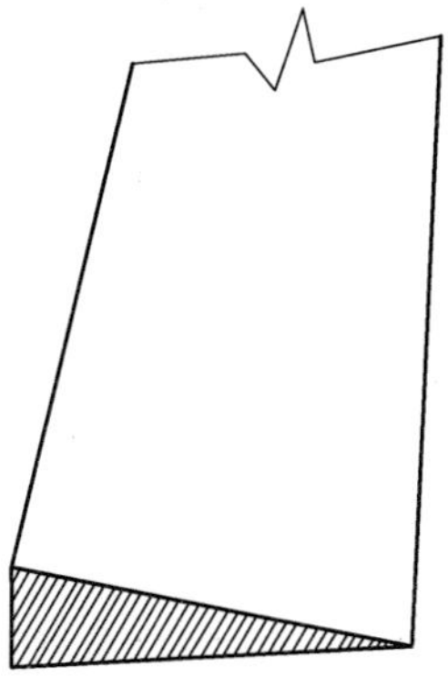

图 7-16 倾斜基底

（3）设置凸榫（见图 7-17）。在基础底面设置一个与基础连成整体的凸榫，其作用是利用榫前土体产生的被动土压力增加挡土墙的抗滑能力。

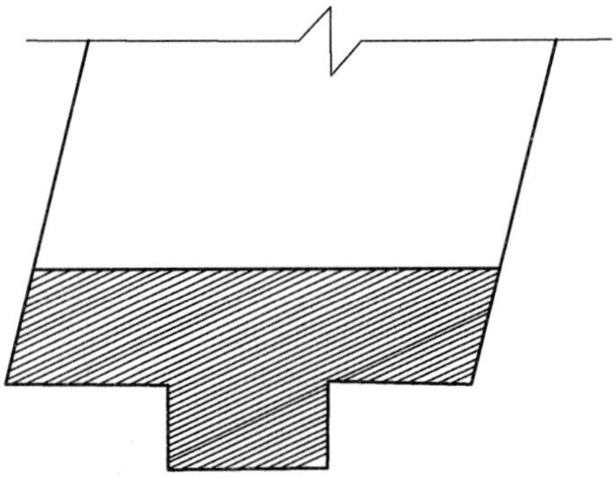

图 7-17　设置凸榫

2）抗倾覆稳定性

挡土墙的抗倾覆稳定性应按式（7-2）进行检算，倾覆力矩和稳定力矩应分别按式（7-52）和式（7-53）计算：

$$M_0 = E_x Z_x + F_{hE} Z_{hE} \tag{7-52}$$

$$M_y = G Z_G + E_y Z_y + E_P Z_P \tag{7-53}$$

式中：Z_x——墙后土压力的水平分力到墙趾的竖直距离（m）；

Z_{hE}——水平地震力到墙趾的竖直距离（m）；

Z_G——墙身重心到墙趾的水平距离（m）；

Z_y——墙后土压力的总竖向分力到墙趾的水平距离（m）；

Z_P——墙前被动土压力到墙趾的竖直距离（m）。

为改善挡土墙抗倾覆稳定性，可以采取如下措施：

（1）改变墙身胸坡或背坡。当横向断面净空不受限制，地面较平缓时，可放缓胸坡使墙体重心后移，增大抗倾力臂；也可变竖直墙背为仰斜墙背，可减小土压力。

（2）改变墙身断面类型。当横向坡度较陡，净空受限制时，可采用衡重台或卸荷板等以减小土压力，增大稳定力矩。

（3）展宽墙趾（见图 7-18）。在墙趾处展宽基础，可以增大稳定力矩的力臂，是增强抗倾覆稳定性的常用方法。

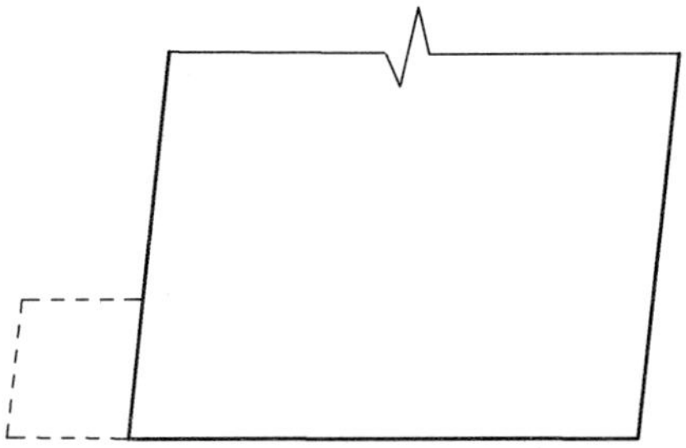

图 7-18　展宽墙趾

3）挡土墙基底应力及合力偏心距检算

为了避免挡土墙发生显著的不均匀沉陷，保证挡土墙的基底应力不超过地基的容许承载力，应进行基底应力及合力偏心距的检算。

如图 7-19 所示，设垂直于基底的合力对墙趾的力臂为 c，则有

$$c=\frac{M_y-M_0}{N'} \tag{7-54}$$

$$N'=N\cos\alpha_0+E_x'\sin\alpha_0 \tag{7-55}$$

式中：N——挡土墙上的总竖向作用，$N=G+E_y$。

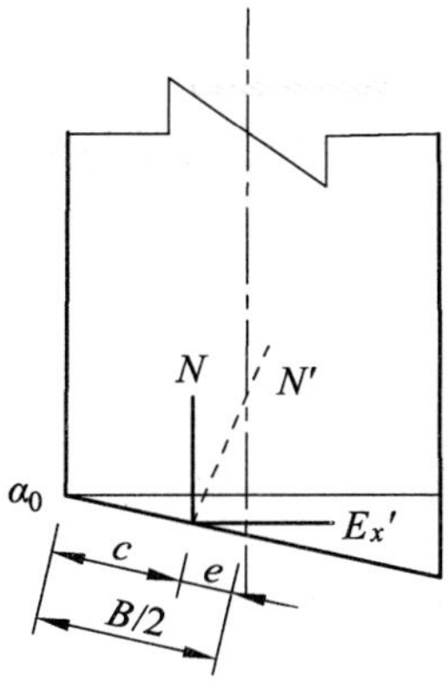

图 7-19　作用在倾斜地基上的力系

合力偏心距 e 为

$$e=\frac{B}{2}-c=\frac{B}{2}-\frac{M_y-M_0}{N'} \tag{7-56}$$

式中：B——基底宽度，基底无倾斜时为水平宽度；基底有倾斜时为斜宽。

基底合力偏心距应满足表 7-4 的要求。

表 7-4　基底合力偏心距限定值

基地岩土状况	基底合力偏心距限定值		
	一般地区和浸水地区常水位	施工临时荷载地区	地震地区和洪水位
微风化或弱风化的硬质岩	≤B/4	≤B/4	≤B/3
软质岩及全、强风化的硬质岩	≤B/6	≤B/4	≤B/4
基本承载力大于 200 kPa 的土层	≤B/6	≤B/5	≤B/5
基本承载力小于 200 kPa 的土层	≤B/6	≤B/6	≤B/6

当基底为平底时，N'即图 7-20 中的 N。

当$|e|\leqslant B/6$时，挡土墙的墙趾压应力、墙踵压应力可按式（7-57）、式（7-58）计算。

$$\sigma_1 = \frac{N'}{B}\left(1+\frac{6e}{B}\right) \tag{7-57}$$

$$\sigma_2 = \frac{N'}{B}\left(1-\frac{6e}{B}\right) \tag{7-58}$$

当 $B/6 < e \leqslant B/4$ 时，基底一侧将出现拉应力，而基础和地基之间不能承受拉力，将会出现应力重分布，重新分配的压应力合力作用在距墙趾为 c 的三角形应力图的形心上，基底压应力三角形的底边长度等于 $3c$。此时最大压应力计算如图 7-20（c）所示，挡土墙的墙趾压应力、墙踵压应力可按式（7-59）、式（7-60）计算：

$$\sigma_1 = \frac{2N'}{3c} \tag{7-59}$$

$$\sigma_2 = 0 \tag{7-60}$$

同理，当 $-B/4 \leqslant e < -B/6$ 时：

$$\sigma_1 = 0 \tag{7-61}$$

$$\sigma_2 = \frac{2N'}{3(B-c)} \tag{7-62}$$

式中：σ_1——挡土墙趾部的压应力；

σ_2——挡土墙踵部的压应力。

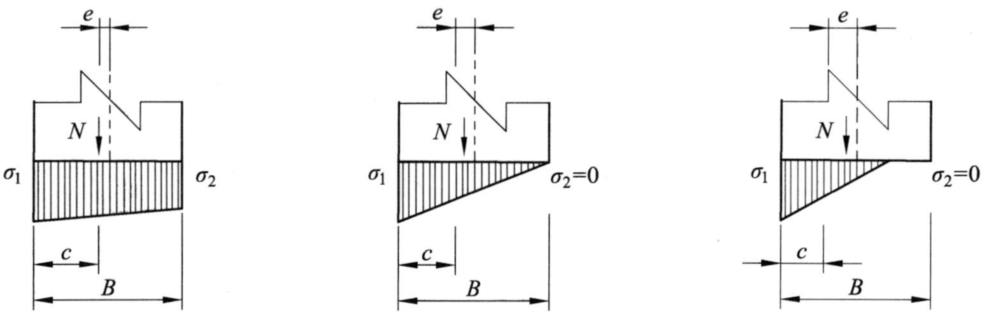

（a）$e<B/6$　　（b）$e=B/6$　　（c）$B/6<e\leqslant B/4$

图 7-20　挡土墙基底竖向合力偏心距及压应力

基底压应力或偏心距过大时，可采取加宽墙趾或扩大基础的办法予以调整，也可采用换填地基土以提高承载力，还可通过调整墙背坡度或断面形式以减少合力偏心距等措施。

4）墙身截面强度检算

墙身截面强度检算是为了保证墙身具有足够的强度。通常，选取一、两个控制截面进行检算。检算截面的合力偏心距 e' 时，应满足式（7-63）和式（7-64）的要求：

按主力计算时：

$$|e'| \leqslant 0.3B' \tag{7-63}$$

按主力加附加力计算时：

$$|e'| \leqslant 0.35B' \tag{7-64}$$

式中：B'——检算截面处的墙身宽度。

墙身检算截面的选择如图 7-21 所示，可选在基础顶面、1/2 墙高处、上下墙（凸形及衡重式墙）交界处等。当墙身截面变化不大时，可取墙高 1/2 处截面进行检算。

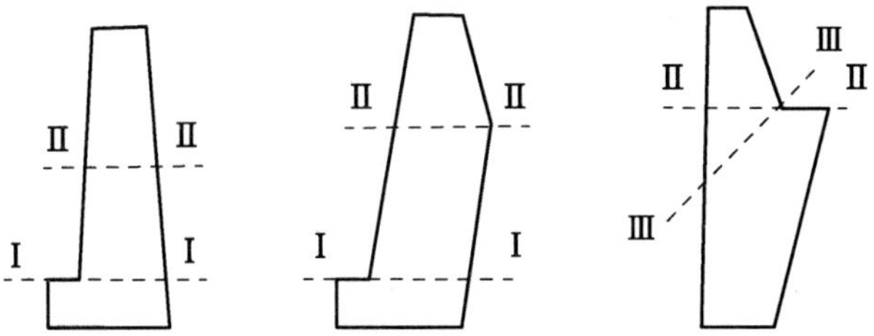

图 7-21　墙身检算截面的选择

墙身截面强度检算包括法向应力检算和剪应力检算两个方面。

（1）法向应力检算。

截面检算时，法向压应力应小于所用材料的容许压应力。出现拉应力时，拉应力应小于容许抗弯曲拉应力，此时还应检算应力重分布的最大压应力，其值不得大于容许压应力。

当主力与附加力或特殊力组合时，除纯剪应力外，还应将材料的容许应力乘以不同的提高系数。当主力和附加力组合时乘以 1.30；当主力和特殊力组合时乘以 1.40；当主力和地震力组合时应符合《铁路工程抗震设计规范》（GB 50111—2006）的规定。

如图 7-22 所示，要检算截面 I—I 的强度，首先要计算出截面以上墙背所受的主动土压力 E_a 值和墙身自重 G，若 E_a 与 G 两向量的和为 P，设 P 的竖向分力为$\sum N$，水平分力为$\sum T$，则在截面两边缘的法向应力为

$$\sigma_{\min}^{\max} = \frac{\sum N}{A} \pm \frac{\sum M}{W} = \frac{\sum N}{b}\left(1 \pm \frac{6e}{b}\right) \tag{7-65}$$

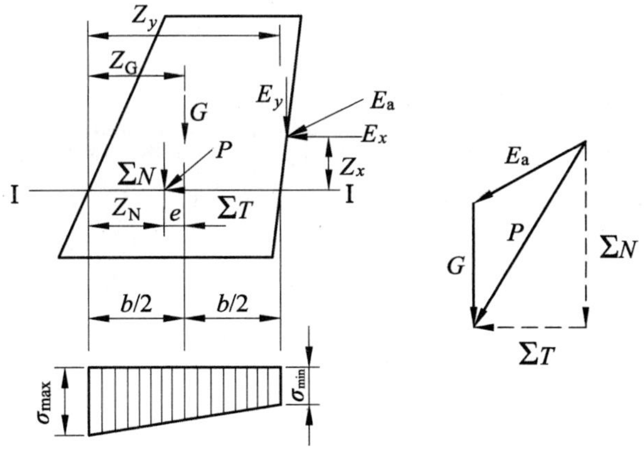

图 7-22　截面法向应力检算

（2）剪应力检算。

一般情况下，重力式挡土墙墙身截面的剪应力远小于容许值，通常可以不检算，但当出现应力重分布和截面突变及有薄弱截面时，应检算。

剪应力检算又分为平剪检算和斜剪检算两种。对于一般矩形、梯形断面的重力式挡土墙只进行平剪检算，而对于衡重式挡土墙的上下墙变截面处的截面，则应进行平剪和斜剪检算。

$$\tau=\frac{\sum T}{b}=\frac{E_x}{b}\leqslant[\tau] \tag{7-66}$$

式中：$[\tau]$——圬工容许剪应力（kPa）。

2. 重力式挡土墙的构造要求

1）墙身构造

混凝土或片石混凝土的墙顶宽度一般不应小于 0.4 m。路肩挡土墙墙顶应以混凝土做帽石，其厚度不得小于 0.4 m，宽度不得小于 0.6 m，突出墙外的飞檐宽应为 0.1 m。

2）沉降缝与伸缩缝（见图 7-23）

为避免因地基不均匀沉降而引起墙身开裂，需按地质条件的变化和墙高、墙身断面的变化情况设置沉降缝。同时为防止圬工砌体因收缩硬化和温度变化而产生裂缝，还应设置伸缩缝。在设计时，一般将沉降缝与伸缩缝合并设置，沿线路方向每隔 10 ~ 15 m 设置一道，缝宽为 2 ~ 3 cm，缝内沿墙内、外、顶三边填塞沥青麻筋、沥青木板、胶泥或橡胶条等，填塞深度不小于 0.2 m。

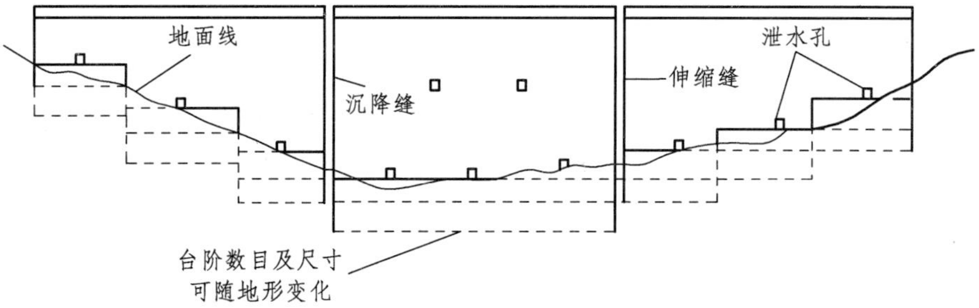

图 7-23　沉降缝和伸缩缝

3）排水设施（见图 7-24）

挡土墙高出地面部分，应每隔 2 ~ 3 m 交错设置泄水孔。折线形墙背易积水处必须设置泄水孔，纵向间距宜为 2 m。泄水孔排水坡度不应小于 4%。泄水孔进水侧墙背应设置反滤层，反滤层宜采用袋装砂夹砾石（卵石）、土工合成材料、无砂混凝土块或其他新型材料。无砂混凝土块或砂夹卵石反滤层的厚度不应小于 0.3 m，墙背为膨胀土时，反滤层厚度不应小于 0.5 m。反滤层的顶部和最低一排泄水孔的进水口下部应设置隔水层。

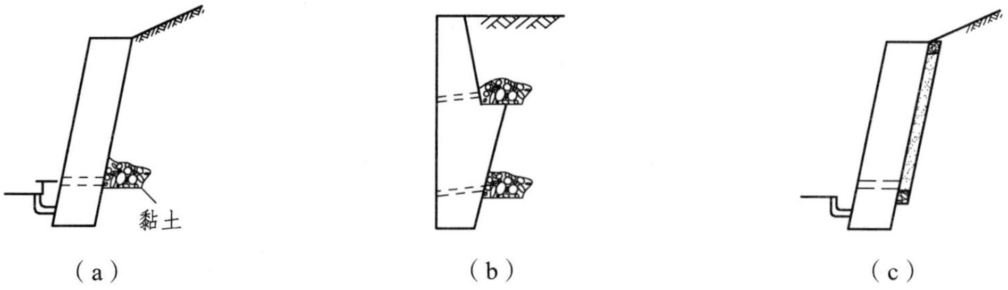

图 7-24　挡土墙排水设施

4）基础埋置深度

挡土墙基础埋置深度应符合表 7-5 的规定。

表 7-5 挡土墙基础埋置深度

挡土墙基础所处环境		最小深度限定值及相关措施
一般地区		≥1.0 m，路堑挡土墙基础底还应低于侧沟砌体底面 0.2 m
季节性冻土	冻结深度≤1.0 m	≥1.0 m，并保证基础底在冻结深度线以下 0.25 m
	冻结深度>1.0 m	≥1.25 m，基底至冻结线下 0.25 m 深度范围内换填非冻胀土或采取其他措施
受水流冲刷		基底在冲刷线下不应小于 1.0 m
膨胀土地段		基础埋置深度不宜小于 1.5 m

【例题 7-2】如图 7-25 所示为某路肩式挡土墙，其墙身为 M7.5 浆砌片石圬工，墙与地基土之间的摩擦系数 $f=0.4$，地基为黏性土质，容许承载力 $[\sigma]_{土}=200\,\text{kN/m}^2$，墙身圬工重度 $\gamma_{圬}=23\,\text{kN/m}^3$，墙后填土 $\gamma_{土}=16\,\text{kN/m}^3$，$\varphi=35°$，墙背摩擦角 $\delta=2\varphi/3$，墙高 H=5 m，在例题 7-1 的土压力的作用下，试检算该墙是否满足设计要求（墙身截面 $[\sigma]_{圬}=1\,300\,\text{kPa}, [\tau]_{圬}=210\,\text{kPa}$）。

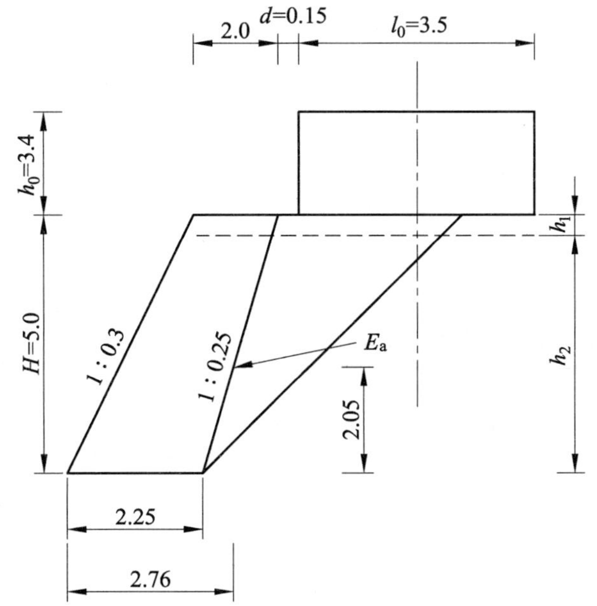

图 7-25 某路肩式挡土墙（尺寸单位：m）

解：取墙顶宽为 2 m，胸坡坡度为 1∶0.3，墙背坡度为 1∶0.25，墙高不变，如图 7-25 所示。

（1）抗滑稳定检算。

$$G=(2.0+2.25)\times\frac{5}{2}\times 23=244.375\ \text{kN/m}$$

$$K_c=\frac{(244.375+12.33)\times 0.4}{75.28}=1.36>1.3\text{（满足）}$$

（2）抗倾覆稳定检算。

因为该挡土墙形状不规则，将其分成三小块，分别求各小块的重力和各自重心到墙趾的水平距离。

$$GZ_G=23\left[\frac{1}{2}\times 5\times 1.5+5\times 0.75(1.5+0.375)+\frac{1}{2}\times 1.25\times 5\left(2.25+\frac{1.25}{3}\right)\right]$$
$$=439.64\ \text{kN/m}$$

本例题不考虑地震作用，即 E_p=0，故式（7-53）中 $E_P Z_P=0$，根据式（7-2）可得

$$K_0=\frac{GZ_G+E_y\cdot Z_y}{E_x\cdot Z_x}=\frac{439.64+11.6\times 2.76}{70.86\times 2.05}=3.24>1.5\text{（满足）}$$

（3）合力偏心距检算。

$$Z_N=\frac{\sum M_y-\sum M_0}{\sum N}$$
$$=\frac{439.64+12.33\times 2.76-75.28\times 2.05}{233.75+12.33}=1.29\ \text{m}$$

$$e=\frac{B}{2}-Z_N=1.125-1.29=-0.165\ \text{m}<0\text{（合力在中心线右侧）}$$

$$|e|=0.095<\frac{B}{6}=0.375\text{（满足）}$$

$$\sigma_{\min}^{\max}=\frac{\sum N}{B}\left(1\pm\frac{6e}{B}\right)=\frac{246.08}{2.25}\times\left(1\pm\frac{6\times 0.095}{2.25}\right)$$
$$=\begin{matrix}137.07\\81.67\end{matrix}\ \text{kN/m}^2<[\sigma]_{土}=200\ \text{kN/m}^2$$

（4）挡土墙墙身 $H/2$ 截面强度检算。

① 法向应力：

$$B'=2.0+2.5(0.3-0.25)=2.125\ \text{m}$$

$$\sigma'_H=\frac{\sigma_H}{2}=6.3\ \text{kPa}$$

$$E'_a=\left(h_2-\frac{H}{2}\right)\sigma_0+\frac{1}{2}\sigma'_H\frac{H}{2}=18.85+7.875=26.73\ \text{kN/m}$$

$$E'_x = E'_a \cos(\delta - \alpha) = 26.73 \times \cos(23°20' - 14°02') = 26.38 \text{ kN/m}$$

$$E'_y = E'_a \sin(\delta - \alpha) = 26.73 \times \sin(23°20' - 14°02') = 4.32 \text{ kN/m}$$

$$Z'_x = \frac{20.02 \times \frac{2.2}{2} + 8.38 \times \frac{2.5}{3}}{26.38} = 1.02 \text{ m}$$

$$Z'_y = 2.125 + Z'_x \tan\alpha = 2.39 \text{ m}$$

$$G' = \frac{2.125 + 2.0}{2} \times 2.5 \times 23 = 118.59 \text{ kN/m}$$

$$G'Z'_G = \left[0.5 \times (2.125 - 2) \times 2.5 \times 0.252 + 2 \times 2.5 \times \left(0.125 + 1.0 + \frac{2.5}{2} \times 0.25\right)\right] \times 22$$
$$= 155.55 \text{ kN} \cdot \text{m}$$

$$Z'_N = \frac{G'Z'_G + E'_y Z'_y - E'_x Z'_x}{G' + E'_y} = \frac{155.55 + 4.32 \times 2.39 - 26.38 \times 1.02}{118.59 + 4.32} = 1.13 \text{ m}$$

$$e' = \frac{B'}{2} - Z'_N = \frac{2.125}{2} - 1.13 = -0.067\,5 < 0$$（合力在中心线右侧）

$|e'| = 0.067\,5 < 0.3B' = 0.638 \text{ m}$（满足）

$$\sigma_{\min}^{\max} = \frac{\Sigma N'}{B'}\left(1 \pm \frac{6e'}{B'}\right) = \frac{4.27 + 113.44}{2.125} \times \left(1 \pm \frac{6 \times 0.067\,5}{2.125}\right)$$
$$= \frac{44.84}{65.95} \text{ kN/m}^2 < [\sigma]_{圬} = 1\,300 \text{ kN/m}^2$$

② 剪应力：

$$\tau = \frac{\Sigma T'}{B'} = \frac{\Sigma E'_x}{B'} = \frac{26.38}{2.125} = 12.41 \text{ kN/m}^2 < [\tau]_{圬} = 210 \text{ kN/m}^2$$（满足）

因此，挡土墙满足设计要求。

7.2.4 轻型挡土墙

轻型挡土墙常用钢筋混凝土构件组成，墙身断面较小，墙的稳定性不是或不完全是依靠自身重量来维持，因而结构较轻巧，圬工量省，占地较少，有利于机械化施工。

1. 悬臂式和扶壁式挡土墙

悬臂式挡土墙的一般形式如图 7-26 所示，它是由立臂板、趾板和踵板组成，呈倒“T”字形。

扶壁式挡土墙由立臂板、趾板、踵板及扶壁组成，如图 7-27 所示。扶壁把立臂板同踵板连接起来以改善立臂板和踵板的受力条件，提高结构的刚度和整体性，减小立臂板的变形。

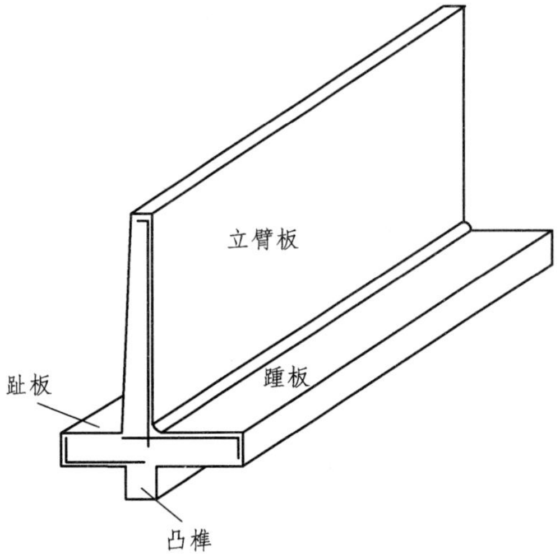

图 7-26　悬臂式挡土墙

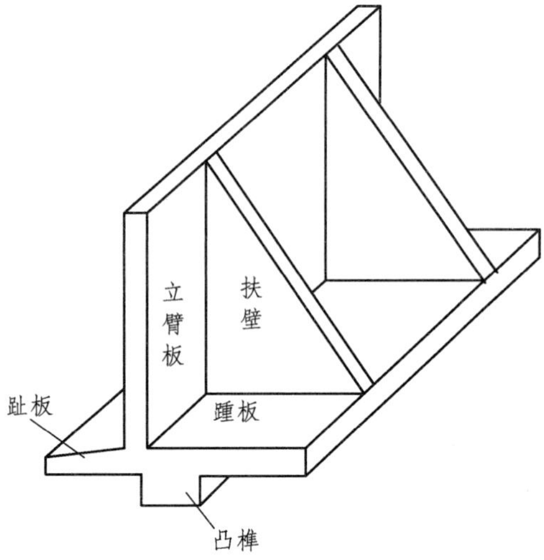

图 7-27　扶壁式挡土墙

悬臂式和扶壁式挡土墙的结构稳定性依靠墙身自重和踵板上方填土的重力来保证，而且趾板的设置也显著增大了挡土墙的抗倾覆稳定性，并大大减小了基底接触应力，凸榫可增大结构的抗滑性能。

悬臂式和扶壁式挡土墙是钢筋混凝土结构，其主要特点是构造简单、施工方便，墙身断面较小，自身质量较轻，可以较好地发挥材料的强度性能，能适应承载力较低的地基。一般在石料缺乏、地基承载力较低的填方中采用，其轻型美观的造型也适用于城市。

1）悬臂式和扶壁式挡土墙的设计与计算

悬臂式或扶壁式挡土墙设置于路肩时，轨道及列车荷载在结构上产生的侧向和竖向土压力可按弹性理论计算，墙背水平土压力与踵板竖向土压力分布如图 7-28 所示，填料产生的土压力可按库仑理论计算，并符合下列规定：

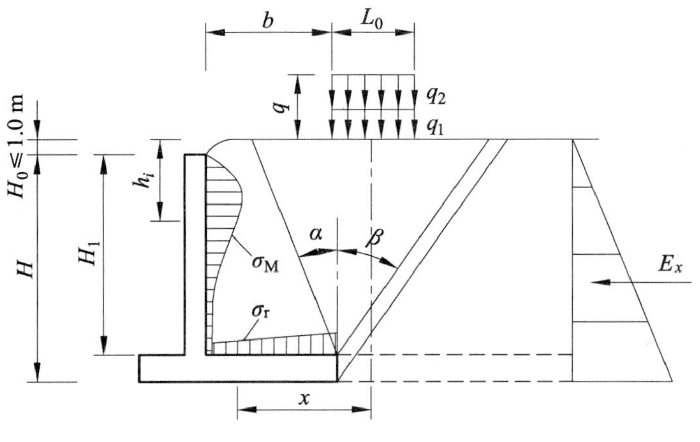

图 7-28　墙背水平土压力与踵板竖向土压力分布图

（1）土压力计算。

荷载产生的水平土压应力按式（7-67）计算：

$$\sigma_{hi}=\frac{q}{\pi}\left[\frac{bh_i}{b^2+h_i^2}-\frac{h_i(b+l_0)}{h_i^2+(b+l_0)^2}+\arctan\frac{b+l_0}{h_i}-\arctan\frac{b}{h_i}\right] \tag{7-67}$$

式中：σ_{hi}——荷载产生的水平土压应力（kPa）；

b——荷载边缘至立臂板的距离（m）；

h_i——墙背至路肩的垂直距离（m）；

q——作用在路基面上的列车和轨道单位荷载（kN/m^2）；

l_0——荷载分布宽度（m）。

在踵板上荷载产生的竖向土压力应按式（7-68）计算：

$$\sigma_v=\frac{q}{\pi}\left[\arctan X_1-\arctan X_2+\frac{X_1}{1+X_1^2}-\frac{X_2}{1+X_2^2}\right] \tag{7-68}$$

$$X_1=\frac{2x+l_0}{2(H_1+H_S)},\quad X_2=\frac{2x-l_0}{2(H_1+H_S)}$$

式中：σ_v——荷载在踵板上产生的竖向压应力（kPa）；

x——计算点至荷载中线的距离（m）；

H_1——立臂板的高度（m）；

H_S——墙顶以上填土高度（m）。

土压力一般可采用库仑土压力理论计算，特别是填土表面为折线或有局部荷载作用时，由于假想墙背的倾角较大，故当墙身向外移动，土达到主动极限平衡状态时，往往会产生第二破裂面。若不出现第二破裂面，则按一般库仑理论计算作用于假想墙背上的土压力 E_a。立臂计算时，应以立臂的实际墙背为计算墙背进行土压力计算，并假定立臂与填土间的摩擦角 $\delta=0$。当检算地基承载力、稳定性、墙底板截面内力时，以假想墙背（或第二破裂面）为计算墙背来计算土压力，将计算墙背与实际墙背间的土体重力作为计算墙体的一部分。

（2）设计方法。

悬臂式挡土墙的立臂板、踵板和趾板的内力应按悬臂梁计算。计算挡土墙实际墙背和踵板上的土压力时可不计填料与板的摩擦力，立臂板上的侧向土压力采用库仑主动土压力时，应乘以修正系数 1.25。

扶壁式挡土墙的各部分可按下列方法简化计算：

① 立臂板纵向可视为扶壁支承的连续梁，且不计底板对力臂板的约束作用。作用于立臂板的水平土压力沿墙高的分布，可按墙高呈梯形分布（见图 7-29）。

② 趾板应按悬臂板计算。

③ 踵板横向可与立臂板竖向配筋一致，纵向可视为扶壁支承的连续梁且不计立臂板对底板的约束。作用在踵板上的荷载除计算板上的土压力及基底反力外，还应计算趾板弯矩作用在踵板上产生的等效荷载。踵板横向荷载可不作为检算荷载。

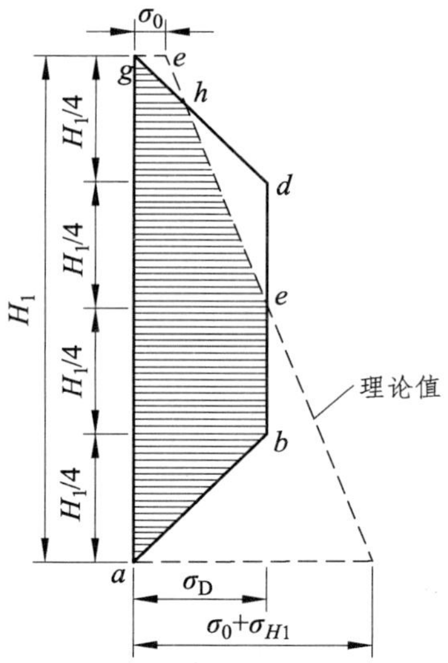

H_1—力臂板的高度；σ_0—墙顶土压应力理论值；σ_D—力臂板中部土压应力，其值为 $\sigma_0+0.5\,\sigma_{H1}$；$\sigma_{H1}$—力臂板底端由填料引起的侧向土压应力理论值。

图 7-29　水平土压力沿墙高方向的分布

④ 扶壁应按悬臂 T 形梁计算，将立臂板视为梁的翼缘，扶壁视为梁的腹板。

悬臂式和扶壁式挡土墙结构构件设计还应符合下列规定：

① 承载能力极限状态设计。

结构构件承载能力极限状态，应按式（7-4）检算。一般地区，作用效应 S_d 按式（7-69）计算：

$$S_d = \gamma_G S_{Gk} + \gamma_Q S_{Qk} \tag{7-69}$$

式中：γ_G——永久荷载产生的作用效应分项系数，可采用 1.35；

S_{Gk}——土压力和路基面以上恒载产生的弯矩或剪力；

γ_Q——可变荷载作用效应分项系数，可采用 1.40；

S_{Qk}——路基面以上列车活载产生的弯矩或剪力。

② 正常使用极限状态设计。

结构构件正常使用极限状态设计包括最大裂缝宽度及挠度检算，应按式（7-5）检算，C_d 为结构正常使用状态的限定值。裂缝、挠度及位移作用效应设计值按式（7-70）计算：

$$S_d = S_{Gk} + \psi_Q S_{Qk} \tag{7-70}$$

式中：ψ_Q——可变作用的准永久值系数，可采用 0.60，也可根据观测资料和工程经验取用，但不宜小于 0.60。

2）悬臂式和扶壁式挡土墙的构造要求

悬臂式挡土墙墙顶宽度不应小于 0.2 m，当墙高大于 4 m 时，宜在力臂板内侧设置倒角；扶壁式挡土墙顶宽不宜小于 0.3 m。

墙趾顶面不应露出地面，特殊环境下基础底部埋置深度应符合表 7-5 的规定。伸缩缝的间距不应大于 20 m，伸缩缝和沉降缝泄水孔的设置与前述的重力式挡土墙的要求相同。

悬臂式挡土墙的立臂板主筋在墙顶部宜采用直角弯折，趾板底面主筋宜从端部向上弯折，踵板顶面主筋宜从端部向下弯折，各构件主筋在横截面上的布置如图 7-30 所示。主筋最小锚固长度 L_a，受力钢筋伸入底板的锚固长度应满足《混凝土结构设计规范》（GB 50010—2010）的要求。

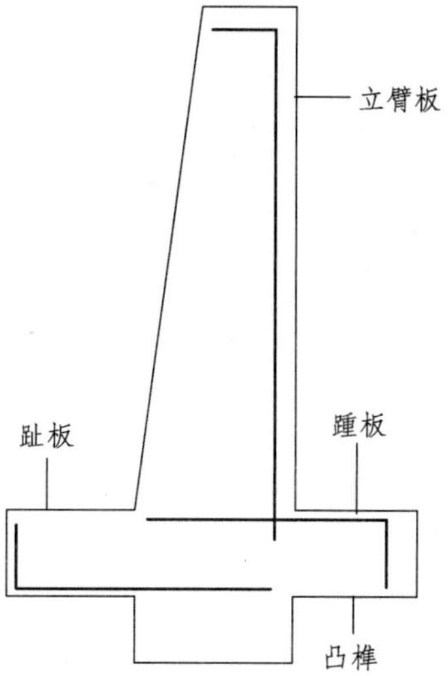

图 7-30 悬臂式挡土墙配筋简化图示

2. 加筋土挡土墙

加筋土挡土墙是利用加筋土技术修建的一种轻型支挡结构物，可设置于路肩或路堤边坡。加筋土挡土墙是由墙面板、拉筋、填料、基础和帽石等组成的柔性复合结构物（见图 7-31），它依靠填料与拉筋之间的摩擦力，平衡填料作用于墙面上的水平土压力，使之形成整体以抵抗其后部填料产生的土压力。

拉筋（又称筋带）的作用是承受垂直荷载和水平拉力，并与填料产生摩擦力。因此，拉筋材料应具有抗拉强度大、延伸率小和变形小，不易产生脆性破坏，筋土界面之间应具有足够的摩擦力，有较好的耐腐蚀性和抗老化性，具有一定的柔性和韧性，加工容易，接长及与墙面板连接简单，使用寿命长，施工简便等特性。拉筋材料宜采用土工格栅等土工合成材料。

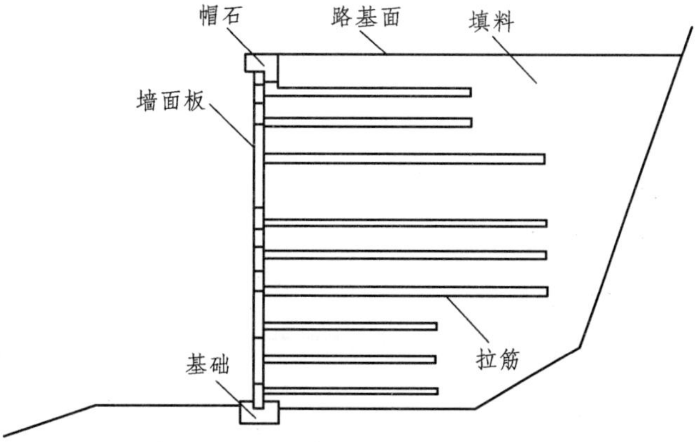

图 7-31 加筋土挡土墙结构

墙面板的作用是承受土压力，防止填土侧向挤出，便于拉筋固定布设，并保证填料、拉筋和墙面构成具有一定形状的整体，对于土工合成材料还应具有防止紫外线辐射的功能。因此墙面板要有一定的强度以保证拉筋端部土体的稳定；要具有足够的刚度，以抵抗预期的冲击和震动作用；要有足够的柔性，以适应加筋体在荷载作用下产生的容许沉降所带来的变形；要满足美观以及运输与安装方便等要求。墙面板一般包括整体式刚性面板、复合式刚性面板、板块式面板或模块式面板。其中，板块式面板可分为矩形、十字形、六角形等（见图 7-32）；模块式面板之间宜采取植筋等加强整体刚度的措施。对变形要求较高时，应采用整体式面板、复合式面板。

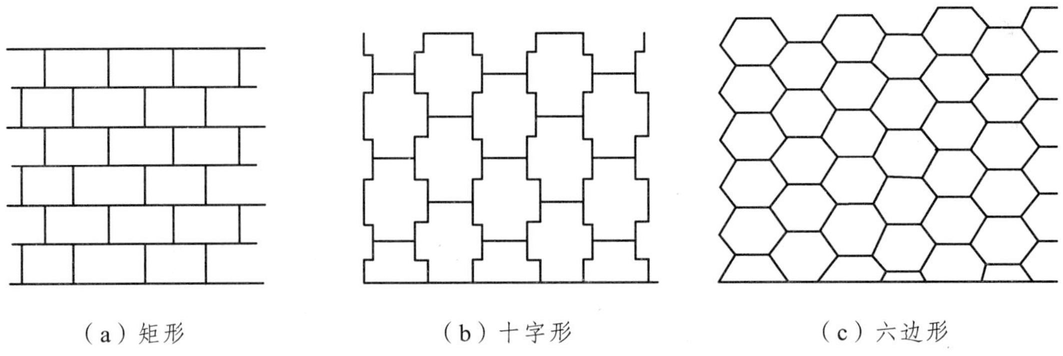

图 7-32　墙面板形状

1）加筋土挡土墙的设计与计算

加筋土挡土墙应进行内部和外部的稳定性检算。内部稳定性检算应包括拉筋抗拉强度、抗拔力检算及墙面板结构设计等；外部稳定性检算应包括抗水平滑动稳定、抗倾覆稳定、地基承载力检算等，软弱地基上应进行路堤与地基的整体滑动稳定性分析。

（1）内部稳定性检算。

拉筋的长度 L 包括锚固区的有效长度 L_b 和非锚固区的无效长度 L_a。如图 7-33 所示，拉筋的锚固区与非锚固区的分界线采用 0.3H 法（H 为挡土墙高度，对于路肩式加筋土挡墙，加筋体上填土厚度计入挡墙高度）。该分界区为倒梯形，如图 7-33（b）所示，墙高上部 $H/2$ 范围内的无效长度 L_a 为 0.3H，下部 $H/2$ 范围内的无效长度 L_a 自墙底处为 0 线性递增到 0.3H。

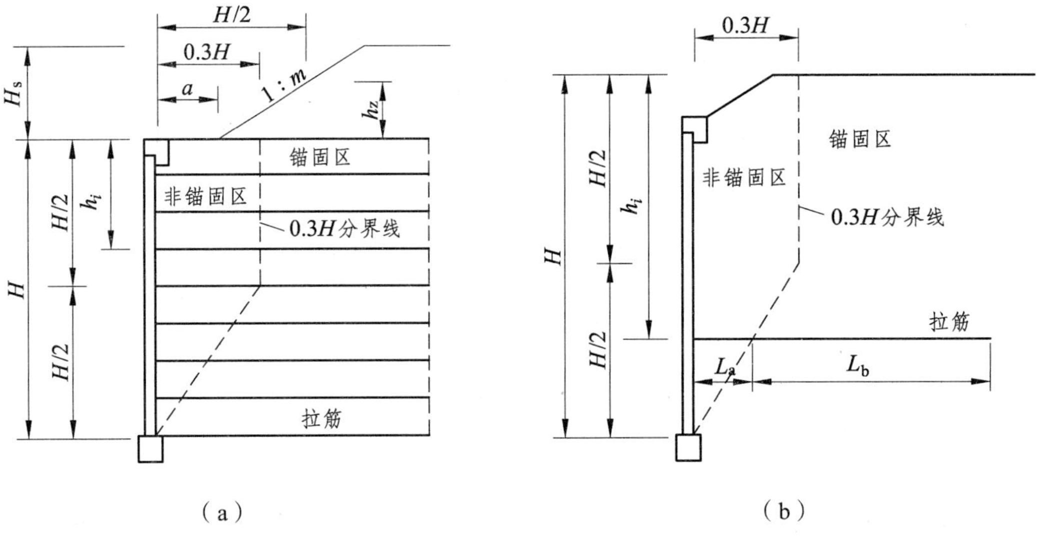

图 7-33　拉筋非锚固区与锚固区分界线

加筋土挡土墙应检算全墙的抗拔稳定性及单板的抗拔稳定性，在检算拉筋抗拔稳定性时，应考虑有荷载和无荷载两种情况。

拉筋抗拔力应根据拉筋上、下两面所产生的抗拔力按式（7-71）计算：

$$S_{fi}=2\sigma_{vi}aL_b f \tag{7-71}$$

$$\sigma_{vi}=\gamma h_i+\frac{q}{\pi}\left(\arctan X_1-\arctan X_2+\frac{X_1}{1+X_1^2}-\frac{X_2}{1+X_2^2}\right) \tag{7-72}$$

其中

$$X_1=\frac{2x+l_0}{2h_i}$$

$$X_2=\frac{2x-l_0}{2h_i}$$

式中：S_{fi}——第 i 加筋层处的拉筋抗拔力（kN）;

a——拉筋宽度（m）;

L_b——拉筋的有效锚固长度（m）;

f——拉筋与填料间的摩擦系数，应根据现场拉拔试验确定，当无试验数据时，可采用 0.3 ~ 0.4;

σ_{vi}——第 i 加筋层处筋材上计算点所对应拉筋上的垂直压应力（kPa）;

x——计算点至荷载中线的距离（m）;

h_i——墙顶（路肩挡土墙包括墙顶以上填土高度）至第 i 加筋层处计算点的高度（m）;

q——作用在路基面上的荷载，运营期应考虑轨道及列车荷载（kN/m^2）;

l_0——路基面以上荷载宽度（m）。

全墙抗拔稳定系数不应小于 2.0，可按式（7-73）计算：

$$K_s=\frac{\sum S_{fi}}{\sum E_{x_i}} \tag{7-73}$$

式中：$\sum S_{fi}$——各层拉筋抗拔力的总和（kN）;

$\sum E_{x_i}$——各层拉筋承受水平土压力的总和（kN）。

单筋抗拔稳定系数 $K_s=S_{fi}/E_{x_i}$ 不宜小于 2.0，条件困难时可适当减小，但不得小于 1.5。

拉筋拉力应按式（7-74）计算：

$$T_i=K\sigma_{h_i}S_xS_y \tag{7-74}$$

式中：T——第 i 层拉筋的计算拉力（kN）;

K——拉筋拉力峰值附加系数，可采用 1.5 ~ 2.0;

S_x——拉筋之间的水平间距（m），采用土工格栅拉筋时只有垂直间距 S_y，此时 $S_x=1$;

S_y——拉筋之间的垂直间距（m）。

填料及路基面上荷载产生的水平土压应力 σ_{hi}，应按式（7-75）~ 式（7-77）计算：

$$\sigma_{hi}=\sigma_{h1i}+\sigma_{h2i} \tag{7-75}$$

$$\sigma_{h1i}=\lambda_i\gamma h_i \tag{7-76}$$

$$\sigma_{h2i}=\frac{q}{\pi}\left[\frac{bh_i}{b^2+h_i^2}-\frac{h_i(b+l_0)}{h_i^2+b+L_0^2}+\arctan\frac{b+l_0}{h_i}-\arctan\frac{b}{h_i}\right] \tag{7-77}$$

式中：σ_{hi}——水平土压应力（kPa）；

σ_{h1i}——墙面板后填料产生的水平土压应力（kPa）；

σ_{h2i}——路基上的荷载产生的水平土压应力（kPa）；

γ——加筋体填料重度（kN/m^3）；

b——荷载内边缘至面板的水平距离（m）；

λ_i——加筋土挡土墙内 h_i 深度处的土压力系数，当 $h_i \leqslant 6$ m 时，$\lambda_i = \lambda_0(1-h_i/6)+\lambda_a(h_i/6)$，当 $h_i>6$ m 时，$\lambda_i = \lambda_a$；

λ_0——静止土压力系数，$\lambda_0 = 1-\sin\varphi_0$；

λ_a——主动土压力系数，$\lambda_a = \tan^2\left(45° - \dfrac{\varphi_0}{2}\right)$。

拉筋抗拉的检算应按式（7-78）进行：

$$T \leqslant [T] \tag{7-78}$$

式中：T——由加筋材料拉伸试验测得的极限抗拉强度（kN）；

$[T]$——拉筋的容许抗拉强度（kN）；当拉筋采用土工合成材料时，$[T]=T/F_k$；

F_k——土工合成材料抗拉强度折减系数，考虑铺设时机械损伤、材料蠕变、化学及生物破坏等因素时，应按实际经验确定，无经验时可采用 2.5 ~ 5.0，当施工条件差、材料蠕变性大时，取大值，临时性工程可取小值。

（2）外部稳定性设计。

外部稳定性检算时可将加筋范围视为实体墙，加筋土挡土墙外部稳定性分析如图 7-34 所示。作用于加筋土挡土墙整体假想墙背上的荷载及土压力计算，应符合 7.3.2 节中的规定。

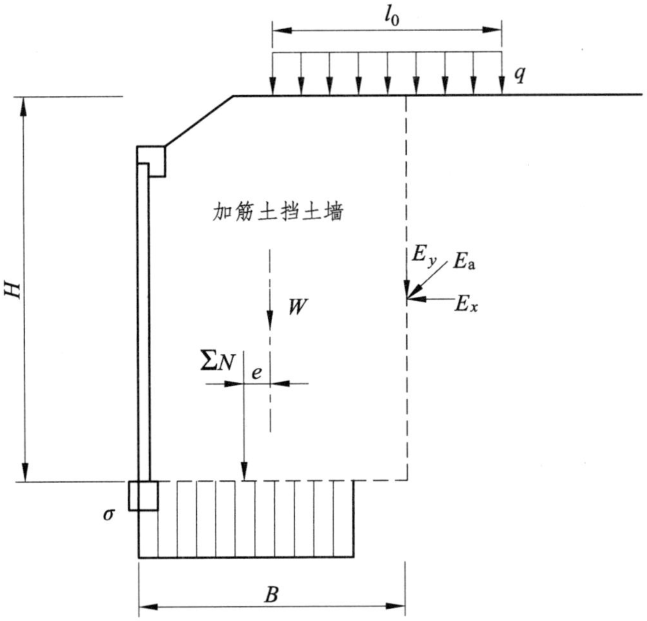

图 7-34　加筋土挡土墙外部稳定分析

外部稳定设计时，抗滑动和抗倾覆稳定性检算应符合 7.2.3 节的规定，基底压应力可按式（7-79）计算：

$$\sigma = \frac{\sum N}{B-2e} \leqslant r'[\sigma] \tag{7-79}$$

式中：$\sum N$——作用于基底上的总垂直力（kN）；

B——加筋体基底宽度（m）；

e——底合力的偏心距（m）；

$[\sigma]$——地基承载力容许值（kPa）；

r'——地基承载力容许值计算修正系数，可采用 1.0 ~ 1.5。

2）加筋土挡土墙的构造要求

（1）填料。

填料应符合《铁路路基设计规范》（TB 10001—2016）的规定，填料与筋材直接接触部分不应含有尖锐棱角的块体，填料中最大粒径不应大于 100 mm，且不宜大于单层填料压实厚度的 1/3。

（2）筋材。

土工格栅等平面型加筋材竖向间距不宜大于 0.6 m，且不应小于 0.2 m。土工格栅的拉筋长度不应小于 0.6 倍墙高，且不应小于 4.0 m。当采用不等长拉筋设计时，同长度拉筋的墙段高度不应小于 3.0 m，且同长度拉筋的截面也应相同，相邻不等长拉筋的长度差不宜小于 1.0 m。

（3）墙面构造。

路肩式挡土墙墙顶筋材宜设在基床表层底面高程处。路堤墙墙顶应设平台，平台宽度不宜小于 1.0 m。

混凝土帽石段长度可取 2 ~ 4 块墙面板宽度，且不大于 4.0 m，厚度不小于 0.5 m。当设置栏杆时，可采用在帽石内预埋 U 形螺栓或预埋焊接钢板等处理措施。

沿墙长每隔 15 ~ 25 m 应设置伸缩缝或沉降缝，其设计与重力式挡土墙的要求相同。

加筋土挡土墙墙面应在靠近地面处设一排泄水孔，整体式面板、复合式面板应在整体墙面上设置泄水孔，孔径不小于 100 mm，整体墙面沿墙面自下而上按 2 ~ 3 m 梅花形设置，其他要求与重力式挡土墙的泄水孔相同。

墙面板下应设置厚度不小于 0.4 m 且埋置深度不小于 0.6 m 的混凝土或浆砌片石条形基础。墙前应设 4%的横向排水坡，在无法设置横向排水的地段应设纵向排水沟，其基础底面应设置于外侧排水沟底以下。

用于加筋土结构的预埋钢筋、连接钢筋等应进行防锈处理。

3. 锚杆挡土墙

锚杆挡土墙是利用锚杆技术形成的一种挡土结构物，它的一端与工程结构物连接，另一端锚固在稳定的地层中，以承受土压力对结构物所施加的推力，从而利用锚杆与地层间的锚固力来维持结构物的稳定。

锚杆挡土墙的结构形式可分为肋板式、板壁式、格构式、柱板式等，如图 7-35 所示。

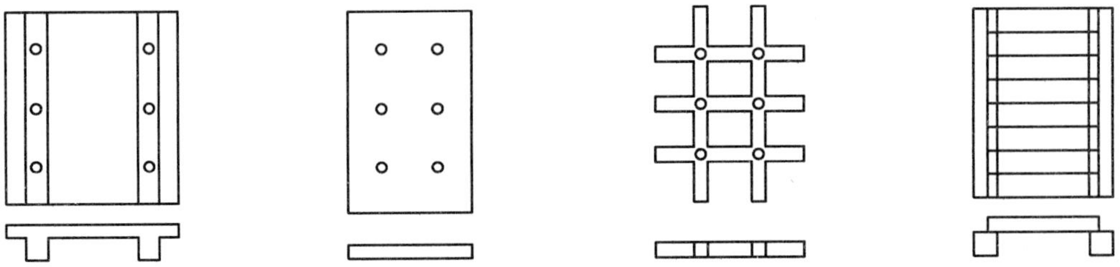

（a）肋板式　（b）板壁式　（c）格构式　（d）柱板式

（e）横断面图（直立）　（f）横断面图（仰斜）

图 7-35　锚杆挡土墙

肋板式锚杆挡土墙（见图 7-36）是应用较广泛的结构形式，由挡土面板、竖肋和锚杆组成。竖肋是挡土板的支座，锚杆是竖肋的支座，墙后的侧向土压力作用于挡土板上，并通过挡土板传给竖肋，再由竖肋传给锚杆，由锚杆与周围地层之间的锚固力即锚杆的抗拔力使之平衡，以维持墙身及墙后土体的稳定。

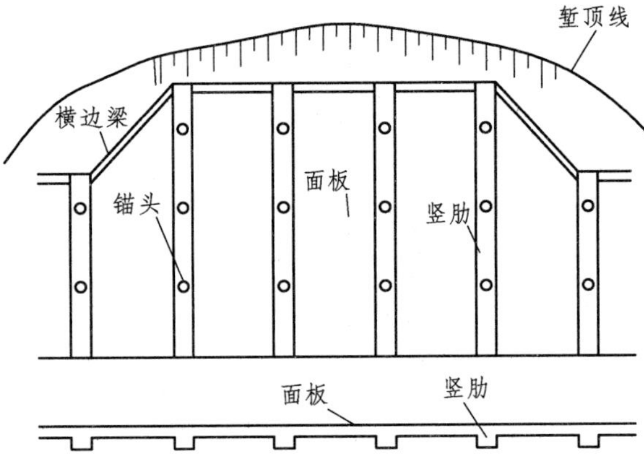

（a）正面图及平面图

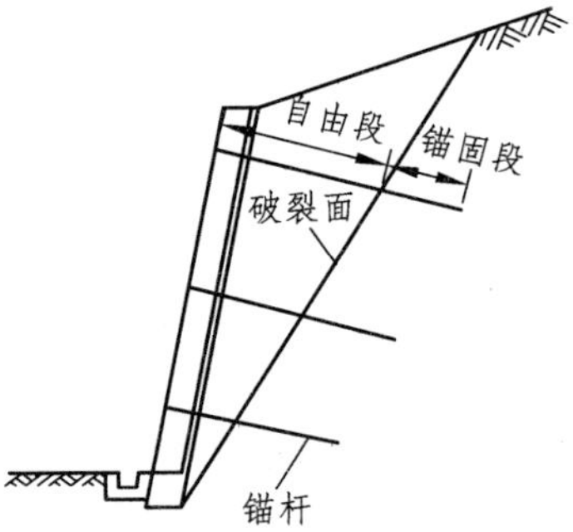

（b）横断面图

图 7-36　肋板式锚杆挡土墙

板壁式锚杆挡土墙是由墙面板和锚杆组成，如图 7-37 所示。墙面板直接与锚杆连接，并以锚杆为支撑，土压力通过墙面板传给锚杆，依靠锚杆与周围地层之间的锚固力（即抗拔力）抵抗土压力，以维持挡土墙的平衡与稳定。

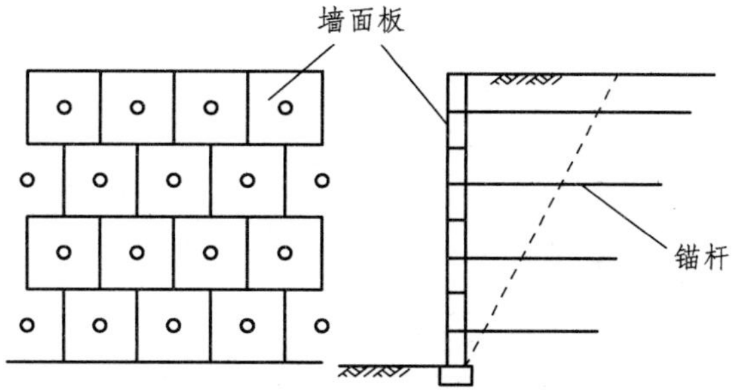

图 7-37　板壁式锚杆挡土墙

格构式锚杆挡土墙（见图 7-38）中，墙面垂直型挡土墙适用于稳定性、整体性较好的岩石边坡，在坡面上现浇网格状的钢筋混凝土格架梁，竖肋和横肋的结点上加设锚杆，岩面可加钢筋网并喷射混凝土作支挡或封面处理；墙面仰斜型挡土墙可用于各类岩石边坡和稳定性较好的土质边坡，格架内墙面根据稳定性可作封面、支挡或绿化处理。

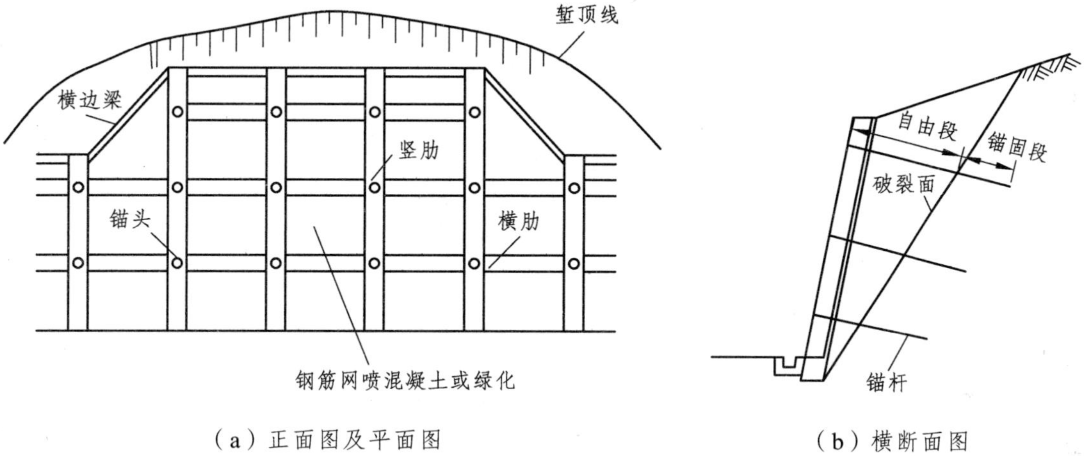

图 7-38　格构式锚杆挡土墙

柱板式锚杆挡土墙是由挡土板、钢筋混凝土肋柱和锚杆组成，如图 7-39 所示。肋柱是挡土板的支座，锚杆是肋柱的支座，墙后的侧向土压力作用于挡土板上，并通过挡土板传递给肋柱，再由肋柱传递给锚杆，由锚杆与周围地层之间的锚固力即锚杆抗拔力使之平衡，以维持墙身及墙后土体的稳定。

1）锚杆挡土墙的设计与计算

（1）土压力计算。

墙背主动土压力可按库仑理论计算，锚杆挡土墙为多级时，可按延长墙背法计算墙背土压力。对不需进行边坡变形控制的锚杆挡土墙，其侧向岩土压力应按式（7-80）计算：

$$E'_{\mathrm{h}} = r_{\mathrm{x}} E_{\mathrm{h}} \tag{7-80}$$

式中：E'_{h} ——岩土压力的水平分力修正值（kN/m）；

E_{h} ——主动岩土压力的水平分力（kN/m）；

r_{x} ——岩土压力修正系数，应根据岩土类别和锚杆类型按表 7-6 确定。

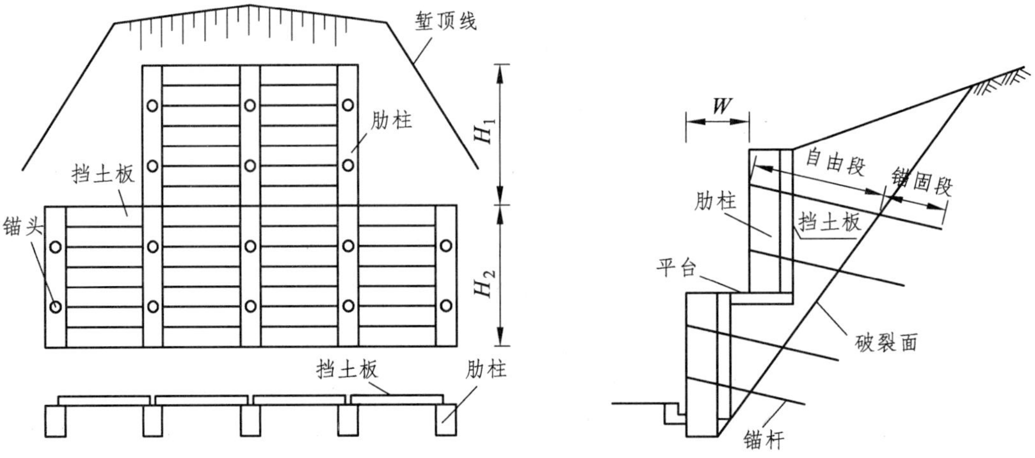

（a）正面图及平面图　　（b）横断面图

图 7-39　两级柱板式锚杆挡土墙

表 7-6　锚杆挡土墙侧向岩土压力修正系数 r_x

锚杆类型	非预应力锚杆		预应力锚杆	
岩土类别	自由段为土层	自由段为岩层	自由段为土层	自由段为岩层
r_x	1.1 ~ 1.2	1.0	1.2 ~ 1.3	1.1

注：当锚杆变形计算值较小时取大值，较大时取小值。

对岩质边坡以及坚硬、硬塑状黏性土和密实、中密砂土类边坡，当采用逆作法施工时，岩土压应力分布可按图 7-40 确定，其中 σ_h 可按式（7-81）和式（7-82）计算。

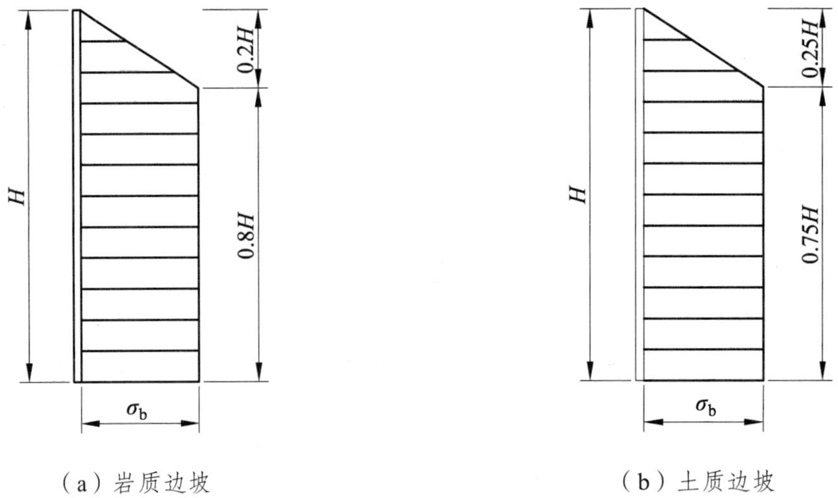

（a）岩质边坡　　（b）土质边坡

图 7-40　锚杆挡土墙侧向岩土压应力分布

对岩质边坡：$\sigma_{\mathrm{h}}=\dfrac{E_{\mathrm{h}}'}{0.9H}$ （7-81）

对土质边坡：$\sigma_{\mathrm{h}}=\dfrac{E_{\mathrm{h}}'}{0.875H}$ （7-82）

式中：σ_{h}——岩土压力水平应力（$\mathrm{kN/m^2}$）；

H——锚杆墙高度（m）。

（2）锚杆设计。

锚杆内力应按式（7-83）计算：

$$N_{\mathrm{t}}=\frac{R_n}{\cos(\beta-\alpha)} \tag{7-83}$$

式中：N_{t}——锚杆轴向拉力（N）；

R_n——第 n 个锚杆支点反力（N）；

β——锚杆与水平面的夹角（°）；

α——竖肋或立柱的竖向倾角（°）。

锚杆钢筋采用预应力钢筋时，截面面积应按式（7-84）计算：

$$A_{\mathrm{p}}\geqslant\frac{K_1N_{\mathrm{t}}}{f_{\mathrm{py}}} \tag{7-84}$$

式中：A_{p}——预应力钢筋截面面积（$\mathrm{mm^2}$）；

K_1——锚杆杆体抗拉作用安全系数，可采用2.0～2.2；

f_{py}——预应力钢筋抗拉强度设计值（$\mathrm{N/mm^2}$）。

锚杆钢筋采用普通钢筋时，截面面积应按式（7-85）计算：

$$A_{\mathrm{s}}\geqslant\frac{K_1N_{\mathrm{t}}}{f_{\mathrm{y}}} \tag{7-85}$$

式中：f_{y}——普通钢筋抗拉强度设计值（$\mathrm{N/mm^2}$）。

锚杆由非锚固段（即自由段）和锚固段组成。非锚固段不提供抗拔力，其长度 L_{f} 应根据肋柱与主动破裂面或滑动面的实际距离确定，如图7-41所示。锚固段提供锚固力，其长度 L_{a} 应根据锚杆的拉力按式（7-86）计算，并应按式（7-87）检算锚杆与砂浆之间的容许黏结力。预应力锚杆的锚固段长度岩层中宜为3～8 m，土层中宜为4～10 m，自由段长度不应小于5 m，且穿过潜在滑裂面的长度不应小于1.5 m。

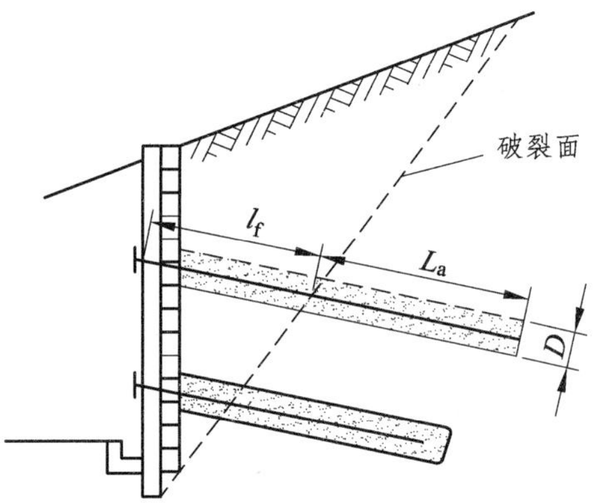

图 7-41　锚杆长度

$$L_a \geqslant \frac{K_2 N_t}{\pi D f_{rb}} \tag{7-86}$$

$$L_a \geqslant \frac{K_2 N_t}{n\pi d f_h} \tag{7-87}$$

式中：L_a——锚固段长度（mm）；

K_2——锚杆锚固体抗拔作用安全系数，可采用 1.6～2.0；

D——锚杆锚固段钻孔直径（mm）；

N——钢筋根数；

d——单根钢筋直径（mm）；

f_h——锚固体与钢筋间的黏结强度设计值；

f_{rb}——锚孔壁与锚固体间黏结强度设计值。

（3）设计方法。

钢筋混凝土构件的承载能力极限状态设计包括抗弯和抗剪，应符合式（7-4）和式（7-69）的规定，立柱、板和格构的作用效应分项系数应采用 1.35；正常使用极限状态设计包括裂缝宽度检算和挠度检算，应符合式（7-5）和式（7-70）的规定。钢筋混凝土结构构件设计还应符合《混凝土结构设计规范》（GB 50010—2010）的规定。

肋板式和板壁式锚杆挡土墙，挡土板计算荷载应为所在位置对应的土压应力与板宽之积，分布形式为沿板长度方向均匀分布。每级挡土板的计算荷载可按对应分级的最底层挡土板计算。对于肋板式锚杆挡土墙，挡土板内力可按以肋柱为支点的连续梁计算。对于板壁式锚杆挡土墙，挡土板内力可按以锚杆为支点的连续梁计算。作用于肋柱上的荷载应按两肋柱中心轴线至中心轴线范围内所承担的土压力计算。对于竖肋的支点反力、弯矩和剪力，当锚杆为两排时按简支梁计算，超过两排时按连续梁计算。

当锚固点变形较小时，格构式锚杆挡土墙可简化为支撑在锚固点上的井字梁进行内力计算；当锚固点变形较大时，应考虑变形协调作用影响，必要时可采用数值分析方法。

柱板式锚杆挡土墙挡土板内力可根据支承条件按简支梁或连续梁计算。作用于立柱的荷载应按两立柱中心轴线至中心轴线范围内所承担的土压力计算。对于立柱的支点反力、弯矩和剪力，当锚杆为两层时按简支梁计算，超过两层时应按连续梁计算。

2）锚杆挡土墙的构造要求

（1）墙面。

竖肋或立柱截面宽度或腹板宽度不应小于 300 mm，截面高度不宜小于 400 mm，装配式竖肋或立柱内外两侧应配置通长钢筋。挡土板厚度不宜小于 150 mm，现浇时不宜小于 200 mm。挡土板在竖肋或立柱上的搭接长度不应小于 100 mm。

（2）锚杆。

第一排锚杆锚固段上覆土层的厚度不宜小于 4 m，上覆岩层的厚度不宜小于 2 m。

锚杆直径宜为 18 ~ 32 mm。非预应力锚杆钢筋每孔不宜多于 3 根。锚杆未锚入地层部分应进行防锈防腐处理。腐蚀环境下的钢筋表面可采用环氧涂层等方式进行处理。

锚孔直径应根据锚杆直径、根数、灌浆管尺寸及钢筋支架位置确定，可采用 90 ~ 150 mm。单根锚杆锚孔内钢筋面积不应超过锚孔面积的 20%。锚杆的水泥砂浆保护层厚度不应小于 25 mm。

4. 锚定板挡土墙

锚定板挡土墙是我国铁路部门首创的一种适用于一般地区填方的轻型支挡结构，它发展于 20 世纪 70 年代初期，于 1974 年首次在太焦铁路上使用，目前已在铁路上广泛使用。锚定板挡土墙主要适用于一般地区墙高不大于 10 m 的路肩墙、路堤墙、桥台端墙以及货物站台墙，但在滑坡、坍塌地段以及膨胀土地区不能使用。

锚定板挡土墙由墙面系、拉杆、锚定板以及充填墙面与锚定板之间的填土所共同组成的一个整体。其拉杆及其端部的锚定板均埋设在回填土中，其抗拔力来源于锚定板前填土的被动抗力，依靠锚定板在填土中的抗拔力抵抗侧向土压力，以维持挡土墙的平衡与稳定。锚定板挡土墙的主要特点是构件断面小、结构质量轻、柔性大、工程量小、圬工数量少，构件可预制，有利于实现结构轻型化和机械化施工。

锚定板挡土墙按墙面结构形式可分为肋柱式和无肋柱式两种，如图 7-42 所示。

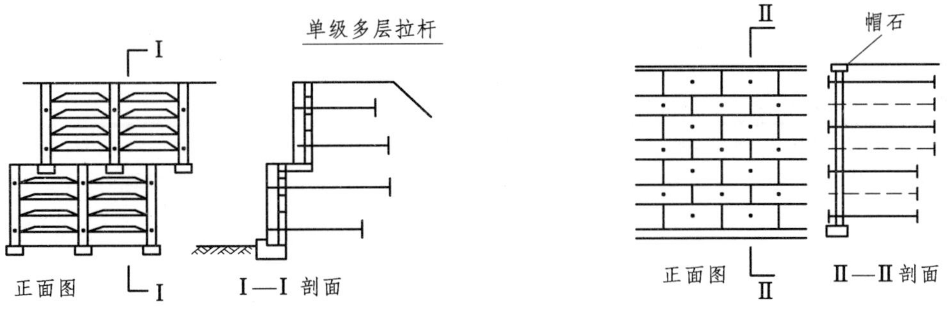

（a）肋柱式锚定板挡土墙　　（b）无肋柱式锚定板挡土墙

图 7-42　锚定板挡土墙结构形式

肋柱式挡土墙的墙面由肋柱与挡土板拼装而成，根据运输与吊装能力，肋柱可采用整柱，也可以分段拼接，上、下肋柱之间用榫连接。按肋柱上的拉杆层数还可分为单层拉杆、双层拉杆和多层拉杆锚定板挡土墙。肋柱式锚定板挡土墙，其墙面板可采用钢筋混凝土槽形板、矩形板、空心板，也可采用拱形板，但选用的形式不宜过多。

无肋柱式挡土墙的墙面板（壁面板）可采用钢筋混凝土矩形、十字形板、六边形板拼装而成，墙面板直接用拉杆与锚定板连接。

1）锚定板挡土墙的设计与计算

（1）土压力计算。

锚定板挡土墙墙面板所受的土压力是由墙后填料及外荷载引起的。由于挡土板、拉杆、锚定板及填料的相互作用，影响土压力的因素很多。通过大量的现场实测及模型试验表明，土压力大于库仑主动土压力公式的计算值。故填料引起的土压力，采用按库仑主动土压力公式计算，然后乘以增大系数 r_{xx} 的办法。为了简化计算，填料产生的土压应力采用由三角形和矩形组合的图形（见图 7-43）。

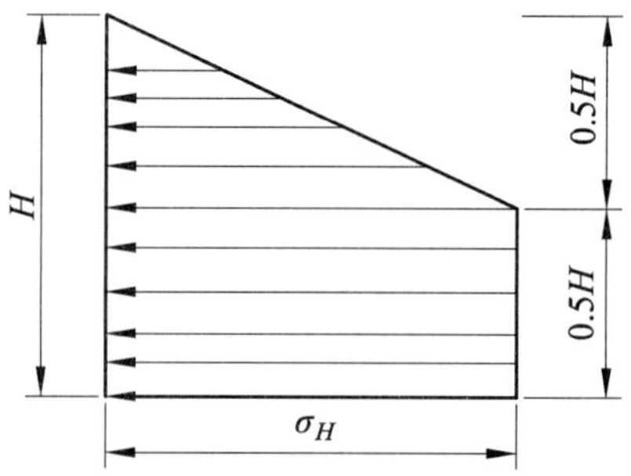

图 7-43　填料产生的上压应力分布

$$\sigma_H = \frac{1.33E_x}{H} \cdot r_{xx} \tag{7-88}$$

式中：σ_H——水平主动土压应力（kPa）；

E_x——主动土压力的水平分力（kN）；

H——墙高，当为分级墙时，为上、下级墙高之和（m）；

r_{xx}——土压力修正系数，可采用 1.2 ~ 1.4。

列车荷载产生的土压力，仍按重力式挡土墙有关规定计算，不再乘以增大系数。其他外荷载所产生的土压力，限于目前积累资料不多，也按重力式挡土墙有关规定计算。将各种荷载所产生的土压力叠加起来就是墙面板所承受的总土压力。

（2）锚定板设计。

锚定板面积要根据拉杆设计拉力及锚定板容许抗拔力按式（7-89）确定：

$$F_A = \frac{R}{[P]} \tag{7-89}$$

式中：F_A——锚定板面积（m^2）；

R——拉杆设计拉力（kN）；

$[P]$——锚定板单位面积容许抗拔力（kPa）。

要确定锚定板尺寸，首先要确定锚定板的单位面积容许抗拔力$[P]$。要解决这一问题，较好的办法是在现场作锚定板抗拔试验，根据实测的拉力与位移关系曲线，确定锚定板的单位面积极限抗拔力。单位面积极限抗拔力除以一定的安全系数，便是所采用的单位面积容许抗拔力$[P]$。当无条件进行现场拉拔试验时，可根据工点的具体条件，参照经验数据确定。锚定板内力可按中心支承单向受弯双向布筋进行设计。此外，尚应检算锚定板与钢垫板连接处混凝土局部承压与冲切强度。

（3）整体稳定性检算。

锚定板挡土墙的整体稳定性检算可采用折线裂面方法或整体土墙方法，稳定系数不应小于 1.8。

① 折线裂面法。

折线裂面法由 Kranz 于 1953 年提出，也称为 Kranz 法。图 7-44 所示为一种最简单的单层锚定板结构，当拉杆力作用于锚定板时，在经过可能产生的所有滑面中，折线滑面 *BCD*（由 *BC* 和 *CD* 两段直线所组成）是最危险滑面。其中 *B* 点是墙面下端，*C* 点是锚定板底部，而 *CD* 段是锚定板后方主动土压裂面。Kranz 法取隔离土体 *ABCV* 为对象，并分析其各个边界上所受外力和平衡关系。

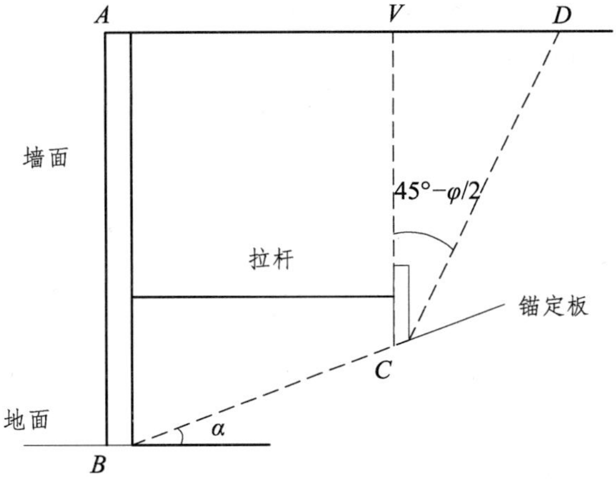

图 7-44　折线裂面法示意

如果采用多层拉杆，则应以此类推，分别检算各层拉杆的稳定性，还应分别检算双层、三层以至多层拉杆组合情况下的稳定性。

② 整体土墙法。

当锚定板的布设达到足够的密度时，墙面与各锚定板以及其中的填料形成一个整体土墙，由这个整体柔性结构来支承侧压力，保证路基的稳定，这就形成了群锚作用。群锚形成后，土体破裂面的位置后移，它的起始点由墙面底部移至最下层锚定板的下缘 *C*（见图 7-45），其形状近似于平面，其破裂角 θ 接近于用库仑公式计算的破裂角。破裂棱体的另一侧，不是沿墙面破裂，而是沿各锚定板中心连线 *CD* 破裂，也就是锚定板中心的连线形成假想墙背，墙面和锚定板及其中间的填料形成整体墙 *ABCD*。这时，可利用库仑公式计算该假想墙背的主动土压力，检算土墙的抗滑和抗倾覆稳定性的方法和检算重力式挡土墙的方法一样。

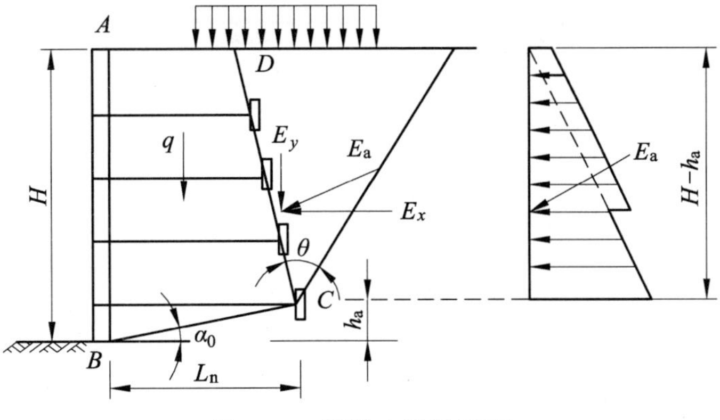

图 7-45　整体土墙法示意

（4）设计方法。

肋柱按受弯构件计算，承受由墙面板传来的土压力，肋柱与拉杆及肋柱与基础连接处为反力支点。肋柱的弯矩、剪力及拉杆拉力的计算，应根据拉杆层数、柱、底与基础的连接形式确定。肋柱的设计还需考虑肋柱支点的变形以及在搬运、吊装和施工过程中由于拉杆受力不均匀等非正常荷载情况，在肋柱的内、外侧配置受力钢筋。

肋柱式锚定板挡土墙的墙面板可按两端简支的受弯构件计算，其计算跨度为净跨加板与肋柱的搭接长度，搭接长度不得小于 10 cm。墙面板的计算荷载为与墙面板位置相应的压力图中的最大值，并按均布荷载计算，

无肋柱式锚定板挡土墙的墙面板，可采用钢筋混凝土矩形板、十字形板、六边形板。当一块墙面板上连接一根拉杆时，其内力与配筋，可按单支点双悬臂计算。

拉杆长度应满足墙的整体稳定性要求，且最下一排拉杆的长度应置于主动土压力破裂面以外不小于 3.5 倍锚定板高度。路肩墙最上一排拉杆长度，应大于另一侧轨枕端头。拉杆直径应根据拉杆设计拉力及所选用钢材的容许应力计算，且不宜小于 22 mm。螺丝端杆（包括螺纹、螺母、垫板及焊接）均应按拉杆等强度设计。

2）锚定板挡土墙的构造要求

锚定板挡土墙可根据地形采用单级或双级，单级锚定板挡土墙的高度通常不宜大于 6 m，双级墙的总高度不宜大于 10 m。分级设计时，上、下两级墙之间应设置平台，平台宽度一般不宜小于 2.0 m。为了减少因上级墙肋柱下沉对下级墙拉杆的影响，上级墙肋柱与下级墙肋柱沿路线方向的位置应该相互错开。肋柱式锚定板挡土墙的肋柱间距宜为 2 ~ 2.5 m。

锚定板挡土墙墙后填料应采用砂类土（粉砂除外）、砾石类土、碎石类土，也可采用符合规定的细粒土，但路基顶面应采取防、排水措施，设置柔性封闭层；不得采用膨胀土、盐渍土，严禁采用有腐蚀作用的酸性土和有机质土。挡土墙墙背底部至墙顶以下 0.5 m 范围内，填筑不小于 0.3 m 厚的渗水性材料或用无砂混凝土板、土工织物作为反滤层，并应采取排水措施。

面板、肋柱及锚定板等钢筋混凝土构件的强度等级不应小于 C30，拉杆、螺丝端杆宜选用可焊性和延伸性良好的钢材，也可采用 45SiMnV 精轧螺纹钢材作为拉杆，拉杆应作防锈处理。肋柱与锚定板均应预留拉杆孔洞。肋柱不得前倾，应适当向填土一侧倾斜，其仰斜度宜为 20∶1。锚定板可采用钢筋混凝土板，肋柱式锚定板面积不应小于 0.5 m^2，无肋柱式锚定板面积不应小于 0.2 m^2。

基础应采用厚度不小于 50 cm 的 C20 混凝土。无肋柱式锚定板墙可采用混凝土条形基础，肋柱式墙的基础可采用混凝土条形基础、杯座式基础等。

5. 卸荷板挡土墙

卸荷板挡土墙是折线型重力式挡土墙的墙背在适当高度处，安装一定长度的水平钢筋混凝土板，这个板将墙后填料分为上、下两部分，上部分的填料可作为墙身重量，而下部分由于该板的隔开，下墙土压力大大减小，故称该板为卸荷板。由于卸荷板的影响，这种结构的圬工量较重力式节省 30% 左右，因而可节省工程投资。卸荷板挡土墙根据卸荷板长度的不同分为长卸荷板挡土墙和短卸荷板挡土墙两种。

长卸荷板是指卸荷板的末端 D 点超过下墙的破裂面，如图 7-46（a）所示。由于卸荷板较长，荷载较大，下墙的土压力很小，而卸荷板上的压重较大，产生的弯矩也很大，虽然对挡土墙的整体稳定有利，但常常引起较大的负偏心、墙踵应力增大、墙面的计算截面增大。

同时由于 B 处的弯矩较大，所用钢筋及混凝土均较多。

短卸荷板则是指卸荷板的末端 D 点在破裂面内，如图 7-46（b）所示。由于卸荷板的长度较短，适当加大了下墙的土压力，且卸荷板长度不受破裂位置的控制，可在一定范围内任意调整，能在设计时进行优化使偏心矩趋于零，这样不仅增强了墙身的稳定性，而且能使地基应力分布均匀，从而大大减小墙身截面积。

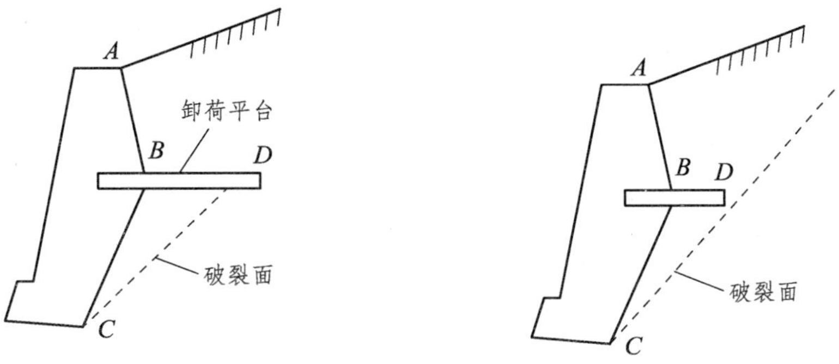

（a）长卸荷板　　（b）短卸荷板

图 7-46　卸荷板挡土墙

1）卸荷板挡土墙的设计与计算

作用在墙背上的主动土压力可按库仑理论计算，其中上墙可按第二破裂面法计算，下墙可按力多边形法计算，土压应力可简化为矩形分布，作用点为下墙墙高的 1/2 处（见图 7-47）。

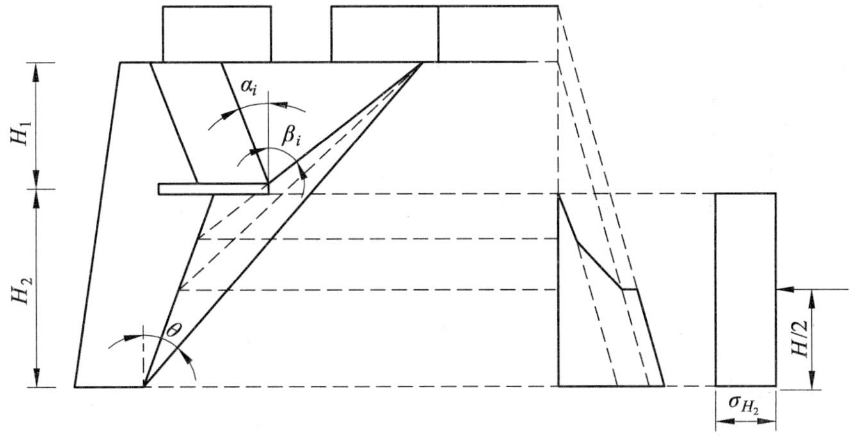

α—上墙第二破裂角（°）；β_i—上墙第一破裂角（°）；

θ—下墙破裂角（°）；H_1—上墙高度（m）；H_2—下墙高度（m）。

图 7-47　下墙土压力强度及作用点位置

计算作用于短卸荷板上的竖向压力时，可先计算第二破裂面上的竖向分力（短卸荷板承受其悬臂长度相应部分的土压应力的竖向投影），再计算二裂面以下的土体重力，两者叠加则为短卸荷板的竖向压力，并在板上均匀分布（见图 7-48）。

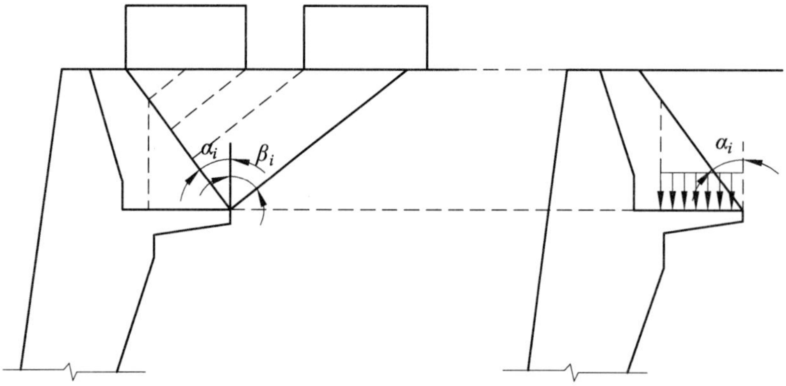

图 7-48 卸荷板上的竖向压力及分布

上墙和下墙之间墙身截面变化处应按图 7-49 中标出位置进行截面检算。上墙墙背水平土压力可按实际墙背上库仑主动土压力乘以 1.4 的修正系数计算，竖向土压力可不乘修正系数。

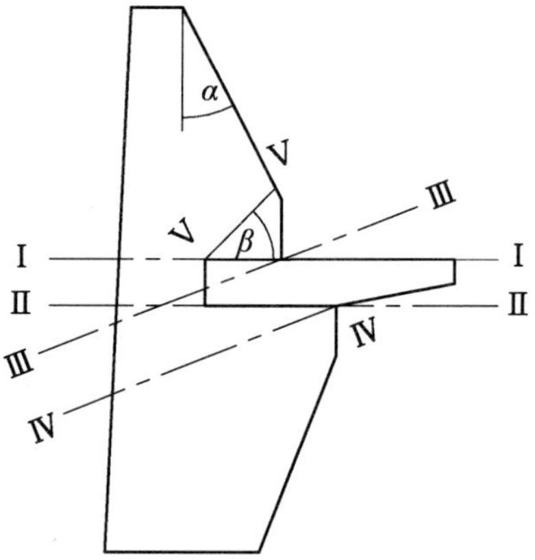

图 7-49 上下墙之间截面强度检算位置

短卸荷板长度和截面尺寸应通过计算确定，使下墙基底应力分布均匀，同时满足强度检算要求。其插入端长度宜控制在上墙底宽的 1/2 ~ 2/3，配筋设计可按悬臂梁结构计算。

2）卸荷板挡土墙的构造要求

卸荷板挡土墙适用于一般地区地基承载力较高的路肩地段，墙高宜为 6 ~ 12 m。卸荷板挡土墙由上墙、下墙和卸荷板组成，上墙与下墙高度比宜为 4∶6。墙身可采用混凝土或钢筋混凝土，卸荷板应采用钢筋混凝土，其受力钢筋直径不应小于 12 mm。

卸荷板与上墙墙体的接触面上，沿纵向每隔 30 ~ 40 cm 插入长度为 35 cm 的短钢筋。卸荷板插入部分应垫 20 cm 厚的混凝土垫板，垫板设构造钢筋。

7.3 其他支挡结构

7.3.1 土钉墙

土钉墙是从隧道新奥法基础上发展起来的一种用于增加挖方边坡稳定性的边坡支挡新技

术，是一种在原位土体（天然边坡或开挖形成的）中安置钢筋等高强度加筋杆件使土体的力学性能得以改善，从而提高原位岩土体的强度，使被加固土体形成的性质与原来大为不同的复合材料，并与喷射混凝土护面板相结合，形成一个类似重力式的挡土墙，以此抵抗墙后传来的土压力和其他作用力，从而使得挖方坡面稳定。

土钉墙由被加固岩土体、放置在土中的土钉体和护面板组成，如图 7-50 所示。

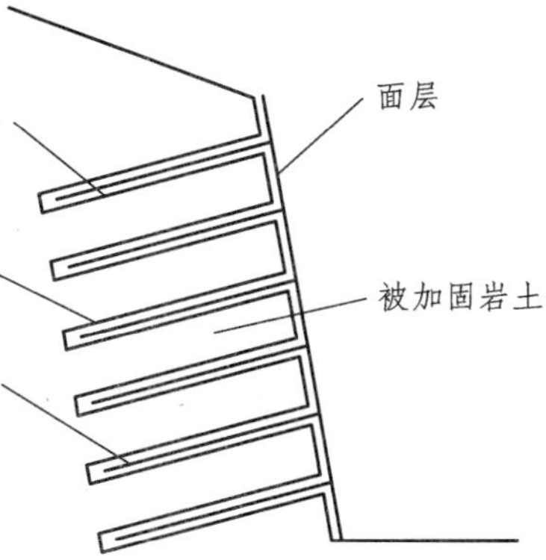

图 7-50　土钉墙结构形式

土钉体在土体发生变形的条件下被动受力，通过其受拉作用对土体进行加固，而土钉体间土体的变形则由护面板予以约束，这样土钉体与土共同作用，增强土体自身稳定性，为主动制约机制的支挡结构。复合土体不仅有效地提高了土体整体刚度，还弥补了土体抗拉、抗剪强度低的弱点。通过相互作用，土体自身结构强度的潜力得到了充分发挥，改变了边坡变形和破坏形态，显著提高了整体稳定性。

土钉墙与加筋土挡土墙相比，两者均是通过土体的微小变形使拉筋受力工作，通过土体与拉筋之间的黏结、摩擦作用提供抗拔力，从而使加筋区的土体稳定，并承受其后的侧向土压力，起类似重力式挡土墙的作用。但土钉墙用于原状土中的挖方工程，而加筋土挡土墙用于填方工程中；土钉多用金属杆件，通过砂浆同土接触起作用，而加筋土挡土墙的筋材多用土工合成材料或钢筋混凝土，筋材直接同土接触起作用；施工时，土钉墙随着边坡的开挖自上而下分级施工，而加筋土挡土墙则是自下而上依次安装墙面板、铺设拉筋、回填压实逐层施工。

土钉墙与锚杆挡土墙相比，土钉可视为小尺寸的被动式锚杆，两者的差异主要表现在以下几个方面：土钉一般要求土体产生少量位移，从而使土钉与土体之间的摩阻力得以充分发展，而锚杆挡土墙应设法防止产生位移；锚杆的密度小，而土钉的密度大，靠土钉的相互作用形成复合整体；锚杆挡土墙将库仑破裂面前的主动区作为荷载，通过锚杆传至破裂面后的稳定区内，而土钉墙是在土钉的作用下把潜在破裂面前的主动区的复合土体视为具有自撑能力的稳定土。可见，如果仅加固挖方边坡，那么土钉墙是合适的；如果墙后土体和深部土体稳定性有问题时，则用锚杆挡土墙比较合适。

1. 土钉墙的设计与计算

土钉墙应进行外部稳定性和内部稳定性检算。外部稳定性检算应包括抗倾覆、抗水平滑动、外部整体稳定性及基底承载力检算。内部稳定性检算应包括土钉墙的抗拉、抗拔和内部整体稳定性检算。

1）土钉墙墙面板的土压力

作用于土钉墙墙面板的土压应力分布如图 7-51 所示，土压应力根据墙背计算点至墙顶的距离按式（7-90）和式（7-91）计算：

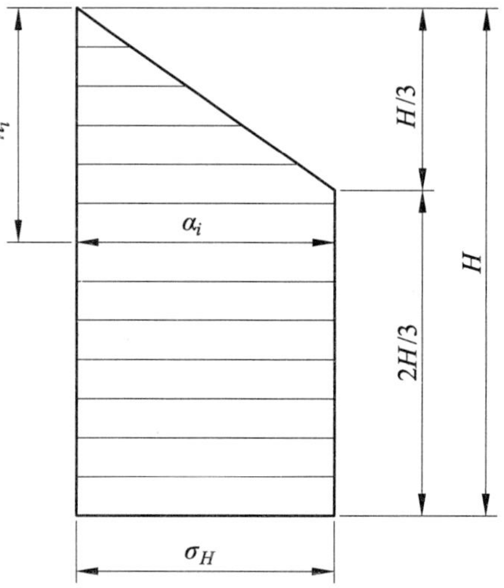

图 7-51　土钉墙墙背土压应力分布

当 $h_i \leqslant H/3$ 时：

$$\sigma_i = 2\lambda_x \gamma h_i \tag{7-90}$$

当 $h_i > H/3$ 时：

$$\sigma_i = \frac{2}{3}\lambda_x \gamma H \tag{7-91}$$

式中：σ_i——水平土压应力（kPa）；

λ_x——水平主动土压力系数，$\lambda_x = \lambda\cos(\delta - a)$，其中 λ 为主动土压力系数，δ 为墙背摩擦角（°），a 为墙背与竖直面间的夹角（°）；

γ——边坡岩土体重度（kN/m^3）；

H——土钉墙高度（m）；

h_i——墙顶距第 i 层土钉的竖直距离（m）。

土钉墙潜在破裂面可采用简化滑面或圆弧滑面。采用简化滑面时，潜在破裂面距墙面的距离可按式（7-92）和式（7-93）计算：

当 $h_i \leqslant H/2$ 时：

$$l = (0.3 \sim 0.35)H \tag{7-92}$$

当 $h_i > H/2$ 时：

$$l = (0.6 \sim 0.7)(H - h_i) \tag{7-93}$$

式中：l——潜在破裂面距墙面的距离（m），当坡体渗水较严重、岩体风化破碎严重或节理发育时，取大值。

土钉长度应包括非锚固长度和有效锚固长度（见图 7-52）。非锚固长度应根据墙面与土钉潜在破裂面的实际距离确定；有效锚固长度应根据土钉内部稳定性检算确定。

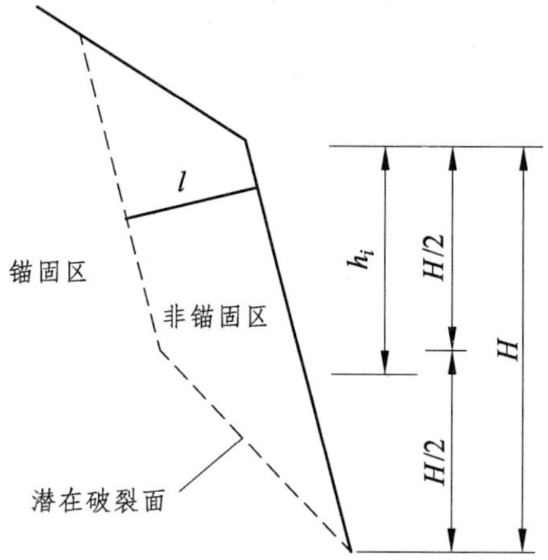

图 7-52　土钉锚固区与非锚固区分界面

2）土钉拉应力

土钉拉力应按式（7-94）计算：

$$E_i = \sigma_i S_x S_y / \cos\beta \tag{7-94}$$

式中：E_i——第 i 层土钉拉力（kN）；

S_x——土钉之间的水平间距（m）；

S_y——土钉之间的垂直间距（m）；

β——土钉与水平面的夹角（°）。

3）土钉的抗拉和抗拔稳定性检算

土钉的抗拉和抗拔稳定性检算应符合下列规定：

（1）土钉的抗拉稳定性应按式（7-95）进行检算：

$$A_s \geqslant \frac{K_1 E_i}{f_y} \tag{7-95}$$

式中：A_s——土钉钢筋截面面积（mm^2）；

K_1——土钉抗拉断作用安全系数，取 1.8；

E_i——第 i 层土钉拉力值（N）；

f_y——钢筋抗拉强度设计值（MPa）。

（2）土钉的抗拔稳定性应符合下列规定：

① 应根据锚固体与孔壁的抗剪强度按式（7-96）进行锚固段长度检算：

$$l_{ei} \geqslant \frac{K_2 E_i}{\pi D f_{zb}} \tag{7-96}$$

式中：l_{ei}——第 i 根土钉有效锚固长度（mm）；

K_2——土钉抗拔作用安全系数，取 1.45；

D——钻孔直径（mm）；

f_{zb}——锚孔壁与注浆体之间黏结强度设计值（MPa），设计值可按标准值的 0.8 倍采用；土钉施工前，应进行现场拉拔试验，验证设计选取参数是否合理。

② 应根据水泥砂浆与锚固钢材黏结强度按式（7-97）进行锚固段长度检算：

$$l_{ei} \geqslant \frac{K_2 E_i}{\pi d f_b} \tag{7-97}$$

式中：d——钉材直径（mm）；

f_b——钉材与砂浆间的黏结强度设计值（MPa）。

（3）土钉墙的内部整体稳定性应符合式（7-98）的规定：

$$\frac{\sum_{i=1}^{m} c_i L_i S_x + \sum_{i=1}^{m} W_i \cos\alpha_i \tan\varphi_i S_x + \sum_{j=1}^{n} P_j (\cos\beta_j + \sin\beta_j \tan\varphi_i)}{\sum_{i=1}^{m} W_i \sin\alpha_i S_x} \geqslant K \tag{7-98}$$

式中：K——安全系数，施工阶段 K=1.3，使用阶段 K=1.5；

m——破裂棱体分条（块）总数；

W_i——破裂棱体第 i 分条（块）的重量（kN/m）；

α_i——裂面切线与水平面夹角（°）；

S_x——土钉水平间距（m）；

c_i——岩土的黏聚力（kPa）；

L_i——分条（块）i 的潜在破裂面长度（m）；

φ_i——岩土的内摩擦角（°）；

n——实设土钉排数；

P_j——第 j 层土钉抗拔能力（kN）；

β_j——土钉轴线与破裂面的夹角（°）。

（4）土钉墙外部稳定性检算时，可将土钉及其加固体视为重力式挡土墙。

抗倾覆、抗滑动及基底承载力检算应符合 7.1.1 节中的规定。对于土质边坡、碎石土软岩边坡，应按式（7-98）进行外部整体稳定性检算，最危险圆弧应通过土钉墙墙底，稳定系数不应小于 1.30。不满足检算要求时，应加长土钉或适当设置锚索。

2. 土钉墙的构造要求

土钉墙面层由两层钢筋网、喷射混凝及模筑混凝土组成，土钉应和土钉墙面层有效连接，土钉外端与钢垫板或加强钢筋应通过螺丝端杆锚具或焊接进行连接。喷射混凝土面层厚度不应小于 50 mm，强度不应低于 C20。模筑混凝土面层厚度不宜小于 250 mm。喷射混凝土面层和模筑混凝土面层内应各配置一层钢筋网，钢筋直径为 6 ~ 10 mm，间距为 150 ~ 300 mm，钢筋网搭接宜采用焊接。

土钉钉材宜采用 HRB400 钢筋，直径宜为 16 ~ 32 mm，钻孔直径宜为 70 ~ 130 mm。土钉钢筋应设定位支架。腐蚀环境下可采用钢筋表面环氧涂层等措施。

钉孔注浆材料应采用水泥砂浆，强度宜为 M30，不应低于 20 MPa。

7.3.2 抗滑桩

抗滑桩适用于具有明显滑动面且滑动面以下为稳定地层的情况。当滑坡推力很大，设置单排抗滑桩不足以抵抗滑坡推力时可设置第二排抗滑桩。若有多层滑动面，可分级设置抗滑桩。抗滑桩除了用于稳定滑坡以外，在软土地区可作为侧向约束桩，其锚固段为最不利滑动面以下的桩体，如图 7-53 所示。

抗滑桩埋入滑面以下的部分称为锚固段，埋置于滑面以上的部分称为受力段。抗滑桩的受力段承受滑坡推力作用，传递到锚固段，在滑床的周围地层产生反力嵌住桩身。若桩的强度能承受这些推力和反力，也就可以阻止桩背滑体的滑动。

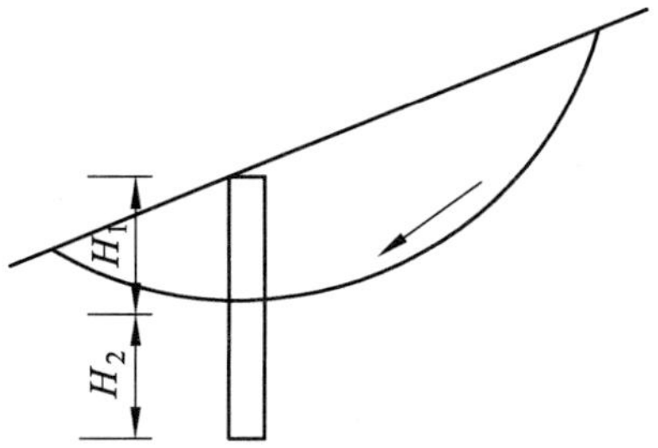

（a）抗滑桩

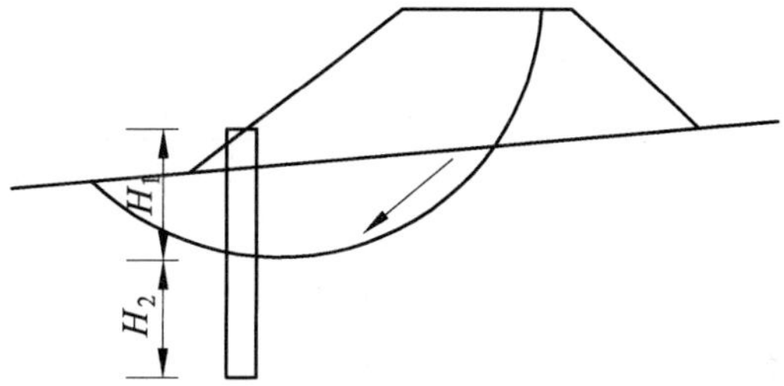

（b）侧向约束桩

图 7-53 抗滑桩

抗滑桩的桩位应设在滑坡体较薄、锚固段地基强度较高的地段。抗滑桩一般是成群布置的，借助土拱效应以稳定滑体，使其不自桩间滑出，但不适用于软塑体滑坡。桩群通常布置成一排，排的走向与滑体的滑动方向垂直成直线形或曲线形。一般采用的桩间距为 6 ~ 10 m。对于较潮湿的滑体和较小截面的桩，也可布置成 2 ~ 3 排，按品字形或梅花形交错布设。

1. 抗滑桩的设计与计算

抗滑桩的锚固段以上的外力应包括桩后滑坡推力、土压力、桩前滑体抗力及水平地震力等。应采用滑坡推力和土压力中的最不利荷载作为计算荷载。地震设计状况下地震水平力的计算应符合 7.1.2 节的规定。锚固段抗力应以地层水平抗力为主，设计时可不计桩身重力、桩侧摩阻力、黏聚力和桩底反力。桩后滑坡推力可采用折线滑面法，按式（6-28）计算。

1）锚固段桩身计算宽度

锚固段桩身计算宽度可按式（7-99）计算：

$$B_{\mathrm{P}} = b + 1 \quad \text{或} \quad B_{\mathrm{P}} = 0.9(d+1) \tag{7-99}$$

式中：B_{P}——桩身横截面计算宽度（m）；

b——矩形桩的实际宽度（m）；

d——圆形桩直径（m）。

2）锚固段桩的换算长度

（1）当锚固段地基系数为常数 K 时，锚固段桩的换算长度为锚固段长度 βH_2。H_2 为锚固段长度，β 为桩的变形系数。桩的变形系数可按式（7-100）计算：

$$\beta=\left(\frac{KB_{\mathrm{P}}}{4EI}\right)^{\frac{1}{4}} \tag{7-100}$$

式中：K——地基系数（kPa/m）；

EI——桩的截面抗弯刚度（kPa·m^4），$EI=0.8E_{\mathrm{C}}I$，E_{C}为混凝土弹性模量（kPa）；

I——桩的截面惯性矩（m^4）。

（2）当锚固段地基系数为三角形分布时，锚固段桩的换算长度为 αH_2，其中，α 为桩的变形系数。桩的变形系数可按式（7-101）计算：

$$\alpha=\left(\frac{mB_{\mathrm{P}}}{EI}\right)^{\frac{1}{5}} \tag{7-101}$$

式中：m——地基系数随深度变化的比例系数（kN/m^4）。

地层为岩层时，桩的最大横向压应力应小于或等于地基的横向容许承载力。当桩为矩形截面时，地基的横向容许承载力$[\sigma]$可按式（7-102）计算：

$$[\sigma]=K_{\mathrm{H}}\eta R_{\mathrm{c}} \tag{7-102}$$

式中：K_{H}——地基承载力在水平方向的换算系数，根据岩石的完整程度、层理或片理产状、层间的胶结物与胶结程度、节理裂隙的密度和充填物，可采用 0.5 ~ 1.0；

η——折减系数，根据岩层的裂隙、风化及软化程度，可采用 0.3 ~ 0.45；

R_{c}——岩石单轴抗压强度（kPa）。

地层为土层或风化成土、砂砾状岩层时，锚固点以下 $H_2/3$ 和 H_2 处的横向压应力值，应小于或等于地基横向容许承载力$[\sigma]$，其计算应符合式（7-103）的规定：

$$[\sigma]=P_{\mathrm{P}}-P_{\mathrm{a}} \tag{7-103}$$

式中：P_{P}——锚固段所受被动土压应力（kPa）；

P_{a}——锚固段所受主动土压应力（kPa）。

3）设计方法

抗滑桩承载能力极限状态设计包括抗弯和抗剪等，设计检算应符合下列规定：

（1）抗弯和抗剪应按 7.1.1 节的规定进行承载能力极限状态设计。

（2）一般地区和浸水地区常水位时作用效应应按式（7-104）计算：

$$S_{\mathrm{d}}=\gamma_{\mathrm{G}}S_{\mathrm{G_k}} \tag{7-104}$$

式中：S_{d}——弯矩或剪力等作用效应设计值；

γ_{G}——永久作用产生的弯矩或剪力等作用效应的分项系数，一般情况下，永久荷载分项系数可采用 1.35；

$S_{\mathrm{G_k}}$——永久作用产生的弯矩或剪力等作用效应标准值。

2. 抗滑桩的构造要求

抗滑桩的截面形状宜为矩形。我国铁路部门所采用的抗滑桩多是钢筋混凝土矩形桩。截面尺寸应根据滑坡推力的大小、桩间距以及锚固段地基的横向容许承载力等因素确定。桩最小边宽度不宜小于 1.25 m。抗滑桩应保证滑坡体不越过桩顶或从桩间滑动，不产生新的深层滑动。

桩纵向主筋钢筋直径不应小于 16 mm。净距不宜小于 120 mm，困难情况下可适当减小，但不得小于 80 mm。采用束筋时，每束不宜多于 3 根。配置单排钢筋有困难时，可设置 2 排或 3 排。受力钢筋混凝土保护层不应小于 70 mm。桩内不宜设置斜筋，可采用调整箍筋的直径、间距和桩身截面尺寸等措施，满足斜截面的抗剪要求。箍筋应采用封闭式，肢数不宜多于 4 肢，其直径不宜小于 14 mm，间距不应大于 400 mm。矩形截面桩的两侧和受压边，应适当配置纵向构造钢筋，其间距不应大于 300 mm，直径不宜小于 12 mm。桩的受压边两侧，应配置架立钢筋，其直径不宜小于 16 mm。当桩身较长时，纵向构造钢筋和架立钢筋的直径应增大。

当采用圆形钢筋混凝土灌注桩时，桩的纵向主筋宜选用 HRB400 级钢筋，单桩的纵向受力钢筋不宜少于 8 根，净间距不应小于 80 mm。箍筋可采用螺旋式箍筋，箍筋直径不应小于纵向受力钢筋最大直径的 1/4，且不应小于 8 mm；箍筋间距宜取 100 ~ 300 mm，且不应大于 400 mm 及桩的直径。

沿桩身配置的加强箍筋应满足钢筋笼起吊安装要求，宜选用 HRB400 或 HPB300 级钢筋，其间距宜取 1 000 ~ 2 000 mm。采用水下灌注混凝土工艺时，受力筋的保护层厚度不应小于 80 mm。

当采用沿截面周边非均匀配置纵向钢筋时，受压区的纵向钢筋根数不应少于 5 根；当施工方法不能保证钢筋的方向时，不应采用沿截面周边非均匀配置纵向钢筋的形式。

7.3.3 预应力锚索

预应力锚索由锚固段、自由段和紧固头三部分组成，紧固头应由垫墩、钢垫板和锚具组成。预应力锚索适用于土质、岩质地层的边坡及地基加固，如图 7-54 所示，其锚固段宜置于稳定岩层内，腐蚀性环境中不宜采用预应力锚索，必须使用时，应采取严格的防腐措施。

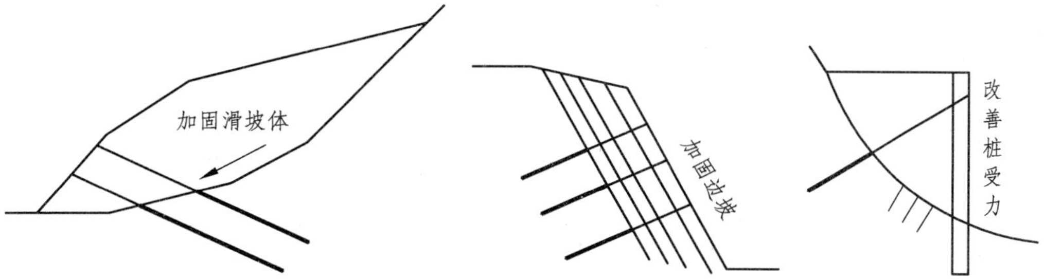

图 7-54 预应力锚索应用示意

从施工工艺考虑，锚索设置方向一般以水平线向下倾。锚索的锚固段长度通常在 4 ~ 10 m，且锚固段必须位于良好的地基之中。预应力锚索应采用高强度、低松弛钢绞线制作，每孔锚索可由单束或多束钢绞线组成。预应力锚索的寿命主要受腐蚀控制，应采用永久性防护涂层材料进行防腐蚀处理。锚索的紧固头应固定在外锚结构上，外锚宜采用钢筋混凝土结构，形式可根据被加固边坡岩土情况确定，常用的有锚固桩、地梁、格子梁、柱、墙、垫墩

（垫块、垫板）等。

1. 预应力锚索的设计与计算

预应力锚索应进行拉拔设计和外锚结构的构件设计。

1）预应力锚索设计

预应力锚索结构上承受的侧向土压力按主动土压力计算时，土压力修正系数可采用1.2～1.4。

预应力锚索用于整治滑坡时其设计荷载及滑坡推力应按7.3.2节的相关规定计算。滑坡或边坡传递于每孔锚索的轴向拉力可按式（7-105）计算：

$$P_t = F / [\lambda \sin(\alpha + \beta) \tan\varphi + \cos(\alpha + \beta)] \tag{7-105}$$

式中：P_t——锚索轴向拉力（N）；

F——单孔锚索范围内下滑力（N），可通过滑坡稳定性分析计算确定；

λ——折减系数，对土质边坡及松散破碎的岩质边坡，应进行折减；

α——锚索与滑动面相交处滑动面倾角（°）；

β——锚索与水平面的夹角（°），以向下倾为宜，一般在10°～30°；

φ——滑动面内摩擦角（°）。

（1）锚索的抗拉稳定性检算应符合式（7-106）的规定：

$$A_p \geqslant \frac{K_1 P_t}{n f_{Py}} \tag{7-106}$$

式中：A_p——每束预应力钢绞线截面面积（mm^2）；

K_1——锚索轴向抗拉安全系数，可采用1.4～1.6，在腐蚀性地层中取大值；

n——单孔锚索中钢绞线束数（束）；

f_{Py}——预应力钢绞线抗拉强度设计值（N/mm^2）。

（2）锚索的抗拔稳定性检算应符合下列规定。

应根据锚索与孔壁的抗剪强度，按式（7-107）进行锚固段长度检算：

$$L_a \geqslant \frac{K_2 P_t}{\pi D f_{rb}} \tag{7-107}$$

式中：L_a——锚固段长度（mm）；

K_2——抗拔设计时，轴向拔出力安全系数，可采用2.0；

D——锚固体直径（mm）；

f_{rb}——水泥砂浆与岩石孔壁间的黏结强度设计值（N/mm^2）。

应根据水泥砂浆与锚索钢材黏结强度，按式（7-108）进行锚固段长度检算：

$$L_a \geqslant \frac{K_2 P_t}{\pi d_a f_b} \quad 或 \quad L_a \geqslant \frac{K_2 P_t}{n\pi d f_b}\ （锚固段为枣核状） \tag{7-108}$$

式中：d_a——张拉钢绞线外表直径（mm）；

f_b——水泥砂浆与钢绞线间的黏结强度设计值（N/mm^2）；

d——张拉钢绞线公称直径（mm）。

2）外锚结构的构件设计

外锚结构可采用平面弹性支点法进行计算；锚索结构可按弹性杆结构进行计算。外锚结构与锚索结构的计算应考虑相互之间的变形协调。

垫墩面积的大小应根据被加固边坡地基容许承载力确定。垫墩配筋设计可按中心有支点单向受弯构件计算内力，应双向布筋，并检算垫墩与钢垫板连接处混凝土局部承压与冲切强度。地梁和格子梁可将锚拉点锚索预应力简化为集中荷载，按弹性地基梁进行计算。地梁和格子梁可简化为单元梁，按简支梁、连续梁进行内力计算。锚索桩可简化为受横向变形约束的弹性地基梁，根据变形协调原理进行桩的内力计算。

钢筋混凝土外锚结构的承载能力极限状态设计应包括抗弯、抗剪和抗冲切，正常使用极限状态设计应包括裂缝宽度检算和挠度检算，并应符合7.1.1节的规定。作用效应设计值和抗力设计值的计算应符合7.2.3节中悬臂式和扶壁式挡土墙中的规定。结构设计还应符合《混凝土结构设计规范》（GB 50010—2010）的规定。

2. 预应力锚索的构造要求

外锚结构的混凝土强度等级应符合《铁路混凝土结构耐久性设计规范》（TB 10005—2010）的相关规定。紧固头应由锚头和锚具组成。预应力锚索使用锚具、夹具和连接器的性能均应符合《预应力筋用锚具、夹具和连接器》（GB/T 14370—2015）的相关规定。锚具应具有补偿张拉和松弛的功能，需要时可采用可以调节拉力的锚头。锚具罩可采用钢材或塑料材料制作加工，应完全罩住预应力筋的尾端，与支撑面的接缝应为水密性接缝。

锚索的钻孔直径应根据设计锚固力、岩土层性质、锚固类型、张拉材料根数，施工机具等因素确定，一般情况下钻孔直径宜为100～150 mm。钻孔内的锚索体的面积不应超过钻孔面积的15%。

锚固段锚索应清污除锈，自由段锚索还应涂防腐剂，并外套聚乙烯塑料套管隔离防护，张拉段锚索也应涂防腐剂。当地层具有腐蚀性或地下水具有侵蚀性时，锚索应采用全长波纹管防护。锚索的防腐还应符合《岩土锚杆与喷射混凝土支护工程技术规范》（GB 50086—2015）的规定。

套管材料和波纹管应具有足够的强度，保证其在加工和安装过程中不损坏，应具有抗水性和化学稳定性，与水泥浆，水泥砂浆或防腐油脂接触应无不良反应。

用于锚索的防腐材料宜采用专用防腐油脂，防腐材料在锚索设计使用年限内还应保持其防腐性能和物理稳定性，在规定的工作温度内或张拉过程中不得脱壳、开裂、变脆或成为流体，应具有防水性和化学稳定性，不得与相邻材料发生不良反应，不得对锚索自由段变形产生限制和不良影响。

习　题

一、填空题

1. 根据挡土墙墙背倾斜方向，挡土墙可分为______、______和______三种。
2. 悬臂式挡土墙的一般由______、______、______组成，呈倒“T”字形。

3. 加筋土挡土墙是由______、______、______、______和帽石等组成的柔性复合结构物。

4. 锚定板挡土墙由______、______、______以及充填墙面与锚定板之间的填土所共同组成的一个整体。

二、选择题

1. 重力式挡土墙设置泄水孔和反滤层，其目的不包括（　　）。

A. 使泄水孔不被堵塞　　B. 墙后土的细颗粒不被带走

C. 防止墙后产生静水压力　　D. 防止墙后产生动水压力

2. 一般地区挡土墙基础最小埋深为（　　），路堑挡土墙基础底还应低于侧沟砌体底面 0.2 m。

A. 1 m　　B. 0.5 m　　C. 1.5 m　　D. 2 m

3. 锚定板挡土墙是（　　）。

A. 通过锚定板前填土的被动抗力来支承拉杆拉力

B. 通过拉杆的摩阻力来支承拉杆拉力

C. 通过锚定板本身强度来支承拉杆拉力

D. 通过肋柱本身强度来支承拉杆拉力

4. 采用综合内摩擦角 φ =33° ~ 35°计算高墙或低墙黏性土主动土压力时，其土压力会有（　　）。

A. 低墙偏小，高墙偏大　　B. 低墙偏大，高墙偏小

C. 高墙、低墙都偏小　　D. 以上都不对

三、简答题

1. 锚定板挡土墙和锚杆、加筋土挡土墙比较有什么特点？

2. 重力式挡土墙当抗滑或抗倾覆稳定性不足时，可分别采取哪些稳定措施？

3. 简述折线滑面法计算抗滑桩后土体推力的计算步骤。

四、计算题

1. 有一路肩挡土墙，墙高 H=5 m，墙后填土 γ=18 kN/m³，φ=30°，墙背与填土之间的摩擦角 $\delta = 2\varphi/3$。墙身及路基断面尺寸如图 7-55 所示，试计算该挡土墙所受主动土压力。

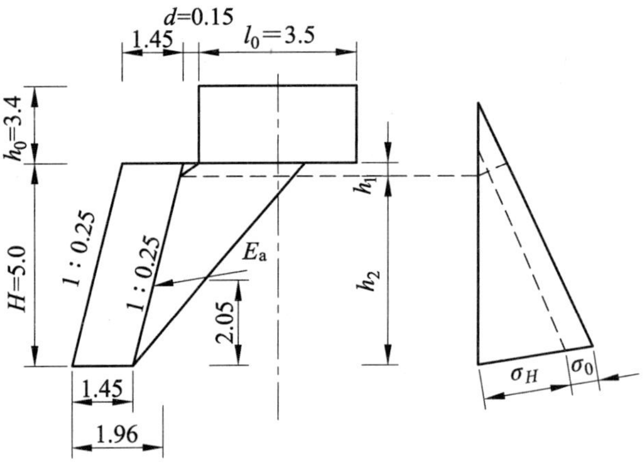

图 7-55　某墙身及路基断面

2. 在土质地基上修筑铁路挡土墙（见图 7-56），经计算土压力 $E_a = 80\ \mathrm{kN/m}$。试求该墙的抗滑稳定性系数 K_c、抗倾覆稳定性系数 K_0、地基应力及偏心距，并判断该墙是否稳定。已知挡土墙圬工容重 γ=23 kN/m³，基底摩擦系数 f=0.5，地基承载力 210 kPa。

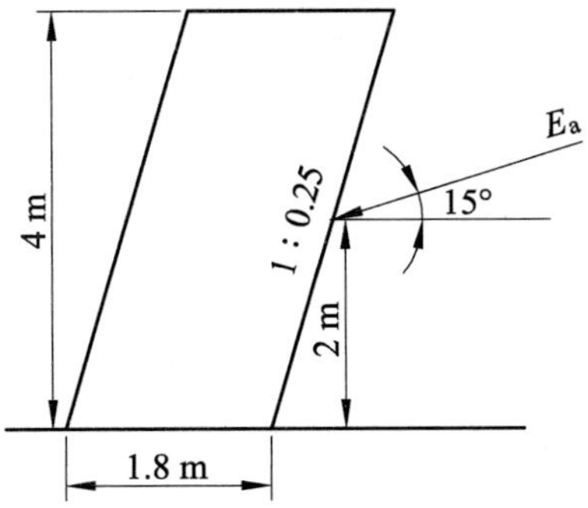

图 7-56　某铁路挡土墙

Chapter 8

第 8 章

特殊土路基

8.1 软土地区路基

8.1.1 软土的分类与性质

1. 软土的分类

软土通常是指在静水或缓慢的流水环境中沉积，具有含水率大（$\omega \geqslant \omega_L$）、孔隙比大（$e \geqslant 1.0$）、压缩性高（$\alpha_{0.1\sim0.2} \geqslant 0.5\ \text{MPa}^{-1}$）、强度低（$P_s < 0.8\ \text{MPa}$）等特点的黏性土。软土是一类土的总称，并非指某一种特定的土，工程上常将软土细分为软黏性土、淤泥质土、淤泥、泥炭质土、泥炭等，软土的分类见表 8-1。

表 8-1 软土的分类

分类指标	分类				
	软黏性土	淤泥质土	淤泥	泥炭质土	泥炭
有机质含量 ω_u/%	$\omega_u<3$	$3<\omega_u\leqslant10$		$10<\omega_u\leqslant60$	$\omega_u>60$
天然孔隙比 e	$e\geqslant1.0$	$1.0<e\leqslant1.5$	$e>1.5$	$e>3$	$e>10$
天然含水率 ω/%	$\omega\geqslant\omega_L$			$\omega\geqslant\omega_L$	
渗透系数 k/（cm/s）	$k<10^{-6}$			$k<10^{-3}$	$k<10^{-2}$
压缩系数 $\alpha_{0.1\sim0.2}$/MPa^{-1}	$\alpha_{0.1\sim0.2}\geqslant0.5$			—	
不排水抗剪强度 c_u/kPa	$c_u<30$			$c_u<10$	
静力触探比贯入阻力 P_s/MPa	$P_s<0.8$			—	
标准贯入试验锤击数 N/击	$N<4$	$N<2$		—	

软土在我国滨海平原、河口三角洲、湖盆地周围及山涧谷地均广泛分布。我国软土的成因类型（见表 8-2）大致可分为滨海沉积、内陆湖盆谷地沉积和河滩沉积三大类。

表 8-2 软土的成因类型

类型		厚度/m	特征
滨海沉积	潟湖相沉积	2～60	颗粒细，孔隙比大，强度低，常夹有薄层泥炭
	溺谷相沉积	—	孔隙比大，结构疏松，含水量高，分布范围窄
	滨海相沉积	60～200	面积广，厚度大，常夹有粉砂薄透镜体，孔隙比大
	三角洲相沉积	—	结构不稳定，粉砂薄层多，有交错层理，不规则尖灭层及透镜体夹层，结构疏松
内陆湖盆谷地沉积	湖相沉积	5～25	粉土颗粒成分高，层理均匀清晰，表层多具有硬壳
	丘陵谷地相沉积	<10	呈片状、带状分布，靠山浅、谷中心深，具有较大的横向坡，颗粒由山前到谷中心逐渐变细
河滩沉积	河漫滩相沉积	<20	成层情况不均匀，以淤泥与软黏土为主，含中细砂交错层
	牛轭湖相沉积		

松软土是指在路基工程中，具有含水率或孔隙比较大、压缩性较高（$\alpha_{0.1\sim0.2} \geqslant$ 0.25 MPa^{-1}）、强度或承载力较低（$\sigma_0 \leqslant 150$ kPa）等特点，达不到软土指标的黏性土、粉土及砂类土等，一般包括软塑状黏性土、松散饱和状粉土、粉砂、细砂等，其分类见表 8-3。

表 8-3　松软土的分类

指标	分类		
	黏性土	粉土	粉砂、细砂
天然孔隙比 e	$e \geqslant 0.70$	$e \geqslant 0.90$	—
天然含水率 ω/%	—	$\omega \geqslant 20$	—
压缩系数 $\alpha_{0.1\sim0.2}$/MPa^{-1}	$\alpha_{0.1\sim0.2} \geqslant 0.25$		—
静力触探比贯入阻力 P_s/MPa	$P_s \leqslant 12$	$P_s < 3.0$	$P_s < 3.0$
基本承载力 σ_0/kPa	$\sigma_0 \leqslant 150$	$\sigma_0 \leqslant 150$	$\sigma_0 \leqslant 150$
标准贯入试验锤击数 N/击	$N \leqslant 20$	—	$N \leqslant 15$
备注	不含软土	不含软粉土	—

2. 软土的力学性质

因为软土是在水下沉积中形成的，所以除了形成后因水位下降而使表土干硬成硬壳外，水位以下的软土常处于饱和状态，此时软土为土颗粒和孔隙水组成的两相介质。因此，当在软土地基上施工时，外荷载在土中产生的附加应力由土颗粒和孔隙水共同承担。由土颗粒承受的附加应力可在土体发生剪切变形中起抗剪作用，称为有效应力 $\bar{\sigma}$；而孔隙水承受的应力（称为超静水压力 u），仅使孔隙水压力升高，并不能使土体的抗剪强度发生变化。根据有效应力原理，外荷载在土中产生的总附加应力 σ 等于有效应力 $\bar{\sigma}$ 与超静水压力 u 之和，故饱和土在外荷载作用下的有效应力 $\bar{\sigma}$ 为

$$\bar{\sigma} = \sigma - u \tag{8-1}$$

软土层上的施工完成一段时间以后，由于荷载的持续作用，土体中的孔隙水被逐渐排出，土的密实度提高，土体中原由孔隙水承受的超静水压力逐渐转移到土颗粒上，使得有效应力增大，这一现象称为固结。固结度 U 由土颗粒承担的有效应力与总应力的比值来表示：

$$U = \frac{\bar{\sigma}}{\sigma} = \frac{\sigma - u}{\sigma} \tag{8-2}$$

此时，地基土的抗剪强度 S_t 可以用式（8-3）表示：

$$S_t = S_u + S_t' \tag{8-3}$$

其中

$$S_u = \sigma_0 \tan\varphi_u + c_u \tag{8-4}$$

$$S_t' = \bar{\sigma}\tan\varphi_{cu} = U\sigma\tan\varphi_{cu} \tag{8-5}$$

式中：S_u——地基土在自重作用下已处于正常固结状态时的抗剪强度（kPa）；

σ_0——地基土的自重应力（kPa）;

φ_u、c_u——土的不固结不排水剪切试验的内摩擦角（°）、黏聚力（kPa）;

S_t'——软土孔隙水消散所增长的抗剪强度（kPa）;

φ_{cu}——土的固结不排水剪切试验的内摩擦角（°）。

上述按土在荷载作用下的固结度来计算强度增量的方法，称为固结有效应力法。在软土路堤稳定性分析中，它能够得出路堤填筑过程中地基的稳定性和路堤荷载在土中的有效应力变化的相关关系。

对于自然沉积的地基而言，大多数软土地基已经在自重下固结，其抗剪强度可由式（8-4）确定。而对于新近填筑的软土路基（包括地基），则会出现欠固结状态，此时式（8-4）的 σ_0 应该写为 $U'\sigma_0$，U' 为欠固结的固结度。式（8-3）表示的软土地基在加荷中的强度增长，如图 8-1 所示。

当软土地基在正常固结状态下且土的强度随深度而有规律地增加时（见图 8-2），其抗剪强度 S_u 也可用式（8-6）表示：

$$S_u = S_0 + \lambda h \tag{8-6}$$

式中：λ——软土强度随深度变化的递增率（kPa/m）;

h——计算点深度（m）;

S_0——地基各点强度连线在地面上的截距（kPa）。

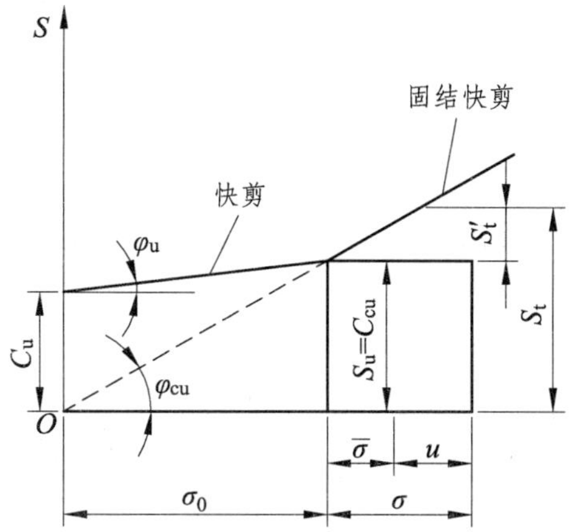

图 8-1　正常固结软土在加荷中的强度变化

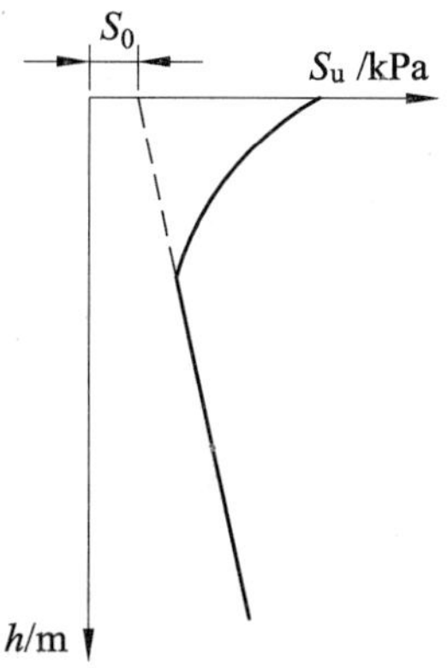

图 8-2　正常固结软土强度随深度增长的规律

由于软土具有天然强度低、压缩性高和排水固结缓慢的特点，所以在其上修筑路堤时必须进行稳定性检算和沉降量计算。

8.1.2　软土路基稳定性分析

软土地区通常地下水水位较高，且土质软弱，铁路若以路堑通过，则堑坡的稳定、基床的处理等工程费用会很大，且施工、运营养护亦困难，故一般以路堤通过。软土地区的路堤过低时，在列车荷载冲击振动的影响下，将导致软土强度降低，而在动荷载直接作用下的反复变形又会影响地基的稳定，软土地基基床处理困难，加固工程巨大，因此规定路堤高度不小于基床厚度。

由于软土地基比较松软，在软土地区修筑路堤时，可能产生各种破坏失稳现象，如施工期发生路堤开裂、坍塌；施工及运营期出现长期不断的路堤下沉或突然的大量下沉、滑移现象，甚至出现路堤整体坍塌，滑弧切入地基软弱土层之中。因此，软土地基路堤的稳定性分析是设计工作中的一项重要内容。

1. 天然软土地基或采用排水固结处理的软土地基稳定性分析

影响软土地基稳定性的因素有很多，它不仅取决于路堤的断面形式、填土高度、加荷速率、地基土性质，而且也与软土成因类型、地层成层情况、地层应力历史等有关。

软土地基稳定性分析的方法较多，由于均质软土地基的滑动多呈弧形滑面，故一般多采用圆弧法（见图 8-3）进行检算。稳定安全系数宜按下列不同情况计算：

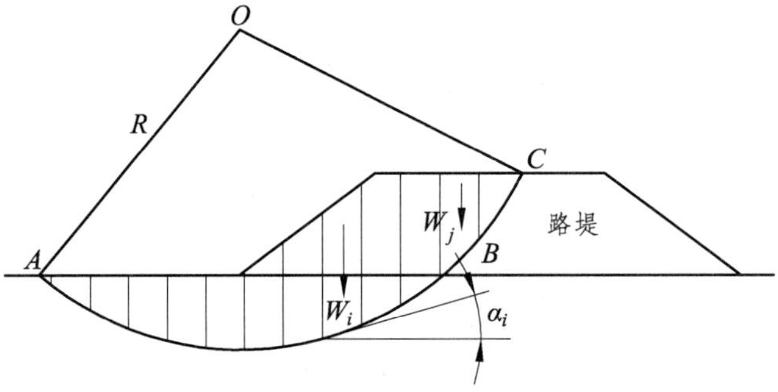

图 8-3　圆弧滑动法

1）不考虑固结时的稳定安全系数 K_s

不考虑固结时的稳定安全系数 K_s 可按照式（8-7）计算：

$$K_s = \frac{\sum S_i + \sum S_j}{P_t} \tag{8-7}$$

$$P_t = \sum W_i \sin\alpha_i + \sum W_j \sin\alpha_j$$

$$S_i = W_i \cos\alpha_i \tan\varphi_{qi} + c_{qi} l_i$$

$$S_j = W_j \cos\alpha_j \tan\varphi_{qj} + c_{qj} l_j$$

式中：i、j——土条编号，下标 i 表示土条底部的滑面在地基土层内，下标 j 表示土条底部的滑面在路堤填料内；

P_t——各土条在滑弧切线方向的下滑力的总和（kN/m）；

S_i——地基土内（AB 弧）的抗剪力（kN/m）；

S_j——路堤内（BC 弧）的抗剪力（kN/m）；

c_{qi}、φ_{qi}——当第 i 个土条的滑面处于地基内（AB 弧）时，为该土条所在土层的天然抗剪黏聚力（kPa）与内摩擦角（°）；

c_{qj}、φ_{qj}——当第 j 个土条的滑面处于路堤内（BC 弧）时，为该土条所在路堤填料的黏聚力（kPa）与内摩擦角（°）；

W_i、W_j——第 i、j 个土条的重力（kN/m），$W_i = W_{di} + W_{ti}$，当第 i 个土条的滑面处于地基内（AB 弧）时，W_{di}、W_{ti} 为滑面以上该土条中的地基自重与路堤自重（kN/m）。

2）考虑固结时的稳定安全系数 K_s

考虑固结时的稳定安全系数 K_s 可按照式（8-8）计算：

$$K_s = \frac{\sum(S_i + \Delta S_i) + \sum S_j}{P_t} \tag{8-8}$$

$$\Delta S_i = W_{ti} U_i \cos\alpha_i \tan\varphi_{gi} \tag{8-9}$$

式中：ΔS_i——由于固结增长的地基抗剪力（kPa）；

U_i——地基土平均固结度；

φ_{gi}——第 i 个土条所在土层的固结快剪或三轴固结不排水剪的内摩擦角（°）。

软土层较薄时，除按圆弧滑动瑞典条分法计算外，还应按不平衡推力传递系数法分析路堤沿复式滑面滑动的稳定性，如图 8-4 所示。

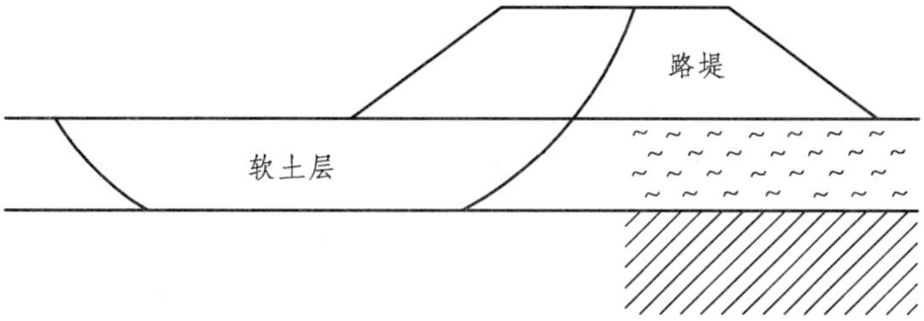

图 8-4 复式滑面检算

路堤位于斜坡地基或软弱夹层带时，除按圆弧滑动瑞典条分法计算外，还应按不平衡推力传递系数法分析路堤沿基底或软弱夹层带滑动的稳定性，如图 8-5 所示。

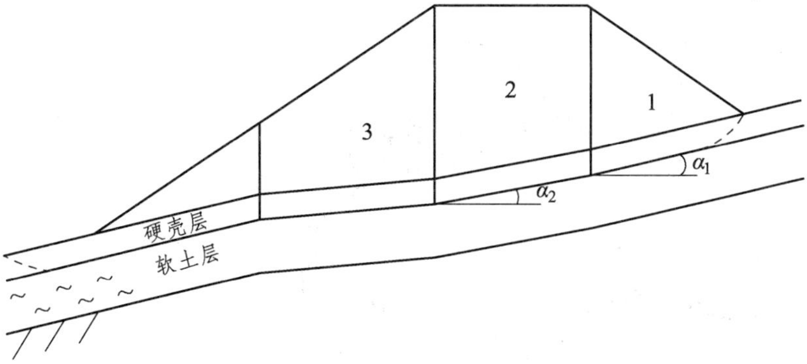

图 8-5 路堤沿斜坡软弱地基滑动的稳定性检算

不平衡推力传递系数法稳定安全系数 K_s 按照下式进行计算，直到第 n 条（最后一条）的剩余推力为零，由此确定稳定安全系数 K_s。

$$E_i = K_s W_i \sin\alpha_i - S_i - S_j - \Delta S_i + E_{i-1}\psi_{i-1} \tag{8-10}$$

$$\psi_{i-1} = \cos(\alpha_{i-1} - \alpha_i) - \tan\varphi_i \sin(\alpha_{i-1} - \alpha_i) \tag{8-11}$$

式中：W_i——第 i 个土条的重力与外加竖向荷载之和；

α_i、α_{i-1}——第 i 个、第（$i-1$）个土条底滑面的倾角（°）；

φ_i——第 i 个土条底的内摩擦角（°）；

E_{i-1}——第（$i-1$）个土条传递给第 i 土条的下滑力（kN）；

ψ_{i-1}——剩余下滑力传递系数。

当对路堤与地基的整体滑动稳定性采用圆弧滑动瑞典条分法分析时，稳定安全系数应满足表 8-4 的要求。路堤沿斜坡基底、软弱夹层带或复式滑面滑动的稳定性采用不平衡推力传递系数法分析时，施工期间稳定安全系数不应小于 1.10，运营期间稳定安全系数不应小于 1.15。

表 8-4　路堤与地基的整体滑动稳定安全系数

铁路等级	设计行车速度 v/（km/h）	天然地基、排水固结地基			复合地基或桩网结构	
		施工期		运营期	施工期	运营期
		填筑、预压期	铺架期		填筑期、预压期、铺架期	
高速铁路	$250 \leqslant v \leqslant 350$	≥1.10	≥1.20	≥1.25	≥1.20	≥1.25
城际铁路	$120 \leqslant v \leqslant 200$					
Ⅰ级铁路	$v=200$	≥1.10	≥1.15	≥1.20	≥1.15	≥1.20
	$120 \leqslant v \leqslant 200$	≥1.05	≥1.10	≥1.15	≥1.10	≥1.15
重载铁路	$v \leqslant 120$					
Ⅱ级铁路	$v \leqslant 120$	≥1.05	≥1.10	≥1.10	≥1.10	≥1.15

注：1. 填筑、预压期考虑填土自重（含预压）及施工临时荷载作用；铺架期，考虑路堤自重、轨道及铺架设备荷载、运梁荷载组合作用；运营期，考虑路堤自重、轨道及列车荷载作用。

2. 地形、地质条件或环境复杂时，稳定安全系数宜适当提高。

在天然软土地基或采用排水固结处理的软土地基上，填土路堤的稳定性随时间变化规律如图 8-6 所示。

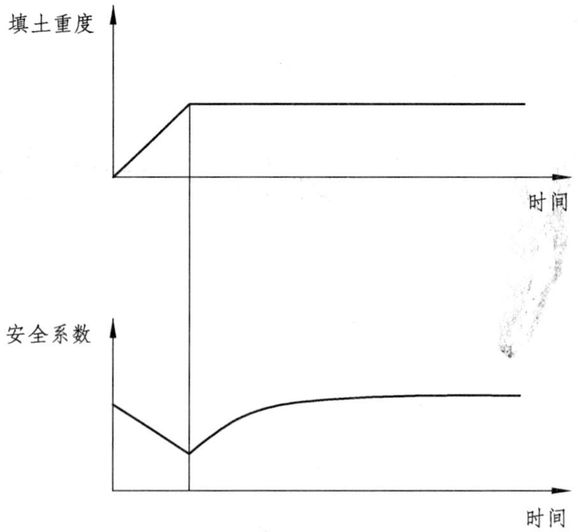

图 8-6　填土稳定性随时间变化曲线

从图 8-6 可以看出，在填筑至设计高度的瞬间，稳定性是最低的。随着软土在填土荷载作用下的排水固结压密，稳定性又逐渐增高。

3）软土路堤的临界高度

软土路堤的临界高度在以地基稳定性为要求时，可分为填筑临界高度 H_c 和设计临界高度。填筑临界高度 H_c 是按地基土仅承受快速施工中形成的路堤荷载得出。在路堤竣工后需立即铺轨并通行工程列车时，软土地基除承受快速施工中形成的路堤荷载外，还应加上列车和轨道荷载，由此计算得出的路堤临界高度即为设计临界高度。由于软土路堤在竣工后常需立即铺轨和行驶工程列车，所以线路纵断面设计中常取设计临界高度。设计临界高度和填筑临界高度的高差是由列车与轨道荷载引起的，其值约为 2 m。因此，为使计算简便，常将填筑临界高度减去 2 ~ 3 m 成为设计临界高度。

填筑临界高度 H_c 最好先通过实地试验或者参照既有经验确定。当无实地试验条件时，一般通过圆弧检算确定。具有特殊条件时，可按下列方法估算。

（1）均质厚层软土地基上路堤的填筑临界高度。

① 理论估算公式。

$$H_c = 5.52\frac{c_u}{\gamma} \tag{8-12}$$

式中：c_u——软土不排水剪切的黏聚力；

γ——填土重度。

② 经验公式。

$$H_c = 0.3c_u \tag{8-13}$$

式中符号意义同前。

（2）均质薄层软土地基上路堤的填筑临界高度（见图 8-7）。

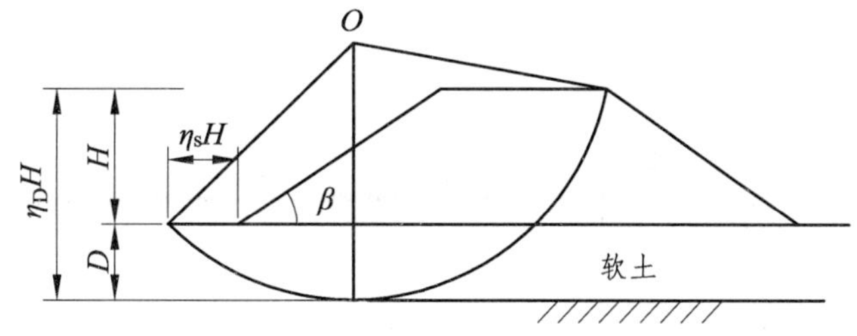

图 8-7 均质薄层软基路堤的极限高度

$$H_c = N_s\frac{c_u}{\gamma} \tag{8-14}$$

式中：N_s——稳定数，与边坡角 β、深度因数 η_D 有关，可由图 8-8 查得，其中，$\eta_D = \dfrac{D+H}{H}$。

计算时首先假定一个路堤高 H，计算深度因数为 η_D，根据 η_D 和边坡角由图 8-9 查得稳定数 N_s，再根据式（8-14）计算填筑临界高度 H_c，如所得的 H_c 与假定的 H 十分接近，即为所求值，否则应重新假设堤高 H 进行计算，直至 H 与 H_c 接近为止。

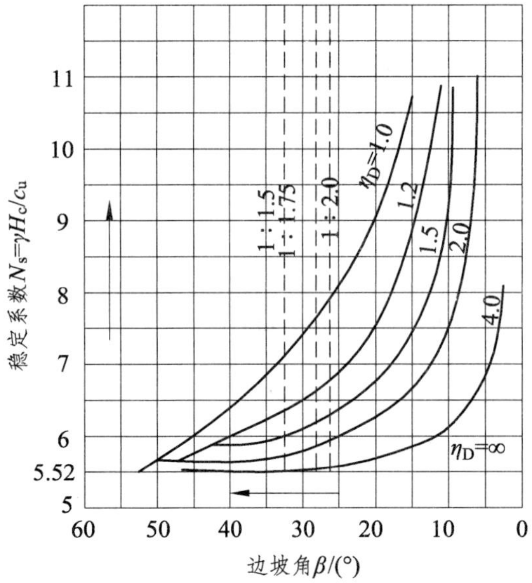

图 8-8　稳定数与边坡角、深度因数关系曲线

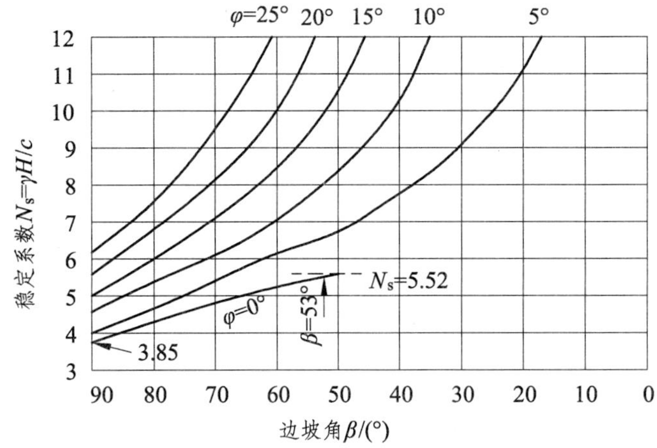

图 8-9　稳定数与边坡角关系曲线

2. 复合地基的稳定性分析

采用散体材料桩或加固土桩对软土地基进行加固处理后，形成的复合地基稳定性破坏机理较为复杂。近年来模型试验、数值分析研究及大量工程实践经验表明，采用加固土桩复合地基处理地段，路堤和地基的整体稳定性并非都是整体圆弧滑动破坏控制，而可能受桩体倾覆、横向水平滑移控制或发生桩间土剪切滑动破坏（绕流）。因此，采用复合地基处理时，路堤与地基的整体滑动稳定性分析应根据地质条件、复合地基类型以及可能的破坏模式采用适宜的方法。

采用圆弧法分析时，应充分考虑软土特性、桩土模量比等影响因素，合理确定桩土荷载分担形式及作用效应。计算滑面作用力时，必要时宜计算桩的水平向承载力，检算桩的横向稳定性。

复合地基土的强度参数 c、φ 应该按照复合地基抗剪强度进行计算，根据滑弧切割地层及范围分别采用加固土（复合）或天然地基土的抗剪强度指标，并综合考虑复合地基置换率、桩土应力比和应力折减系数等因素。当滑动面沿桩底部剪切时，稳定性计算的抗剪强度与天然地基土的指标选取原则相同。

（1）散体桩复合地基的抗剪强度可按照式（8-15）~式（8-17）计算确定：

$$c_{sp}=(1-m)c_s \tag{8-15}$$

$$\tan\varphi_{sp}=\frac{1-m}{n}\mu_p\tan\varphi_s+m\mu_p\tan\varphi_p \tag{8-16}$$

$$\mu_p=\frac{n}{1+(n-1)m} \tag{8-17}$$

式中：c_{sp}、φ_{sp}——复合地基的黏聚力（kPa）和内摩擦角（°）；

c_s、φ_s——桩间土天然抗剪黏聚力（kPa）和内摩擦角（°）；

φ_p——桩体的内摩擦角（°）；

μ_p——应力集中系数；

m——复合地基置换率；

n——桩土应力比，无试验资料时，可按经验值 2~5 选取，桩底土质好，桩间土质差时取高值，否则取低值。

（2）加固土桩复合地基的抗剪强度可按照式（8-18）计算确定：

$$c_{sp}=mc_p+(1-m)c_s \tag{8-18}$$

式中：c_p——桩体的抗剪强度（kPa），取室内无侧限抗压强度的 0.2~0.3 倍。

3. 采用刚性桩结构处理时路堤稳定性分析

采用刚性桩结构处理时，路堤稳定性应按桩承式路堤刚性桩结构进行分析，竖向承载力应满足桩顶以上路堤竖向荷载要求，单桩竖向容许承载力按式（8-19）确定：

$$P_0\leqslant[P] \tag{8-19}$$

式中：P_0——单桩顶面承受的竖向荷载（kN）；

$[P]$——单桩竖向容许承载力（kN）。

斜坡地基或无硬壳的淤泥、淤泥质土地基，应检算桩顶以上路堤的滑动稳定性。对于刚性桩（桩身强度相对较高的旋喷桩、CFG 桩、素混凝土桩及钢筋混凝土桩）+柔性加筋垫层地基的处理方法，除应进行整体稳定性检算外，还应检算单桩横向稳定性（由于桩顶柔性加筋垫层的调节作用，桩间土实际会受到一定荷载的作用）。

8.1.3 软土路基沉降计算

软土地区路堤的沉降主要是由地基沉降形成。软土地基的总沉降量 S 是指地基从受到荷载应力作用到固结沉降终止的总沉降量。软土地基的总沉降量 S 可按瞬时沉降 S_d 与主固结沉降 S_c 之和计算。对泥炭土、富含有机质黏土或高塑性黏土地层，可根据情况考虑次固结沉降

S_s，即

$$S = S_d + S_c + S_s \tag{8-20}$$

也可综合考虑瞬时沉降及其他因素的影响，将主固结沉降乘以修正系数，按式（4-4）计算。

1. 瞬时沉降计算

瞬时沉降是随着地基被加压之后发生的沉降，地基土的体积在外荷载作用下还没有发生整体的变化，主要是地基土的畸曲变形。瞬时沉降可按式（8-21）进行计算：

$$S_d = \frac{(1-\mu)^2}{E} C_d q B \tag{8-21}$$

式中：q——均布荷载（kN/m），即填土高与填土容重的乘积；

B——荷载分布宽度（m），可用顶宽与底宽之和的 1/2；

μ——泊松比；

E——弹性模量（kPa）；

C_d——系数。

2. 主固结沉降计算

固结沉降是指由土体排水固结所产生的沉降。主固结沉降采用分层总和法计算，压缩试验资料可用 e-p 曲线、e-lg$p$ 曲线或地基压缩模量。

（1）采用 e-p 曲线计算。

$$S_c = \sum_{i=1}^{n} \frac{e_{0i} - e_{1i}}{1 + e_{0i}} \Delta h_i \tag{8-22}$$

式中：n——地基沉降计算分层层数；

Δh_i——地基中各分层厚度（m）；

e_{0i}——地基中各分层的中点在自重应力作用下稳定时的孔隙比；

e_{1i}——地基各分层的中点在自重应力和附加应力共同作用下稳定时的孔隙比。

（2）采用 e-lg$p$ 曲线计算。

① 正常固结土的沉降计算。

$$s_c = \sum_{i=1}^{n} \frac{h_i}{1 + e_{0i}} C_{ci} \lg\left(\frac{p_{0i} - \Delta p_i}{p_{ci}}\right) \tag{8-23}$$

式中：Δp_i——路堤荷载对第 i 层土中点的附加应力（kPa）；

C_{ci}——土层的压缩指数；

p_{0i}——第 i 层土的自重应力（kPa）；

e_{0i}——第 i 层土中点的初始孔隙比（对应于 P_{ci} 时）；

P_{ci}——第 i 层土中点的前期固结压力，正常固结时 $P_{ci} = P_{0i}$。

② 超固结土层可利用原始压缩曲线和原始再压缩曲线分别确定土的压缩指数 C_c、回弹

指数 C_s、主固结沉降 S_c，按式（8-24）计算：

$$S_c = S_c' + S_c'' \tag{8-24}$$

对有效附加应力 $\Delta P > P_c - P_0$ 的土层，其沉降量 S_c' 按式（8-25）计算：

$$S_c' = \sum_{i=1}^{n} \frac{h_i}{1+e_{0i}}\left[C_{si}\lg\left(\frac{p_{ci}}{p_{0i}}\right) + C_{ci}\lg\left(\frac{p_{0i}+\Delta p_i}{p_{ci}}\right)\right] \tag{8-25}$$

对于有效附加应力 $\Delta P \leqslant P_c - P_0$ 的土层，其沉降量 S_c'' 按式（8-26）计算：

$$S_c'' = \sum_{i=1}^{n} \frac{\Delta h_i}{1+e_{0i}}\left[C_{si}\lg\left(\frac{P_{0i}+\Delta P_i}{P_{0i}}\right)\right] \tag{8-26}$$

式中：C_{si}——土层的回弹指数。

（3）对较均质土，主固结沉降 S_c 也可根据地基压缩模量按式（8-27）计算：

$$S_c = \sum_{i=1}^{n} \frac{\Delta P_i}{E_{si}} \Delta h_i \tag{8-27}$$

3. 次固结沉降计算

次固结沉降是在土骨架上的有效应力基本保持不变的情况下，地基随时间的增长而发生的沉降，可按从主固结完成后开始，由时间-压缩曲线的斜率近似求得次固结沉降。对于泥炭土、富含有机质黏土及高塑性黏土等地基宜进行次固结沉降计算，次固结沉降采用次固结系数计算：

$$S_s = \sum_{i=1}^{n} \frac{C_{ai}\Delta h_i}{1+e_{0i}} \lg\left(\frac{t_2}{t_1}\right) \tag{8-28}$$

式中：C_{ai}——半对数曲线上在主固结完成后直线段的斜率，称为次固结系数，可用各软土层孔隙比变化计算次固结系数，$C_{ai} = (e_1 - e_2)/(\lg t_2 - \lg t_1)$，$e_1$、$e_2$ 为孔隙比与时间（对数）曲线尾段直线上两点的孔隙比；

t_1——固结度达 100%软土的时间；

t_2——次固结沉降的时间；

h_i——各土层厚度。

软土、松软土地基压缩层计算深度应按附加应力等于 0.1 倍自重应力确定；对高速铁路、无砟轨道铁路，其下仍存在软土层时，计算深度应增加或至软土层底。

4. 施工期内由于基底沉降而增加的土方量计算

软土路堤基底沉降形状近似为一条抛物线（见图 8-10），因此，在施工期间每延米路堤由于基底沉降需增加的土方量 ΔV 为

$$\Delta V = 2\times\frac{2}{3}\times\Delta S\times\frac{L}{2}=\frac{2}{3}\times\Delta S\times L \tag{8-29}$$

式中：ΔS——地基在施工期间的沉降量（m）；

U——施工期间地基所完成的固结度；

ΔV——每延米施工期间增加的土方量（m^3）；

L——路堤底宽（m）。

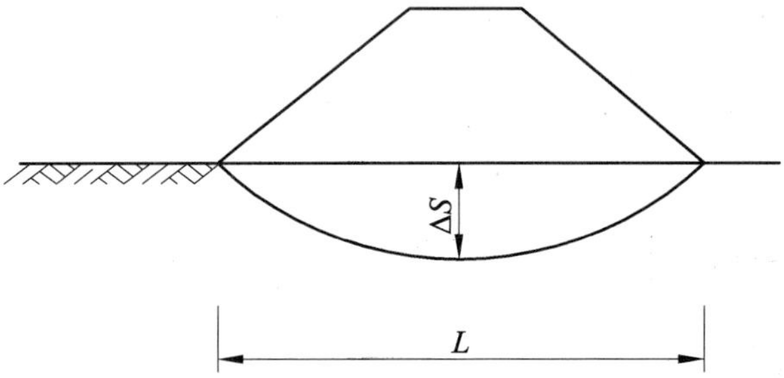

图 8-10　路堤底面沉降形状

5. 堤顶面预留加宽的计算

软土路堤建成后，在运营期间基底会产生下沉，降低原有轨顶高程。为了保持原有轨顶面高程，就必须在运营期间加厚道床来抬高轨面，为使道床抬高后仍能维持规定的路肩宽度，故设计软土路堤的路基面宽度时，每侧必须留加宽量，如图 8-11 所示。路堤顶面加宽值 ΔW 按式（8-30）计算：

$$\Delta W = K_b m(S-\Delta S) \tag{8-30}$$

式中：S——地基总沉降量（m）；

ΔS——地基在施工期间的沉降量（m）；

K_b——折减系数；

m——道床边坡坡率。

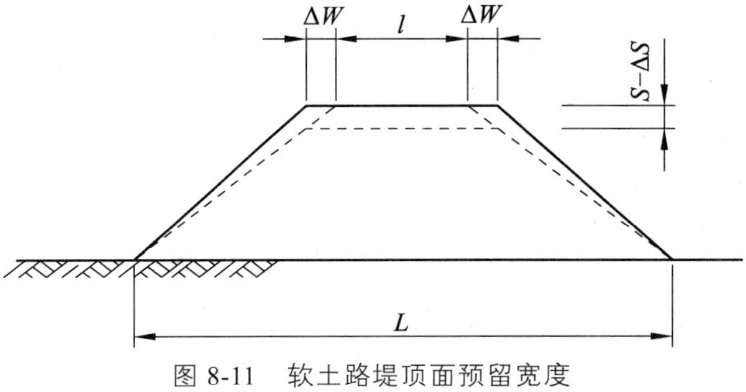

图 8-11　软土路堤顶面预留宽度

由于软土地基的沉降速率很缓慢，有时甚至达数十年之久，没有必要将最终沉降加宽值全部提前预留。因此一般将计算的 ΔW 乘以折减系数 0.5 ~ 0.6，即路堤一侧的顶面实际加宽设计值为

$$\Delta W = (0.5\sim0.6)\times m(S-\Delta S) \tag{8-31}$$

8.1.4 软土地区地基的加固及处理措施

路堤超过临界高度时，为确保路堤在施工和运营期能够安全使用，必须对路堤和地基进行加固处理。关于加固处理措施，国内外均有丰富的经验，随着技术的进步，各种新的加固方法更是得到蓬勃发展，不论是加速软土的渗透固结，改变地基土的性质，还是采用新材料等方面都有新的突破。

1. 软土层厚度及埋深小于 3 m 的情况

软土层厚度及埋深小于 3 m 时，宜按下列原则采用适宜的浅层处理措施：

（1）优先采用挖除换填或改良回填处理措施，路堤基底宜采用 A、B 组粗粒土或 C 组细粒土换填，支挡结构物基底应采用中粗砂、砂砾石、碎石或灰土、水泥土换填。

（2）表层无硬壳的淤泥、淤泥质土层及泥沼，可采用碾压片石处理措施。

（3）非饱和黏性土、粉土层或松散砂类土层，可采用冲击碾压或振动碾压处理措施。碾压遍数应根据设备能力、工程经验并结合现场试验确定，满足压实后地基密实度（防液化）承载力或路基沉降变形控制要求。

（4）软土层、非饱和黏性土或粉土层的地下水位接近地表、排除困难或地表硬壳层厚度大于 1 m 时，可直接在路堤基底采用排水（加筋）垫层处理措施。垫层材料宜采用中粗砂、砂砾石或碎石，且厚度不宜小于 0.5 m，垫层内可采用土工布、土工格栅、土工格室等土工合成材料加筋补强，材料层数、强度视路堤稳定性需要确定且不应超过 3 层。

2. 软土层厚度及埋深小于 6 m 的情况

软土层厚度及埋深小于 6 m 时，可按下列原则选择适宜的处理措施：

（1）表层硬壳厚度小于 2 m 时，可采用前述排水（加筋）垫层处理措施。

（2）采用反压护道加固。反压护道宜用单级式，其高度宜为路堤高度的 1/3 ~ 1/2，且应小于填筑临界高度，其宽度应由稳定性检算确定。

反压护道是在路堤两侧填筑一定宽度和高度的护道，使路基下地基土不被挤出和隆起，以保证路堤稳定。这种施工方法简便，不需要控制填土速率，但土方量大，占地面积广，仅适用于非耕种区和取土不困难的地区，且后期沉降大，需经常抬道，给养护增加困难。

反压护道本身的高度和边坡必须处于稳定状态，因此，它的高度不能超过天然地基的填筑临界高度，反压护道的高度为路堤高度的 1/3 ~ 1/2 时较为经济合理。

反压护道的宽度，一般采用圆弧法检算确定，当软土层较薄且其下卧土层面具有明显的横向坡度时，路堤两侧应采用不同宽度的反压护道，横坡下方的护道应较横坡上方的护道宽，如图 8-12 所示。

反压护道一般采用单级式，因为多级式护道增加的稳定力矩较小，作用不大，仅在软土分布范围较为狭窄时使用，如图 8-13 所示。

（3）采用强夯置换墩加固。强夯置换墩要穿透软土层至硬底，加固深度不超过 8 m，强夯置换墩体材料要采用级配良好的块石、碎石矿渣等坚硬粗颗粒材料，但粒径大于 300 mm 的颗粒含量不超过全重的 30%。

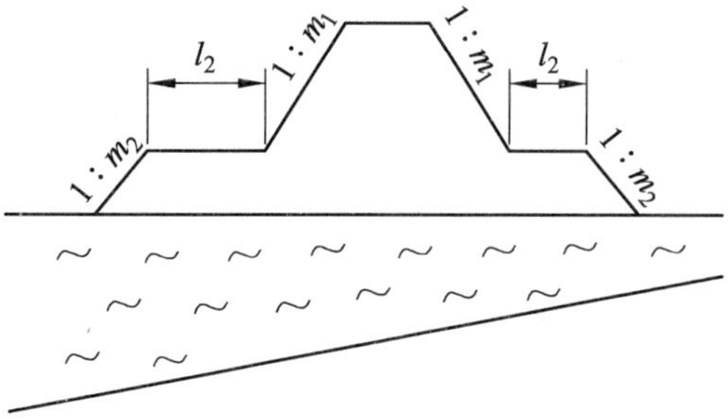

图 8-12　两侧不同宽度的反压护道

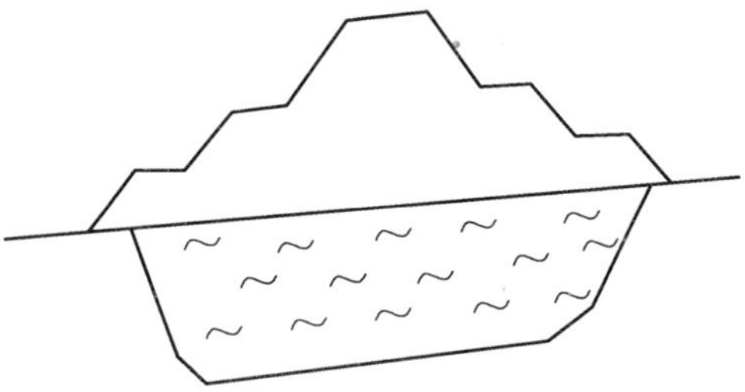

图 8-13　多级式反压护道

3. 软土层较厚的情况

软土层较厚时，可采用预压排水固结法处理措施。

（1）排水固结措施宜采用袋装砂井、塑料排水带等竖向排水井。井径、间距和深度，应根据地基情况、施工工期、固结要求等，按渗透固结理论计算确定。

① 袋装砂井。

砂井是指软土地基中按一定规格排列的圆形砂柱。砂井可使地基在附加荷载作用下，加速排水固结，提高强度，增大地基承载力，从而保证路堤的稳定。

为了节约用砂量和保持砂井的连续性，现在多采用袋装砂井。首先，用聚丙烯编织布缝成直径为 7 cm 左右的砂袋，长度为设计的砂井长，砂袋中灌满粗砂；然后，利用振动锤将内径为 9 cm 左右的套管打入地基，达到设计深度后，将灌满砂子的砂袋放入套管；最后，拔出套管，将砂袋留在软土地基中形成袋装砂井。砂袋上端应有 20 ~ 30 cm 的砂垫层，以便土体中的水分顺利排出。

② 塑料排水带。

塑料排水带是由芯体和滤套组成的复合体，或是由单种材料制成的多孔管道板带（无滤套）。芯板一般是聚乙烯或聚丙烯加工而成的多孔管道或其他形式的板带；滤套一般由无纺织物制成。塑料排水带所用的材料、制造方法不同，结构也不同，但基本上分为两类：第一类是用单一材料制成的多孔管道的板带，表面有许多微孔；第二类是由两种材料组合而成，芯板为各种规律变形断面的芯板或乱丝、花式丝的芯板，外面包裹一层无纺土工织物滤套。按排水带芯体横截面形状，塑料排水带主要分为双面槽形、丁字形、波形、城墙形、长丝交叠形五种，如图 8-14 所示。

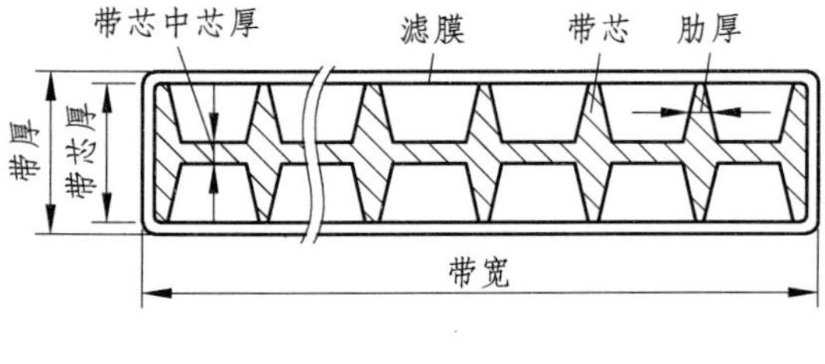

（a）双面槽形

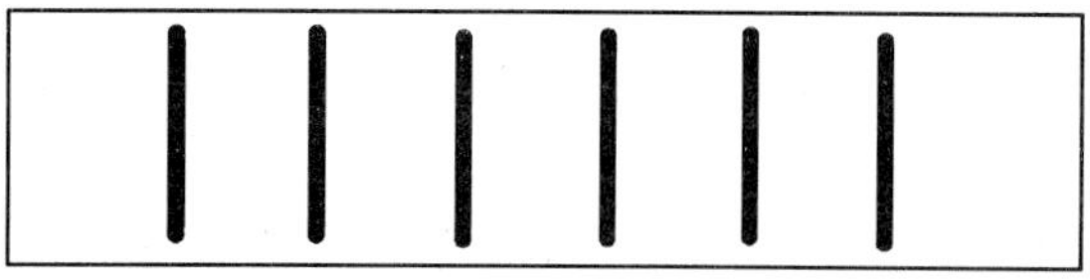

（b）丁字形

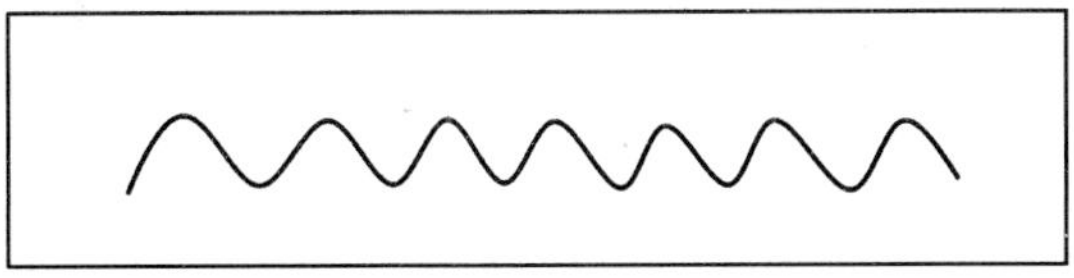

（c）波形

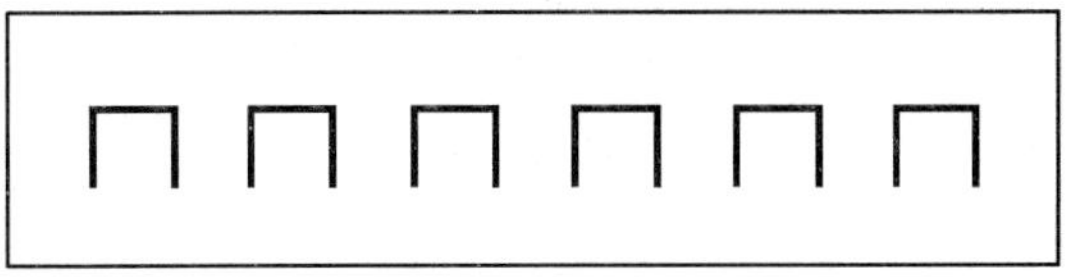

（d）城墙形

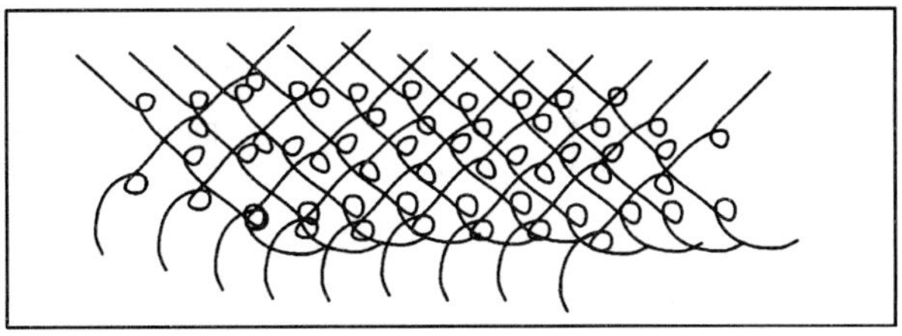

（e）长丝交叠形

图 8-14 典型排水带

4. 软土层较厚的情况（预压排水固结法无法满足）

对于软土层较厚，采用预压排水固结法处理不能满足稳定、工后沉降、工期要求或预压荷载困难的软土地基，软土层较厚的路堑及高度小于基床厚度的低路堤地段，与既有线并行增建的第二线软土地基以及支挡建筑物基础或路堑边坡等情况或地段的软土地基，应根据地层性质、环境因素、处理目的、处理措施的适宜性及地区经验等条件选择采用水泥土搅拌桩、高压旋喷桩等复合地基或刚性桩结构处理措施。

（1）水泥土搅拌桩。

水泥土搅拌桩是利用水泥作为固化剂，通过特制的搅拌机械，在地基深处将软土和固化剂强制搅拌，利用固化剂和软土之间所产生的一系列物理化学反应，使软土硬结成具有整体性、水稳定性和一定强度的地基。

（2）高压旋喷桩。

高压旋喷桩是利用钻机把带有喷嘴的注浆管钻进土层的预定位置后，以高压设备使浆液或水（空气）成为 20 ~ 40 MPa 的高压射流从喷嘴中喷射出来冲切、扰动、破坏土体，同时钻杆以一定速度逐渐提升，将浆液与土粒强制搅拌混合，浆液凝固后，在土中形成一个圆柱状固结体（即旋喷桩），以达到加固地基的目的。

5. 松软土层为可液化的粉土、粉细砂且厚度较小的情况

松软土层为可液化的粉土、粉细砂，厚度小于 8 m 时，可采取强夯法处理；厚度小于 15 m 时，宜采取挤密砂桩、碎石桩等复合地基处理措施。

（1）强夯法。

强夯法，又称动力固结法，指的是为提高软弱地基的承载力，利用起吊设备将 10 ~ 40 t 的重锤提升至 10 ~ 40 m 高处使其自由下落，依靠强大的夯击能和冲击波作用夯实土层。现有经验表明，在 100 ~ 200 t · m 的夯实能量下，一般可获得 3 ~ 6 m 的有效夯实深度。

（2）挤密砂桩。

挤密砂桩也称砂桩或砂桩挤密法，是用冲击或振动等方法将钢套管按一定间距沉入地基土中挤压成孔，然后边拔管边向管内灌砂并振捣密实而成的砂质柱体。这种处理方法对整个地基起到挤压密实的作用，砂桩本身又以其较周围土体较大的刚度而承受大部分上部结构及基础的荷载，从而与周围被加固土一起组成复合地基，提高地基的承载力、减少沉降、防止振动液化等。

（3）碎石桩。

碎石桩适用于挤密松散的砂土、粉土、素填土和杂填土地基。在复合地基的各类桩体中，碎石桩与砂桩同属散体材料桩，加固机理相似。随被加固土质不同其机理有所差别：对砂土、粉土和碎石土具有置换和挤密作用；对黏性土和填土，以置换作用为主，兼有不同程度的挤密和促进排水固结的作用。

6. 松软土层为软黏性土或厚度较大的情况

松软土层为软黏性土或厚度较大时，宜采用碎石桩、水泥土搅拌桩、CFG 桩、高压旋喷桩等复合地基或刚性桩结构处理措施。

（1）CFG 桩。

CFG 桩为水泥粉煤灰碎石桩，由碎石、石屑、砂、粉煤灰掺水泥加水拌和，和桩间土、褥垫层一起形成复合地基。

（2）刚性桩。

刚性桩是指发生位移时，桩轴线仍然保持原有线型，只是桩周土发生变形，反之则为弹性桩。例如，钻孔灌注桩即为一种刚性桩。

8.2　膨胀土地区路基

膨胀土（又称裂隙黏土，简称裂土）是一种由大量亲水性黏土矿物组成的，具有吸水膨胀、软化、崩解和失水急剧收缩开裂等特点，并能产生往复变形的黏性土。由于膨胀土具有明显的胀缩性、超固结性和多裂隙性，所以膨胀土路基容易发生病害，应当予以重视。

8.2.1　膨胀土的工程特性

1. 胀缩性

膨胀土具有干缩湿胀特性，吸水体积膨胀时，将对路基结构物或上部轨道结构产生膨胀变形及膨胀力，使其向上隆起；失水收缩时，将造成土体开裂，并使其下沉。膨胀土在塑限与液限含水量的收缩量与膨胀量，称为极限胀缩潜势。土中有效蒙脱石含量越多，胀缩潜势越大，膨胀力越大。土的初始含水量越低，膨胀量与膨胀力越大。

膨胀土的颗粒成分以黏粒为主，粉粒次之，二者含量约占 90%。膨胀土中的细小黏土颗粒越多，比表面积越大，可吸附在黏粒周围的结合水膜越厚，则含水量增多，土中孔隙体积增大，失水时体积收缩。因此膨胀土的塑性指数 I_P 和液限 ω_L 一般都较高。

2. 多裂隙性

普遍发育各种形态的裂隙是膨胀土的另一显著特征。膨胀土裂隙成因复杂，形状各异，大小不一，但在土体中广泛分布。膨胀土裂隙的形成与其成土过程、胀缩效应、风化作用等许多因素有关。

按照膨胀土裂隙的成因，可划分为原生裂隙和次生裂隙。原生裂隙是在膨胀土形成过程中由于温度、湿度、固结及卸载和物理化学作用与胀缩效应形成的。次生裂隙一般由原生裂隙发育成形，多分布于地表 3 m 以内，呈张开状态，用肉眼很容易观察到，因此在工程中，应特别注意临空面与某方向高密度裂隙一致的可能性，此时土体稳定性差，易造成坍塌。

膨胀土的裂隙面大多由次生的灰白膨胀土充填，充填物具蜡状光泽，可见镜面痕。充填物多由蒙脱石矿物组成，具强亲水性，当水浸入后，很容易使裂隙面高度软化，抗剪强度降低。

3. 超固结性

由于膨胀土大都是更新世以前沉积的土层，在历史上曾经受过超压密作用，因此膨胀土大多数都处于超固结状态。膨胀土具有原始密度高、天然孔隙比小、粒间连接紧密、水平应力大的特点，随着土体的开挖，将产生明显的卸荷膨胀，使土体内积聚的能量逐渐释放，原有的较大水平应力完全由路堑坡体相应水平面上的剪应力承受，并在坡脚上产生较大的应力集中，极易出现坍塌。

4. 崩解性

膨胀土浸水后体积膨胀，在无侧限条件下会发生吸水湿化。对于不同类型的膨胀土而言，其崩解性是不一样的，强膨胀土浸入水中后，能在几分钟内就很快完全崩解；而弱膨胀土浸水后，则需经过较长时间才逐步崩解，且有的崩解不完全。此外，膨胀土的崩解特性还与试样的起始湿度有关，一般干燥土试样崩解迅速且较完全，而潮湿土试样崩解缓慢且不完全。

5. 强度衰减性

膨胀土的抗剪强度除表现出一般黏性土的共性外，还表现出典型的“变动强度”特征，即土体的强度随时间而变化。新开挖的边坡土体，处于天然含水量的原始结构状态，其抗剪强度较高。随着时间的推移，暴露于大气中的土体，一方面由于膨胀土的超固结性而使土体产生卸载膨胀，强度会降低；另一方面由于受温度和水等外界因素的影响，土体经过反复的胀缩作用，原始结构遭受破坏，原始裂隙张开扩大，新生裂隙不断产生，应力集中现象越来越严重，形成局部破坏区，土体强度将显著降低，同时，随着裂隙的发展，土中吸入的水分增加，土粒周围的结合水膜增厚，土体将发生膨胀，强度也将显著降低。

8.2.2 膨胀土的判别标准与分类指标

目前，国内外存在多种膨胀土的判别与分类方法，并没有统一的标准，所有的这些方法和标准都着重反映膨胀土某些方面的工程特性，结合不同类型的工程建设对土质的要求不同，建立相应的评判标准。

膨胀土的判别应根据自由膨胀率、蒙脱石含量、阳离子交换量 3 项指标对膨胀土的膨胀性进行分级（见表 8-5）。

表 8-5　膨胀土的膨胀性分级

膨胀性分级	分级指标		
	自由膨胀率 F_s/%	蒙脱石含量 M/%	阳离子交换量 CEC（NH_4^+）/（mmol/kg）
弱膨胀土	$40 \leqslant F_s < 60$	$7 \leqslant M < 17$	$170 \leqslant CEC$（NH_4^+）< 260
中膨胀土	$60 \leqslant F_s < 90$	$17 \leqslant M < 27$	$260 \leqslant CEC$（NH_4^+）< 360
强膨胀土	$F_s \geqslant 90$	$M \geqslant 27$	CEC（NH_4^+）$\geqslant 360$

注：当有两项指标符合时，即判定为该等级。

8.2.3　膨胀土路基设计

1. 膨胀土路堤

1）膨胀土路堤填料

用膨胀土填筑路堤时，要选择性地选取膨胀土的类型，尽可能选取弱、中膨胀土作填料，而不用强膨胀土填筑，填筑过程中其边坡坡度应根据路堤边坡的高度、填料重塑后的性质、区域气候特点，并参照既有路堤的成熟经验综合确定。

（1）基床表层不应采用膨胀土或其改良土填筑。

（2）基床底层填筑应符合下列规定：无砟轨道铁路不应采用膨胀土或其改良土填筑；高速有砟轨道铁路可采用弱膨胀土改良土填筑；其他有砟轨道铁路可采用弱、中膨胀土改良土填筑。

（3）基床以下路堤填筑应符合下列规定：无砟轨道铁路不宜采用膨胀土改良填筑；速度 200 km/h 及以上的有砟轨道铁路不应采用膨胀土直接填筑，可采用弱、中膨胀土改良土填筑；其他标准铁路可采用弱、中膨胀土改良土填筑。

2）膨胀土路堤边坡

边坡高度不大于 6 m 时，坡率可按 1∶1.5～1∶1.75 设计；边坡高度大于 6 m 时，边坡坡率及形式应根据填料重塑或改良后的性质、气候条件、加固措施等因素进行路堤边坡稳定性分析，并结合既有路堤的成熟经验综合确定。稳定检算宜采用圆弧法，稳定安全系数不应小于 1.25。

当考虑到既有线膨胀土路堤普遍沉降这一实际情况，以及膨胀土的胀缩特性（这些特性主要表现在胀缩沉降残余变形、侧向挤出变形以及施工中压密过程的变形等），将会使填土产生后期沉降。因此，对于膨胀土路堤，要预先适当加大路基面宽度，以便在路堤沉降后抬高道床时能保持有足够的路肩宽度。加宽值可根据施工碾压条件、填料实际含水量、土质分类等级、改良特性、路堤高度等综合考虑确定。

普速铁路及车站场坪区在弱膨胀土含水量可控情况下可直接填筑，但要加强边坡加固及防排水措施，可参考采用非膨胀土“包边法”的路堤断面形式（见图 8-15），路堤底部要设置排水垫层或灰土垫层，包边宽度要满足机械化施工要求。

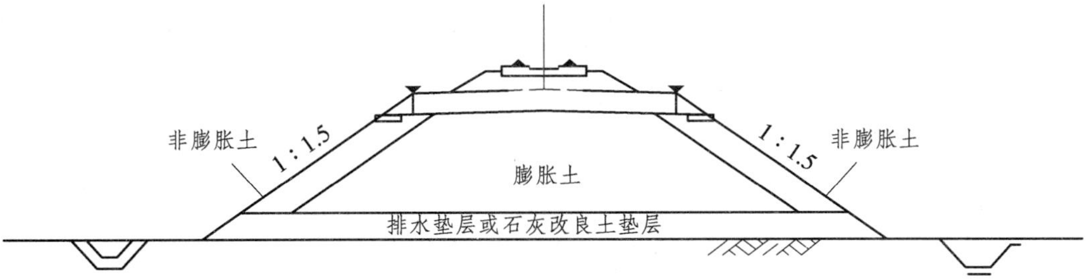

图 8-15　包边法膨胀土路堤结构

3）膨胀土路堤稳定性分析

如膨胀土路堤过高或其他特殊情况时，需要进行稳定性分析。

（1）路堤整体稳定性分析。

膨胀土路堤的整体稳定性分析可按图 8-16 所示的破坏模式，取一般铁路路堤的标准断面，采用圆弧滑面法进行稳定性分析。检算时，强度采用浸水后的指标，并假定滑弧通过表层 1.0 m 范围内的抗剪强度为零（考虑到表层的抗剪强度已经丧失）。如果检算得到的稳定安全系数 K_s <1.25，需进一步改缓边坡并重新检算修改后路堤断面的稳定性，直至稳定安全系数达到 1.25 为止。

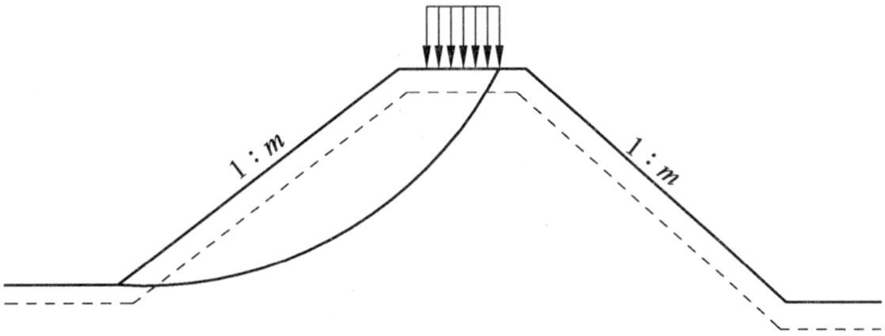

图 8-16　膨胀土路堤边坡深层破坏计算分析模式

（2）路堤边坡表层稳定性分析。

膨胀土路堤由于气候变化及风化作用，表层强度明显低于内部强度。路堤的设计断面满足了整体稳定性的要求以后，还需进一步检算边坡表层的稳定性，如图 8-17 所示。

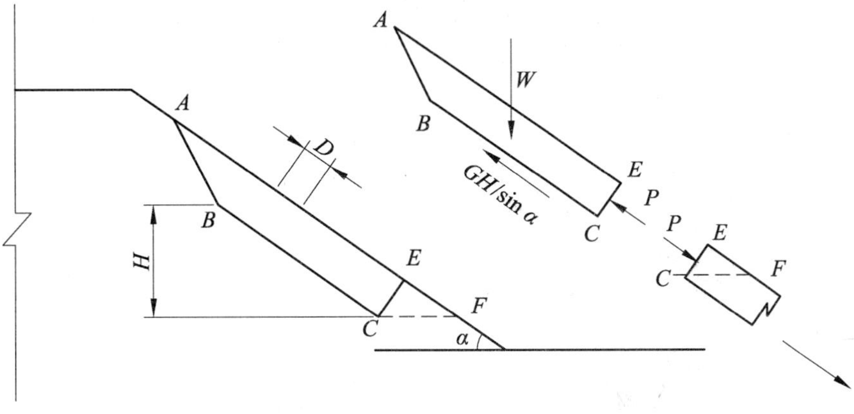

图 8-17　膨胀土路堤边坡表层破坏计算分析模式

表层的抗滑稳定安全系数可以根据滑块体的力学平衡条件按式（8-32）计算：

$$K_s = \frac{4c(D\sin 2\alpha + H)}{\gamma D(2H + D\sin^2\alpha)\sin 2\alpha} \tag{8-32}$$

式中：α——滑面的倾角（°）；

H——滑面的高度（m）；

D——滑面的深度，即表层软化深度（m）。

如果检算得到的稳定安全系数 K_s<1.25，需进一步改缓边坡或采取坡面防护措施。

4）膨胀土路堤边坡防护加固措施

由于膨胀土的稳定性低，容易发生失稳坍塌，尤其是应力强大的坡脚处，所以需要对边坡进行加固，具体见表 8-6。

表 8-6　膨胀土路堤边坡防护加固措施

边坡高度/m	填土条件	
	改良土	弱膨胀土
<4	土工网垫客土植生防护	空心砖内客土植生防护
4～8	边坡加筋结合空心砖内客土植生防护，截水骨架内植物防护	边坡加筋结合空心砖内客土植生防护，截水骨架内植物防护
>8	边坡加筋结合空心砖内客土植生防护，截水骨架内植物防护	边坡加筋、支撑渗沟结合空心砖内客土植生防护，截水骨架内植物防护

2. 膨胀土路堑

1）基床处理

基床表层应全部换填符合相应铁路等级标准要求的填料。基床底层应采取换填、土质改良或其他地基加固措施。基床底层处理深度应满足表 8-7 要求。

表 8-7　基床底层处理深度　单位：m

铁路等级		膨胀性		
		弱	中	强
无砟轨道铁路		不小于基床底层深度		不小于基床底层深度且应考虑大气影响急剧层深度的
有砟轨道	速度 200 km/h 及以上铁路	≥1.0	≥1.5	
	其他城际及Ⅰ、Ⅱ级铁路	≥0.5	≥0.5	
	重载铁路	≥1.0	≥1.0	

2）路堑边坡

膨胀土路堑边坡设计应遵循缓坡率、宽平台、加固坡脚和适宜的坡面防护相结合的原则，边坡形式应采用阶梯形，边坡分级高度不宜大于 6 m，级间边坡平台宽度不应小于 2.0 m。对于膨胀土路堑边坡无不利的结构面或软弱夹层，且高度不超过 10 m 时，边坡坡度和平台的设置可根据土的边坡高度和土质按表 8-8 所列数值设计。

表 8-8 路堑边坡坡度和平台宽度

边坡高度/m	边坡坡度			边坡平台宽度/m			侧沟平台宽度/m		
	弱	中	强	弱	中	强	弱	中	强
<6	1∶1.5	1∶1.5～1∶1.75	1∶1.75～1∶2.0	可不设			1.0	1.0～2.0	2.0
6～10	1∶1.75	1∶1.75～1∶2.0	1∶2.0～1∶2.5	≥2.0	≥3.0	≥3.0	1.5～2.0	2.0	≥2.0

当膨胀土路堑边坡存在不利结构面或软弱夹层，或高度超过 10 m 时，边坡坡率及平台宽度应结合稳定性分析进行设计。稳定性检算宜采用圆弧法，稳定安全系数不应小于 1.25；当存在不利结构面或软弱夹层时宜采用传递系数法，稳定安全系数不应小于 1.15。

3）膨胀土路堑边坡防护加固

路堑边坡防护加固措施可依据工程地质条件、环境因素和边坡高度按表 8-9 进行设计。骨架净间距不宜大于 3 m，宽度不宜小于 0.5 m，深度不应小于 0.6 m。降雨强度较大时，膨胀土应加强坡面防护工程。

表 8-9 路堑边坡坡面防护加固措施

边坡高度/m	膨胀性		
	弱	中	强
≤3	土工网垫客土植生防护	空心砖内客土植生防护	支撑渗沟，空心砖内客土植生防护
>3	截水骨架内植物防护；截水骨架内空心砖客土植生防护；锚杆框架梁内植物防护；支撑渗沟加截水骨架内植物防护；护墙	截水骨架内空心砖客土植生防护；支撑渗沟加截水骨架内植物防护；锚杆框架梁内植物防护；柔性护坡	支撑渗沟加截水骨架内植物防护；锚杆框架梁内空心砖客土植生防护；柔性护坡

注：边坡高度≤3 m 时，当有地表水汇集条件或地下水发育时，可设置支撑渗沟等措施加强边坡排水。

对于中、强膨胀土及边坡高度大于 6 m 的弱膨胀土路堑，坡脚应采取挡土墙、抗滑挡土墙、桩基承台抗滑挡土墙、抗滑桩板墙等支挡加固措施，必要时可对边坡采取分级抗滑支挡措施进行加强加固。

3. 膨胀土胀缩变形

膨胀土地区的高速铁路及无砟轨道城际铁路路基，除应控制工后沉降外，还应考虑地基胀缩变形的影响。

1）膨胀变形

低矮路堤和路堑地基土的膨胀变形量可按式（8-33）进行计算：

$$s_{\mathrm{e}} = \psi_{\mathrm{e}} \sum_{i=1}^{n} \delta_{\mathrm{ep}i} h_i \tag{8-33}$$

式中：s_e——地基土的膨胀变形量；

ψ_e——计算膨胀变形量的经验系数，宜根据当地经验确定，无可依据经验时，可采用0.7；

δ_{epi}——基底下大气影响深度范围内第 i 层土在平均自重应力和平均附加应力之和作用下的膨胀率。

2）收缩变形

低矮路堤和路堑地基土的收缩变形量可按式（8-34）进行计算：

$$s_s = \psi_s \sum_{i=1}^{n} \lambda_{si} \Delta\omega_i h_i \tag{8-34}$$

式中：s_s——地基土的收缩变形量；

ψ_s——计算收缩变形量的经验系数，宜根据当地经验确定，无可依据经验时，可采用0.6；

λ_{si}——基底下大气影响深度范围内第 i 层土的收缩系数；

$\Delta\omega_i$——地基土收缩过程中，第 i 层土发生的含水量变化平均值。

膨胀土地基变形不满足设计要求时，应采取换填、防排水、复合地基、桩网结构，桩板结构等处理措施。

8.3 黄土地区路基

8.3.1 黄土的定义和特征

黄土是第四纪时期，在干旱和半干旱条件下陆相沉积的一种特殊土，土颗粒以粉粒为主，是多孔隙，含钙质的黏性土。一般具有下列特征：

（1）以黄色、褐黄色为主，有时呈微红、棕红、灰黄色等。

（2）组成以粉粒（0.005 ~ 0.05 mm）为主，含量一般在 60% 以上，几乎没有粒径大于 0.25 mm 的颗粒。

（3）多孔隙，天然孔隙比一般大于 0.8，有时存在肉眼可见的大孔隙，直径约为 0.5 ~ 1.0 mm。

（4）天然含水量小，呈干硬或半干硬状态，遇水后易崩解、冲蚀，有的黄土具有湿陷性。

（5）含有碳酸钙盐类（$CaCO_3$）或含有大量钙质结核。

（6）节理发育，在天然状态下能经常保持垂直边坡。

8.3.2 黄土的分类及工程性质

1. 黄土分类

根据黄土沉积地质年代及其工程特性的不同，将黄土分为老黄土和新黄土两大类，具体分类见表 8-10。

表 8-10 黄土的时代及其工程性质

<table>
<tr><th colspan="3" rowspan="2">地层时代</th><th colspan="2" rowspan="2">地层名称</th><th colspan="5">工程性质</th></tr>
<tr><th>湿陷性</th><th>抗水性</th><th>透水性</th><th>压缩性</th><th>直立性</th></tr>
<tr><td rowspan="4">第四纪</td><td colspan="2">全新世（Q_4）</td><td rowspan="2">新黄土</td><td>新近堆积黄土</td><td rowspan="2">一般具有湿陷性</td><td>易冲蚀、潜蚀、崩解</td><td>中</td><td>高至中</td><td>直立性较差，不能维持陡边坡</td></tr>
<tr><td rowspan="3">更新世</td><td>晚更新世（Q_3）</td><td>马兰黄土</td><td>易冲蚀、潜蚀、崩解</td><td>中</td><td>中</td><td>直立性一般，不能维持陡边坡</td></tr>
<tr><td>中更新世（Q_2）</td><td rowspan="2">老黄土</td><td>离石黄土</td><td>上部部分土层具湿陷性</td><td>冲蚀、潜蚀、崩解较慢</td><td>弱</td><td>中至低</td><td>直立性强，能维持高、陡边坡</td></tr>
<tr><td>早更新世（Q_1）</td><td>午城黄土</td><td>不具湿陷性</td><td>冲蚀、潜蚀、崩解慢</td><td>弱</td><td>低</td><td>直立性强，能维持高、陡边坡，但易剥落</td></tr>
</table>

2. 黄土的工程性质

1）湿陷性

黄土的湿陷是指当土体浸水后在土自重或外荷载作用下发生的下沉现象。黄土在天然含水量情况下具有较高的强度和较小的压缩性，但遇水浸湿后，一些黄土在其自重作用下会发生大量的变形，强度也随之迅速降低，而有些黄土却并不发生湿陷。湿陷性黄土又分为自重湿陷性与非自重湿陷性两类，自重湿陷性是指土层浸水后仅由于土的自重而发生的湿陷，非自重湿陷性是指土层浸水后，由于自重及附加应力共同作用而发生的湿陷。

2）透水性

透水性反映了土体中水的通过能力。由于黄土具有大孔隙及垂直节理等特殊构造，其垂直方向的渗透性较水平方向大，二者的比值在 3 ~ 30 内变动。当浸水湿陷后，土体被压密，竖向渗透系数显著降低；黄土经压实后大孔构造被破坏，其透水性也大大降低。此外，黏粒的含量也会影响黄土的渗透性，黏粒含量较多的埋藏土及红色黄土经常为透水不良或不透水的土层。

3）压缩性

压缩性反映了土体在外荷载作用下压缩变形量的大小。对黄土地基而言，压缩变形是指地基土在天然含水量条件下所产生的变形，不包括地基浸湿后的湿陷变形。

我国各地黄土的压缩系数一般在 0.1 ~ 1.0 MPa 变化。一般在中更新世末期和晚更新世早期形成的黄土，其压缩性多为中等偏低，少量为低压缩性土；晚更新世末期和全更新世时期形成的黄土则压缩性多为中等偏高，有的甚至为高压缩性土；新近堆积黄土的压缩性多数较高，可达 1.5 ~ 2.0 MPa。

4）抗剪强度

黄土的抗剪强度除与土的颗粒组成、矿物成分、黏粒含量等有关外，还与土的密实程度和含水量有很大关系。由于垂直节理及大孔隙的存在，原状黄土的强度随方向而异，一般情况下，黄土水平方向的强度较大，45°方向强度居中，垂直方向强度最小。但是，对于冲积、洪积黄土而言，由于该类黄土存在水平层理，导致垂直方向强度最大，45°方向强度居中，水平方向强度最小。原状黄土抗剪强度的峰值和残值差距较大，是黄土地区多崩塌性滑坡的重要原因。

8.3.3 黄土的湿陷性评价

1. 黄土的湿陷机理

黄土的湿陷现象是一个非常复杂的物理、化学变化过程，受多方面因素的制约和影响。目前，对黄土湿陷的原因有各种不同的观点，如毛细管假说、溶盐假说、欠压密理论、结构学说等。其中以欠压密理论最为著名，该理论认为黄土是在干旱和半干旱条件下形成的，在干燥少雨的气候环境下，水分因蒸发而不断减少，盐类析出，产生加固黏聚力，即由于土体中钙、镁等胶结物的存在而对土粒产生胶体凝结作用，在土体湿度不太大的情况下，上覆土层不足以克服土中形成的加固黏聚力，形成欠压密状态，一旦受水浸湿，加固黏聚力消失，产生湿陷。

2. 黄土的湿陷性影响因素

1）黄土的微观结构

根据对黄土微观结构的研究，可分为接触胶结、接触基底胶结和基底胶结等三种结构。接触胶结中，粒径大于 0.05 mm 的粗颗粒较多，胶结物多呈薄膜状，骨架颗粒彼此接触较多，结构较松散，湿陷性强；接触基底胶结的骨架颗粒有的彼此接触，有的在粒间镶嵌有胶结物，其湿陷性较接触胶结较小；基底胶结的骨架颗粒较细，胶结物丰富，多呈团聚状，结构致密，湿陷性小。

2）黄土的物理性质

黄土的物理性质指标的变化范围见表 8-11，其中影响黄土湿陷性主要的物理性质指标为天然孔隙比、天然含水量和液限。

表 8-11　黄土的物理性质指标变化范围

物理性质指标	变化范围	物理性质指标	变化范围
土粒相对密度	2.51 ~ 2.84	饱和度/%	15 ~ 77
天然重度/（kN/m^3）	13.3 ~ 18	塑限/%	14 ~ 21
干重度/（kN/m^3）	11.4 ~ 16.9	液限/%	20 ~ 35
孔隙比	0.8 ~ 1.25	塑性指数	3 ~ 18
含水量/%	3 ~ 25	液性指数	0 上下波动

在其他条件相同的条件下，黄土的天然孔隙比越大，大孔隙占总孔隙体积的比率越高，湿陷性越强，否则反之。

黄土的湿陷性与土的天然含水量关系密切。有研究表明，当天然含水量超过 25% 时，黄土不再具有湿陷性。有学者认为低含水量黄土的湿陷性是水膜楔入的结果。低含水量黄土在细颗粒（主要是黏粒）表面上包裹的结合水膜一般很薄，其中离子引力较强，将表面带负电荷的黏粒连接起来，具有一定的凝聚强度。当水进入土中使结合水膜增厚，土颗粒孔隙膨胀、体积增大、引力减弱、凝聚强度降低，产生了湿陷。

液限是决定黄土力学性质的另一个重要指标。当黄土的液限超过30%时，黄土的湿陷性较弱，且多表现为非自重性湿陷。若液限小于30%，则黄土的湿陷性一般较强烈。

3）黄土的湿陷性评价

黄土地基的湿陷性评价一般包括三个方面的内容：第一，判定黄土地基是湿陷性还是非湿陷性；第二，如果是湿陷性黄土，还要判定是自重湿陷性还是非自重湿陷性；第三，判定湿陷性黄土地基的湿陷等级，也就是在规范给定的压力作用下，地基充分浸水后的湿陷变形量，它反映了地基的湿陷程度。

（1）湿陷性判断。

一般采用湿陷系数 δ_s（也称相对湿陷系数）来反映黄土的湿陷变形特征。它是单位厚度土样在一定压力作用下受水浸湿后所产生的湿陷量。δ_s 的确定方法是将高度为 h_0 的原状土样在无侧限膨胀条件下进行压缩试验，测出天然湿度下变形稳定后的试样高度 h_p 及浸水饱和条件下变形稳定后的试样高度 h'_p，然后按式（8-35）求湿陷性系数。

$$\delta_s = \frac{h_p - h'_p}{h_0} \tag{8-35}$$

式中：h_p——土样在某压力 p 作用下稳定后的高度；

h'_p——上述加压稳定后的土样在浸水作用下变形稳定后的高度；

h_0——土样原始高度。

测定湿陷系数时，试验压力 p 如何取值以及划分湿陷性与非湿陷性黄土的界限值定多少合适，在国内外存在不同的建议。我国《铁路工程特殊岩土勘察规程》（TB 10038—2022）规定，测定湿陷系数的试验压力 p，应按土样深度和基底压力确定。土样深度自基础底面算起，基底高程不确定时，自地面下 1.5 m 算起。试验压力 p 应按下列条件取值：

① 基底压力小于 300 kPa 时，基底下 10 m 以内的土层采用 200 kPa，10 m 以下至非湿陷性黄土层顶面采用其上覆的饱和自重压力。

② 基底压力不小于 300 kPa 时，宜用实际基底压力，当上覆土的饱和自重压力大于实际基底压力时，应用其上覆土的饱和自重压力；基底压力大于 300 kPa 的重要建筑物的湿陷系数试验压力，应按实际压力采用双线法测定。

③ 新近堆积黄土湿陷系数的试验压力，基底以下 5 m 以内采用 100 ~ 150 kPa；5 ~ 10 m 以内采用 200 kPa；10 m 以下至非湿陷性黄土层顶面，采用上覆土的饱和自重压力。

同时规定：湿陷系数的界限值定为 0.015，即 $\delta_s < 0.015$ 时定为非湿陷性黄土，$\delta_s \geqslant 0.015$ 时定为湿陷性黄土。

（2）湿陷性黄土场地分类。

湿陷性黄土场地分为非自重湿陷性和自重湿陷性黄土场地两种，可按实测自重湿陷量 Δ'_{zs}（进行室内压缩试验时的浸水压力采用上覆土的饱和自重压力）或计算自重湿陷量 Δ_{zs} 来判定。规范规定：Δ'_{zs} 或 Δ_{zs}≤70 mm 时，定为非自重湿陷性黄土场地；Δ'_{zs} 或 Δ_{zs}>70 mm 时，定为自重湿陷性黄土场地。

实测自重湿陷量 Δ'_{zs} 应根据现场试坑浸水试验确定，该方法符合实际情况，比较可靠，但常限于现场条件或受工期限制，不易做到。

计算自重湿陷量 Δ_{zs} 可按式（8-36）计算：

$$\Delta_{zs}=\beta_0\sum_{i=1}^{n}\delta_{zsi}h_i \tag{8-36}$$

式中：δ_{zsi}——第 i 层土的自重湿陷系数；

h_i——第 i 层土的厚度（mm）；

β_0——因地区土质而异的修正系数。

Δ_{zs} 应从天然地面（挖方地段应自路肩）算至其下非湿陷性黄土层顶面止，其中 δ_{zsi} 值小于 0.015 的土层不累计。

湿陷性黄土地基受水浸泡饱和时，其湿陷量 Δ_s 应符合式（8-37）的规定：

$$\Delta_s=\sum_{i=1}^{n}\alpha_i\beta_i\delta_{si}h_i \tag{8-37}$$

式中：δ_{si}——第 i 层土的湿陷系数，可采用 p-δ_s 曲线上按地基附加应力和饱和自重应力之和对应的 δ_s 值，δ_s（10 mm 以下为 δ_{zs}）小于 0.015 的土层不累计；

β_i——考虑地基土的受力状态及地区等因素的修正系数；

α_i——不同深度地基浸水概率系数，按地区经验取值。

湿陷量 Δ_s 的计算深度，从基底（挖方地段应自路肩）计算，在非自重湿陷性黄土场地累计至基底下 10 m 及地基压缩层深度止；在自重湿陷性黄土场地累计至非湿陷性黄土层顶面止。

在非自重湿陷性黄土场地，附加应力与上覆土的饱和自重压力之和大于各土层的湿陷起始压力值时，计算湿陷量。

（3）湿陷等级的划分。

湿陷性黄土地基的湿陷性等级应根据总湿陷量 Δ_s 和自重湿陷量 Δ_{zs} 的计算值等因素按表 8-12 划分。湿陷等级高，地基受水浸湿时可能发生的湿陷变形大，危害性比较严重；湿陷等级低，地基受水浸湿时可能发生的湿陷变形小，危害性也轻。

表 8-12　湿陷性黄土地基的湿陷等级

Δ_s/cm	场地湿陷类型		
	非自重湿陷性	自重湿陷性	
	Δ_{zs}≤7	7<Δ_{zs}≤35	Δ_{zs}>35
Δ_s≤30	Ⅰ（轻微）	Ⅱ（中等）	—
30<Δ_s≤70	Ⅱ（中等）	Ⅱ（中等）或Ⅲ（严重）	Ⅲ（严重）
Δ_s>70	Ⅱ（中等）	Ⅲ（严重）	Ⅳ（很严重）

注：当 Δ_s>60 cm，Δ_{zs}>30 cm 时，可判为Ⅲ级，其他情况可判为Ⅱ级。

8.3.4 黄土路基设计

1. 路　堤

（1）路堤基床填料选择。

① 基床表层。速度不大于 120 km/h 的有砟轨道城际铁路、客货共线铁路，有经验时可采用黄土改良土作填料，其他铁路不应采用黄土或其改良土作填料。

② 基床底层。可采用黄土改良土作填料，在有可靠资料和工程经验的情况下，采取加固或封闭措施，速度不大于 160 km/h 的客货共线铁路基床底层可采用 C 组黄土作填料。

（2）对于基床以下路堤，无砟轨道铁路、速度 200 km/h 以上的有砟轨道铁路，可采用黄土改良土作填料，其他铁路可采用 C 组黄土作填料。

（3）当路堤边坡高度不大于 15 m 时，断面形式及边坡坡率可按表 8-13 确定。当边坡高度大于 15 m 时，宜采用工程类比法结合稳定性检算，确定路堤的断面形式及边坡坡率。

表 8-13　路堤断面形式及边坡坡率

断面形式	路基面以下边坡分段坡率	
	$0<H\leqslant 8$ m	$8<H\leqslant 15$ m
折线形或阶梯形	1∶1.5	1∶1.75

注：阶梯形边坡在边坡高 8 m 处或在边坡中部设宽为 2～3 m 的边坡平台。

边坡稳定检算可采用圆弧法，其稳定安全系数不应小于 1.25。填土的抗剪强度应按设计压实标准，采用夯实后快剪实验测定。

2. 路　堑

1）基床

基床表层应进行换填处理，换填填料应符合第 3 章的有关规定。

高速铁路、城际铁路、Ⅰ级铁路及重载铁路的基床底层应进行换填、土质改良或其他地基加固措施，处理深度应考虑湿陷变形的影响，并满足表 8-14 的要求。

表 8-14　基床底层处理深度

铁路等级		处理深度/m	备注
高速铁路		≥1.8	湿陷性地基未采取其他加固措施时，基床底层宜全部换填
城际铁路	无砟轨道	≥1.5	
	有砟轨道	≥1.0	
重载铁路		≥1.0	
Ⅰ级铁路	速度 200 km/h	≥1.0	
	速度<200 km/h	≥0.5	

Ⅱ级铁路，在年平均降水量大于 500 mm 的地区，基床土的塑性指数大于 12，液限大于 32%时，宜采取换填或土质改良措施，处理深度不宜小于 0.5 m。

基床底层顶部宜采取封闭、隔水措施。

2）边坡

路堑边坡形式应根据黄土类别、均匀性及边坡高度按表 8-15 确定，并应符合下列规定：

（1）边坡小平台在年平均降水量小于 300 mm 地区应每 12 m 高设一级；在年平均降水量 300 ~ 500 mm 地区应每 10 m 高设一级；在年平均降水量 500 ~ 700 mm 地区应每 8 m 高设一级。

（2）边坡大平台宜设在边坡的中部。

（3）非均质土层平台或变坡点的位置，应结合不同土层分界面和钙质结核层的位置综合确定。

（4）边坡平台宽度应根据稳定性计算确定，小平台宽度宜为 2.0 ~ 2.5 m，大平台宽度宜为 4 ~ 6 m。

（5）边坡平台应设截水沟。

（6）侧沟平台宽度可为 1.0 ~ 2.0 m。

表 8-15　路堑边坡形式及适用条件

边坡形式	适用条件
直线形（一坡到顶）	（1）均质土层，Q_4、Q_3 黄土边坡高度 $H \leqslant 12$ m；Q_2、Q_1 黄土边坡高度 $H \leqslant 15$ m； （2）非均质土层，边坡高度 $H \leqslant 10$ m
折线形（上缓下陡）	非均质土层，边坡高度 $H \leqslant 15$ m
阶梯形（小平台）	（1）均质土层，Q_4、Q_3 黄土边坡高度 12 m<$H \leqslant 25$ m；Q_2、Q_1 黄土边坡高度 15 m<$H \leqslant 25$ m； （2）非均质土层，边坡高度 15 m<$H \leqslant 25$ m
阶梯形（大平台）	边坡高度 H >25 m

路堑边坡坡率应采用工程地质类比法结合边坡稳定性检算等综合确定。设有大平台的深路堑，除应对全边坡作稳定性检算外，还应对大平台毗邻的上下分段边坡作局部稳定性检算。当边坡高度不大于 20 m 时，可按表 8-16 确定边坡坡率。

表 8-16　路堑边坡坡率

黄土名称	边坡坡率	
	$H \leqslant 10$ m	10 m<$H \leqslant 20$ m
全新世坡积黄土（Q_4^{dl}）、晚更新坡积黄土（Q_3^{dl}）	1∶1 ~ 1∶1.25	1∶1.25 ~ 1∶1.5
全新世冲积（Q_4^{al}）、洪积黄土（Q_4^{pl}） 晚更新世冲积（Q_4^{al}）、洪积（Q_4^{pl}）、风积黄土（Q_3^{eol}）	1∶0.75 ~ 1∶1	1∶1 ~ 1∶1.25
早更新世黄土（Q_1）、中更新世黄土（Q_2）	1∶0.75 ~ 1∶1	

注：1. 列表边坡坡率是指单一土层的综合边坡坡率，若为多种土层，可根据不同时代、成因土层性质的差异性及其在边坡中所占的比例，综合考虑确定。

2. 阶梯形边坡的分级坡率，对均质土层可取同一坡率值，对非均质土层可选用不同坡率值。

3. 当堑顶地面横坡小于 20°时，不计其对边坡坡率的影响；当为 20° ~ 35°时，Q_4 黄土边坡高度大于 12 m，Q_3^{al}、Q_3^{pl} 黄土边坡高度大于 15 m，边坡坡率可放缓一级（按 0.25 计）；当大于 35°时，应通过稳定检算确定。

4. 对 Q_1、Q_2 黄土尚应考虑构造裂隙对边坡稳定性的影响。

黄土路堑边坡稳定检算可采用圆弧法，其稳定安全系数不小于 1.25。

3. 地基的处理

黄土地基湿陷性处理，应根据工后沉降要求、地基特性、处理深度、施工设备、材料来源和对周围环境的影响等因素进行分析，可选择表 8-17 中的一种或多种措施相结合，防止、消除全部或部分湿陷性。

表 8-17 湿陷性黄土地基常用的处理措施

处理措施	适用范围及其处理目的	可处理的湿陷性黄土层厚度/m
换填垫层	地下水位以上；全部或部分消除湿陷	1 ~ 3
冲击（振动）碾压	地下水位以上，饱和度 S_r≤60%的湿陷性黄土；全部或部分消除湿陷	1 ~ 3
强夯	地下水位以上，S_r≤60%的湿陷性黄土；全部或部分消除湿陷	3 ~ 12
挤密桩复合地基	地下水位以上，S_r≤60%的湿陷性黄土；全部或部分消除湿陷	5 ~ 15
桩锤冲扩桩复合地基	自成孔适用 S_r≥65%的湿陷性黄土，预钻孔适用 S_r≤65%的湿陷性黄土；全部或部分消除湿陷	大于 15
长短桩复合地基	压缩层厚度较大，处理深度较深；全部或部分消除湿陷，减少压缩沉降	
刚性桩桩板结构	湿陷土层厚度大，处理深度深；防止湿陷变形影响，减少压缩沉降，控制不均匀沉降	
短桩复合地基+刚性长桩结构	压缩层厚度大，处理深度深；全部或部分消除湿陷，减少压缩沉降，控制不均匀沉降	

湿陷性黄土地基采用刚性桩结构防止湿陷变形影响时，桩端应穿透湿陷土层，桩长计算应考虑上部荷载、地基特性及湿陷产生的负摩阻力影响；对自重湿陷性土层，必要时可采取减少桩侧负摩阻力的措施。

湿陷性黄土地基的处理宽度，应符合下列规定：

（1）挡土墙地段在非自重湿陷性黄土场地，应至基础底面外侧不小于 1 m；在自重湿陷性黄土场地，应至基础底面外侧不小于 2 m。

（2）路堤地段应至坡脚外侧不小于 3 m，路堑地段为路基的整个开挖面。

8.4 盐渍土地区路基

8.4.1 盐渍土的定义及分类

1. 盐渍土的定义

盐渍土指易溶盐含量大于或等于 0.3%且小于 20%，并具有溶陷、盐胀等工程特性的土。

2. 盐渍土的分类

盐渍土可根据含盐化学成分、含量及溶陷和盐胀程度按表 8-18～表 8-21 分类。盐渍土具有腐蚀性、松胀性、吸湿性，土体易产生盐胀或软化。盐渍土中的可溶盐经水浸泡溶解后，土体结构松散，易产生溶陷。

（1）盐渍土按含盐的性质分为氯盐类、硫酸盐类和碳酸盐类等三种。其中氯盐有较大的吸湿性，具有保持水分的能力，结晶时体积不膨胀；硫酸盐的最大特点是结晶时要结合一定数量的水分子，体积膨胀剧烈，当结晶体转变为无水状态时，体积相应减少；碳酸盐（亦称碱性盐）一般在土中含量较少，但碳酸钠的水溶液具有较大的碱性反应，对黏土颗粒间的胶结起分散作用。

盐渍土所含盐的性质，通常以土中所含阴离子的氯离子 Cl^-、硫酸根离子 SO_4^{2-}、碳酸根离子 CO_3^{2-}、碳酸氢根离子 HCO_3^- 的比值来表示，盐渍土按盐的化学成分分类见表 8-18。

表 8-18　盐渍土按盐的化学成分分类

盐渍土名称	$D_1=\dfrac{c(Cl^-)}{2c(SO_4^{2-})}$	$D_2=\dfrac{c(CO_3^{2-})+c(HCO_3^-)}{c(Cl^-)+2c(SO_4^{2-})}$
氯盐渍土	$D_1>2$	—
亚氯盐渍土	$2\geqslant D_1>1$	—
亚硫酸盐渍土	$1\geqslant D_1>0.3$	—
硫酸盐渍土	$D_1\leqslant 0.3$	—
碱性盐渍土	—	$D_2>0.3$

注：$c(Cl^-)$、$c(HCO_3^-)$、$c(SO_4^{2-})$、$c(CO_3^{2-})$分别表示氯离子、碳酸氢根离子、硫酸根离子、碳酸根离子在 0.1 kg 土中所含毫摩尔数，单位为 mmol/0.1 kg。

（2）盐渍化的程度对盐渍土的工程性质影响巨大。根据各种盐类在土中的含盐量的大小可将盐渍土分为弱、中、强、超强盐渍土，盐渍土按含盐量的分类见表 8-19。

表 8-19　盐渍土按含盐量的分类

盐渍土名称	盐渍土层的平均含盐量 $\overline{DT}$ /%		
	氯盐渍土及亚氯盐渍土	硫酸盐渍土及亚硫酸盐渍土	碱性盐渍土
弱盐渍土	$0.3\leqslant\overline{DT}<1.0$	—	—
中盐渍土	$1.0\leqslant\overline{DT}<5.0$	$0.3\leqslant\overline{DT}<2.0$	$0.3\leqslant\overline{DT}<1.0$
强盐渍土	$5.0\leqslant\overline{DT}<8.0$	$2.0\leqslant\overline{DT}<5.0$	$1.0\leqslant\overline{DT}<2.0$
超盐渍土	$\overline{DT}\geqslant 8.0$	$\overline{DT}\geqslant 5.0$	$\overline{DT}\geqslant 2.0$

（3）当溶盐系数 $\delta_{rx} \geqslant 0.01$ 时，应判定为溶陷性盐渍土，其溶陷程度见表 8-20，溶陷等级见表 8-21。

表 8-20 盐渍土的溶陷程度

溶陷程度	溶陷系数 δ_{rx}
溶陷性轻微	$0.01 \leqslant \delta_{rx} \leqslant 0.03$
溶陷性中等	$0.03 < \delta_{rx} \leqslant 0.05$
溶陷性强	$\delta_{rx} > 0.05$

表 8-21 盐渍土地基的溶陷等级

溶陷等级	总溶陷量 s_{rx}/mm
Ⅰ级弱溶陷	$70 < s_{rx} \leqslant 150$
Ⅱ级中溶陷	$150 < s_{rx} \leqslant 400$
Ⅲ级强溶陷	$s_{rx} > 400$

（4）当盐胀系数 $\delta_{yz} \geqslant 0.01$ 时，应判定为盐胀性盐渍土，其盐胀程度见表 8-22，盐胀等级见表 8-23。

表 8-22 盐渍土的盐胀程度

盐胀性	盐胀系数 δ_{yz}	硫酸钠含量 C_{ssn}/%
弱盐胀性	$0.01 \leqslant \delta_{yz} \leqslant 0.02$	$0.5 \leqslant C_{ssn} \leqslant 1.2$
中盐胀性	$0.02 < \delta_{yz} \leqslant 0.04$	$1.2 < C_{ssn} \leqslant 2.0$
强盐胀性	$\delta_{yz} > 0.04$	$C_{ssn} > 2.0$

注：当盐胀系数和硫酸钠含量两个指标判定的盐胀性不一致时，应以硫酸钠含量为主。

表 8-23 盐渍土地基的盐胀等级

盐胀等级	总盐胀量 s_{ys}/mm
Ⅰ级弱盐胀	$30 < s_{ys} \leqslant 70$
Ⅱ级中盐胀	$70 < s_{ys} \leqslant 150$
Ⅲ级强盐胀	$s_{ys} > 150$

8.4.2 盐渍土路基设计

1. 盐渍土路基填料

盐渍土地区地势多低洼，地下水埋藏较浅、水质矿化度高，易形成盐渍土路基病害，选择以路堤通过的方式可避免或减轻病害的产生。路堤填料应根据铁路等级、降雨量等因素综合确定，并符合下列规定：

（1）高速铁路、城际铁路路基不应采用盐渍土作填料。

（2）重载铁路、速度 160 km/h 及以上的客货共线铁路基床不应采用盐渍土作填料。

（3）速度 160 km/h 以下的客货共线铁路基床表层不应采用盐渍土作填料。

（4）盐渍土作填料时，其容许含盐量 $\overline{DT}$ 不应大于表 8-24 的规定。

（5）石膏土不应作为填料。

表 8-24　盐渍土填料容许易溶盐含量

盐渍土类型	地基或填料的容许易溶盐含量 $\overline{DT}$
氯盐渍土	5%≤ $\overline{DT}$ ≤8%（一般为 5%，若加大夯实密度，可提高其含盐量，但不得大于 8%，其中硫酸钠含量不得大于 2%）
亚氯盐渍土	$\overline{DT}$ <5%（其中硫酸钠含量不得大于 2%）
亚硫酸盐渍土	$\overline{DT}$ <5%（其中硫酸钠含量不得大于 2%）
硫酸盐渍土	$\overline{DT}$ <2.5%（其中硫酸钠含量不得大于 2%）
碱性盐渍土	$\overline{DT}$ <2%（其中易溶的碳酸盐含量不得大于 0.5%）

注：在干燥度大于 50，年平均降水量小于 60 mm，相对湿度小于 40%的西北内陆盆地地区，当无地表水浸泡时，路堤填料和地基土可不受氯盐含量的限制。

当盐渍土作填料时，基床表层以下应设隔断层，路基面应适当加宽，每侧加宽不宜小于 0.4 m，边坡坡率不应陡于 1∶1.75，坡脚处应设置宽 1.0 m、高 0.5 m 的护道。

2. 盐渍土路堤高度

盐渍土场地路堤最小高度 $H_{\min}$ 应满足不发生次生盐渍化的要求，可按（8-38）式计算确定，路堤最小高度不宜小于 2.5 m，不能满足时，应采取基床处理、设置隔断层和截排水措施。

$$H_{\min} = h_c + \Delta h + h_s \pm h_w \tag{8-38}$$

式中：h_c——毛细水强烈上升高度（m）；

Δh——安全高度（m），一般取 0.5 m；

h_s——蒸发强度影响深度（m），指自地面或路面以下天然含水率曲线有明显变化的深度；

h_w——最高地下水水位埋藏深度或最高地面积水深度（m），其中前者取负值。

当路堤高度小于盐渍土场地路堤最小高度 $H_{\min}$ 时，路堤底部应设置毛细水隔断层，其底面高程应高于当地最高地面积水高程，路堤最小高度如图 8-18 所示。

毛细水隔断层可采用渗水土、复合土工膜毛细型或复合型防排水板等土工合成材料。渗水土隔断层的厚度不宜小于 50 cm，其上部应设厚 15 cm 的反滤层，下部应设厚 10 cm 的砂垫层。

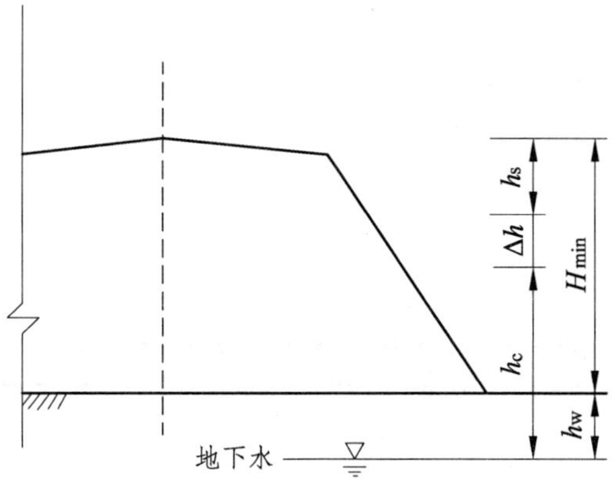

图 8-18 路堤最小高度

8.4.3 盐渍土地基处理

盐渍土地基应根据铁路等级、轨道类型、地基特征及环境条件等因素考虑其溶陷性、盐胀性对工程的影响。

1. 溶陷量和盐胀量的计算

（1）考虑溶陷性影响时，盐渍土地基总溶陷量（ S_{rx} ）应通过现场浸水荷载试验测定，无条件时可按式（8-39）计算确定：

$$S_{rx}=\sum_{i=1}^{n}\delta_{rxi}h_i \tag{8-39}$$

式中：S_{rx}——盐渍土地基的总溶陷量计算值；

δ_{rxi}——室内试验测定的第 i 层土的溶陷系数。

（2）考虑盐胀性影响时，盐渍土总盐胀量（ S_{yz} ）应通过现场单点、多点法测定，无条件时可按式（8-40）计算确定：

$$S_{yz}=\sum_{i=1}^{n}\delta_{yzi}h_i \tag{8-40}$$

式中：S_{yz}——盐渍土地基的总盐胀量计算值；

δ_{yzi}——室内试验测定的第 i 层土的盐胀系数。

2. 地基处理

当路基稳定性不满足要求、地基溶陷量与压缩沉降量之和大于路基工后沉降量容许值或地基盐胀变形超过轨道调整范围时，应进行地基处理，防止、减少或消除地基溶陷性和盐胀性的影响。

地基处理应根据盐渍土的工程影响特性、环境条件等因素，采用换填、预压、强夯、强夯置换、碎石桩、浸水预溶、盐化、隔断法等措施和抗腐蚀能力强的工程材料。

（1）地基和天然护道的表土含盐量大于表 8-24 规定的容许值时应予铲除，设隔断层时可不铲除。

（2）地基表层土松散时应予以碾压密实或翻挖分层回填压实。松散土层较厚时，可采取换填、强夯等加固措施。

（3）地基土为软弱土层时，应根据软弱土层的性质、厚度、含水率、地表积水深度等，对其进行地基处理。

8.5 冻土地区路基

冻土是指土温等于或低于 0 °C 并含有冰晶的土。根据冻结状态持续时间的不同，有季节性冻土和多年冻土之分。

季节性冻土是指在季节气候的影响下，冬季冻结、夏季全部融化的土。季节性冻土在我国的华北、西北和东北地区均有分布，因其周期性的冻结融化，对地基土的稳定性影响较大。

多年冻土是指冻结状态持续时间在 2 年或 2 年以上的土。多年冻土常存在地面下一定深度处，其上接近地表部分往往受季节性影响而冬冻夏融，此部分常称为季节融冻层。我国多年冻土分布较集中的地区是东北大小兴安岭和青藏高原，前者是古代冰川沉积残留物，目前处于退化阶段，具有不稳定性的特点；后者是高海拔的近代大陆性气候的产物，至今仍在发展。

8.5.1 季节性冻土路基

1. 季节性冻土的冻胀分级

季节冻土和季节融化层土的冻胀性分级，应根据土层的平均冻胀率 η 的大小，按表 8-25 划分为微冻胀土、弱冻胀土、冻胀土、强冻胀土和特强冻胀土五级。

表 8-25　季节冻土与季节融化层的冻胀性分类

<table>
<tr><th>土的名称</th><th>冻前天然含水率 ω/%</th><th>冻前地下水位距设计冻深的最小距离 h_w/m</th><th>平均冻胀率 η/%</th><th>冻胀等级</th><th>冻胀类别</th></tr>
<tr><td rowspan="2">碎（卵）石，砾、粗、中砂（粒径小于 0.075 mm 的颗粒含量不大于 15%）</td><td>不饱和</td><td>不考虑</td><td>$\eta \leq 1$</td><td>Ⅰ</td><td>微冻胀</td></tr>
<tr><td>饱和含水</td><td>无隔水层</td><td>$1 < \eta \leq 3.5$</td><td>Ⅱ</td><td>弱冻胀</td></tr>
<tr><td>细砂（粒径小于 0.075 mm 的颗粒含量不大于 10%）</td><td>饱和含水</td><td>有隔水层</td><td>$3.5 < \eta$</td><td>Ⅲ</td><td>冻胀</td></tr>
<tr><td rowspan="6">碎（卵）石，砾、粗、中砂（粒径小于 0.075 mm 的颗粒含量大于 15%），细砂（粒径小于 0.075 mm 的颗粒含量大于 10%）</td><td rowspan="2">$\omega \leq 12$</td><td>>1.0</td><td>$\eta \leq 1$</td><td>Ⅰ</td><td>微冻胀</td></tr>
<tr><td>≤1.0</td><td rowspan="2">$1 < \eta \leq 3.5$</td><td rowspan="2">Ⅱ</td><td rowspan="2">弱冻胀</td></tr>
<tr><td rowspan="2">$12 < \omega \leq 18$</td><td>>1.0</td></tr>
<tr><td>≤1.0</td><td rowspan="2">$3.5 < \eta \leq 6$</td><td rowspan="2">Ⅲ</td><td rowspan="2">冻胀</td></tr>
<tr><td rowspan="2">$\omega \leq 18$</td><td>>0.5</td></tr>
<tr><td>≤0.5</td><td>$6 < \eta \leq 12$</td><td>Ⅳ</td><td>强冻胀</td></tr>
</table>

续表

土的名称	冻前天然含水率 ω/%	冻前地下水位距设计冻深的最小距离 h_w/m	平均冻胀率 η/%	冻胀等级	冻胀类别
粉砂	$\omega \leqslant 14$	>1.0	$\eta \leqslant 1$	Ⅰ	微冻胀
		≤1.0	$1<\eta \leqslant 3.5$	Ⅱ	弱冻胀
	$14<\omega \leqslant 19$	>1.0			
		≤1.0	$3.5<\eta \leqslant 6$	Ⅲ	冻胀
	$19<\omega \leqslant 23$	>1.0			
		≤1.0	$6<\eta \leqslant 12$	Ⅳ	强冻胀
	$\omega>23$	不考虑	$\eta>12$	Ⅴ	特强冻胀
粉土	$\omega \leqslant 19$	>1.5	$\eta \leqslant 1$	Ⅰ	微冻胀
		≤1.5	$1<\eta \leqslant 3.5$	Ⅱ	弱冻胀
	$19<\omega \leqslant 22$	>1.5			
		≤1.5	$3.5<\eta \leqslant 6$	Ⅲ	冻胀
	$22<\omega \leqslant 26$	>1.5			
		≤1.5	$6<\eta \leqslant 12$	Ⅳ	强冻胀
	$26<\omega \leqslant 30$	>1.5			
		≤1.5	$\eta>12$	Ⅴ	特强冻胀
	$\omega>30$	不考虑			
黏性土	$\omega \geqslant \omega_p+2$	>2.0	$\eta \leqslant 1$	Ⅰ	微冻胀
		≤2.0	$1<\eta \leqslant 3.5$	Ⅱ	弱冻胀
	$\omega_p+2<\omega \leqslant \omega_p+5$	>2.0			
		≤2.0	$3.5<\eta \leqslant 6$	Ⅲ	冻胀
	$\omega_p+5<\omega \leqslant \omega_p+9$	>2.0			
		≤2.0	$6<\eta \leqslant 12$	Ⅳ	强冻胀
	$\omega_p+9<\omega \leqslant \omega_p+15$	>2.0			
		≤2.0	$\eta>12$	Ⅴ	特强冻胀

注：1. ω_p—塑限含水率（%）；ω—冻前天然含水率在冻层内的平均值。
2. 盐渍化冻土不在表列。
3. 塑性指数大于22时，冻胀性降低一级。
4. 粒径小于0.005 mm的颗粒含量大于全部质量的60%时为微冻胀土。
5. 碎石类土当填充物大于全部质量的40%时，其冻胀性按填充物土的类别判定。
6. 隔水层指季节冻结层底部及以上的隔水层。

冻土层的平均冻胀率，应按式（8-41）计算：

$$\eta = \frac{\Delta z}{h' - \Delta z} \times 100(\%) \tag{8-41}$$

式中：Δz——地表冻胀量；

h'——冻结层厚度。

2. 季节性冻土路基设计

1）路堤

路基通过地势低洼、平坦地下水位较高地段时，宜采用路堤形式。路堤最小高度应根据防冻要求确定。

（1）路基设计冻深 z_d 应根据式（8-42）确定：

$$z_d = z_0 \psi_{zs} \psi_{zw} \psi_{zc} \psi_{zt0} \tag{8-42}$$

式中：z_0——标准冻结深度（m），应以当地不少于 10 年实测最大冻深平均值为准；无当地实测资料时，可按《冻土地区建筑地基基础设计规范》（JGJ 118—2011）查取；

ψ_{zs}——土的类别对冻深的影响系数，按表 8-26 的规定取值；

ψ_{zw}——冻胀性对冻深的影响系数，按表 8-27 的规定取值；

ψ_{zc}——周围环境对冻深的影响系数，按表 8-28 的规定取值；

ψ_{zt0}——地形环境对冻深的影响系数，按表 8-29 的规定取值。

表 8-26　土的类别对冻深的影响系数

土的类型	黏性土	细砂、粉砂、粉土	中、粗砾砂	碎（卵）石土
ψ_{zs}	1.00	1.20	1.30	1.40

表 8-27　冻胀性对冻深的影响系数

湿度（冻胀性）	微冻胀	弱冻胀	冻胀	强冻胀	特强冻胀
ψ_{zw}	1.00	0.95	0.90	0.85	0.80

表 8-28　周围环境对冻深的影响系数

周围环境	村、镇、旷野	城市近郊	城市城区
ψ_{zc}	1.00	0.95	0.90

表 8-29　地形环境对冻深的影响系数

地形环境	平坦	阳坡	阴坡
ψ_{zt0}	1.00	0.95	1.10

（2）在季节性冻土地带，路堤的设计应满足式（8-43）所要求的最小高度：

$$H_{min} = h_c + \Delta h + h_f \pm h'_w \tag{8-43}$$

式中：h_f——有害冻胀深度（m），应根据变形控制要求、地质及水文条件确定，高速铁路不应小于设计冻深 z_d，普通铁路不应小于设计冻深 z_d 的 60%；

h'_w——冻胀期地下水埋藏深度或地面积水深度（m），当为地下水时取负号。

若路堤最小高度不能满足，可采取引排地面积水或降低地下水位，在基底设置毛细水隔断层以及在有害冻胀深度范围内以弱冻胀土作填料，采用聚苯乙烯泡沫塑料板隔温层以及采用混凝土基床、桩板结构等特殊防冻结构等措施。

季节冻土地区路基上部应设置防冻层，如图 8-19 所示，防冻层厚度不应小于有害冻胀深度。

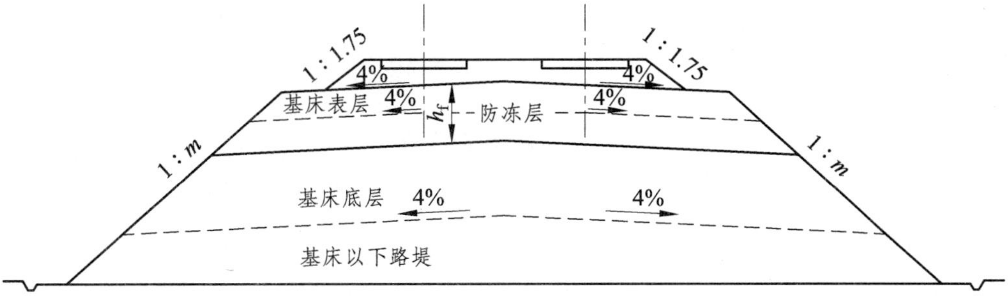

图 8-19 路基防冻层设置

防冻层填料宜采用粗粒土，粒径小于 0.02 mm 的颗粒含量，高速铁路、无砟轨道城际铁路不应大于 3%；粒径小于 0.075 mm 的颗粒含量，高速铁路、无砟轨道城际铁路不应大于 5%，其他铁路不应大于 10%；压实后渗透系数，高速铁路、无砟轨道城际铁路不应小于 5×10^{-5} m/s，其他铁路不应小于 1×10^{-5} m/s。基床表层以下防冻层采用化学改良土时，其改良配比应通过试验确定。

当地基为冻胀、强冻胀及特强冻胀土时，路堤两侧坡脚宜设置保温护道，如图 8-20 所示，保温护道可采用保温材料或填土构筑。当设置填土护道时，其宽度及高度不宜小于设计冻深。

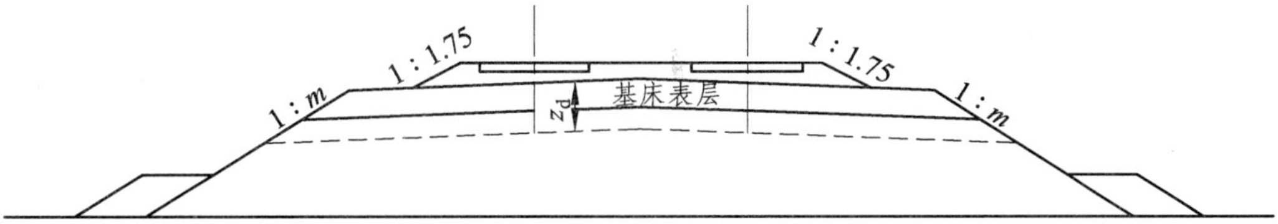

图 8-20 保温护道设置

2）路堑

（1）基床土冻胀等级为Ⅱ、Ⅲ、Ⅳ、Ⅴ级时，有害冻深范围应全部换填，换填料应满足防冻层技术要求。

（2）基床为不易风化的硬质岩时，可不换填，超挖部分应采用混凝土嵌补。当采用有砟轨道时路基面应设置坡度不小于 4%的横向排水坡。

（3）基床土冻胀等级为Ⅰ级或基床为软质岩及易风化的硬质岩时，应根据土质、岩性、节理裂隙发育程度及冻胀变形控制要求综合分析确定其防冻性能，必要时应采取换填措施。

（4）路堑边坡坡率应根据边坡高度、岩土性质、气候、水文条件等综合分析确定，边坡土质冻胀等级为Ⅲ、Ⅳ、Ⅴ级时，边坡坡率应适当放缓。

8.5.2 多年冻土路基

1. 多年冻土的特征及分类

我国多年冻土分布地区较广，主要集中在东北大小兴安岭及青藏高原。大小兴安岭地区的多年冻土是高纬度古代冰川沉积残留物，南起北纬 46°，北至国境线，长约 900 km，东、西起止东、西国境线，长 1 400 km，区域广大。青藏高原多年冻土属低纬度高海拔多年冻土，一般海拔为 4 000 ~ 5 000 m，是世界上低纬度地带海拔最高、面积最大的多年冻土区，具有海拔高、气压低、气候严寒、干旱冻结期长等特点。

多年冻土应根据土的类别、总含水率等，按表 8-30 划分。

表 8-30　多年冻土分类及融沉等级

多年冻土类型	土的名称	总含水率 ω_A/%	平均融沉系数 δ_0/%	融沉等级	融沉类别
少冰冻土	碎石类土、砾砂、粗砂、中砂（粉黏粒质量不大于 15%）	$\omega_A<10$	$\delta_0\leqslant1$	Ⅰ	不融沉
	碎石类土、砾砂、粗砂、中砂（粉黏粒质量大于 15%）	$\omega_A<12$			
	细砂、粉砂	$\omega_A<14$			
	粉土	$\omega_A<17$			
	黏性土	$\omega_A<\omega_P$			
多冰冻土	碎石类土、砾砂、粗砂、中砂（粉黏粒质量不大于 15%）	$10\leqslant\omega_A<15$	$1<\delta_0\leqslant3$	Ⅱ	弱融沉
	碎石类土、砾砂、粗砂、中砂（粉黏粒质量大于 15%）	$12\leqslant\omega_A<15$			
	细砂、粉砂	$14\leqslant\omega_A<18$			
	粉土	$17\leqslant\omega_A<21$			
	黏性土	$\omega_P\leqslant\omega_A<\omega_P+4$			
富冰冻土	碎石类土、砾砂、粗砂、中砂（粉黏粒质量不大于 15%）	$15\leqslant\omega_A<25$	$3<\delta_0\leqslant10$	Ⅲ	融沉
	碎石类土、砾砂、粗砂、中砂（粉黏粒质量大于 15%）				
	细砂、粉砂	$18\leqslant\omega_A<28$			
	粉土	$21\leqslant\omega_A<32$			
	黏性土	$\omega_P+4\leqslant\omega_A<\omega_P+15$			
饱冰冻土	碎石类土、砾砂、粗砂、中砂（粉黏粒质量不大于 15%）	$25\leqslant\omega_A<44$	$10<\delta_0\leqslant15$	Ⅳ	强融沉
	碎石类土、砾砂、粗砂、中砂（粉黏粒质量大于 15%）				
	细砂、粉砂	$28\leqslant\omega_A<44$			
	粉土	$32\leqslant\omega_A<44$			
	黏性土	$\omega_P+15\leqslant\omega_A<\omega_P+35$			
含土冰层	碎石类土、砂类土、粉土	$\omega_A\geqslant44$	$\delta_0>25$	Ⅴ	融陷
	黏性土	$\omega_A\geqslant\omega_P+35$			

注：1. 总含水率包括冰和未冻水。

2. 盐渍化冻土、泥炭化冻土、腐殖土、高塑性黏土不在表列。

3. 平均融沉系数：

$$\overline{\delta_0}=\frac{h_1-h_2}{h_1}=\frac{e_1-e_2}{1+e_1}\times100\%$$

式中：h_1、e_1——冻土试样融化前的高度和孔隙比；

h_2、e_2——冻土试样融化后的高度和孔隙比。

青藏高原多年冻土地温分区见表8-31。

表8-31 青藏高原多年冻土地温分区

多年冻土地温分区	低温稳定区（Ⅳ）	低温基本稳定区（Ⅲ）	高温不稳定区（Ⅱ）	高温极不稳定区（Ⅰ）
年平均地温 T_{cp}	$T_{cp} < -2$ °C	-2 °C $\leqslant T_{cp} < -1$ °C	-1 °C $\leqslant T_{cp} < -0.5$ °C	$T_{cp} \geqslant -0.5$ °C

多年冻土路基应考虑下列特性及影响：

（1）多年冻土天然或人为上限深度范围可能产生季节冻融交替变化，导致路基工程发生融沉或冻胀变形，土体的含冰量是产生融沉的关键因素。

（2）多年冻土热稳定性随年平均地温而变化，年平均地温越低，蓄冷量越大，冻土地基稳定性越好。

（3）天然上限附近的多年冻土对环境变化较敏感，冻土与融区交界处易产生不均匀变形。

（4）青藏高原Ⅰ、Ⅱ区高含冰量冻土对环境变化及地表的扰动十分敏感，易产生或加剧不良冻土地质问题。

2. 多年冻土路基设计

1）一般要求

多年冻土地区线路宜以路堤通过，应尽量减少挖方、低填浅挖、不填不挖和半填半挖地段的段数和长度。路基位置应避免通过不良冻土现象发育和地下水丰富地段。当绕避困难时，应选择在病害轻、范围窄的地段通过，并采取合理的工程措施。当线路位于大型的冻胀冰丘、冰锥发育地段、发展性热融湖（塘）、范围宽广的大片沼泽或横向坡度较陡的沼泽地段、高温极不稳定区或不易保温的岛状冻土等不良冻土区时，宜以桥梁通过。线路通过山坡时，路基位置应选在坡度较缓、干燥、向阳的地带。少冰冻土、多冰冻土地段路基，可按一般地区设计处理，但路堤基底不宜清除地表草皮。高含冰量冻土地段以及有冻胀丘、冰链、冻土沼泽、热融滑坍、热融湖（塘）等不良冻土现象地段的路基，应采取特殊处理措施。多年冻土沼泽、厚层地下冰和冻层上水发育的地段，应避免设路堑。

2）路堤

按保护冻土的原则设计时，路堤最小高度应根据不同地区、不同地温分区及填料性质等因素，按下列规定综合确定：

（1）青藏高原年平均气温不高于−3.5 °C的Ⅲ、Ⅳ区，路堤最小高度不应小于2.0 m。

（2）东北地区，大片多年冻土地段路堤最小高度不宜小于1.5 m，岛状多年冻土地段不宜小于2.0 m。

（3）路堤填料为非黏性土时，前面规定的最小高度应乘按表8-32规定的换算系数。

表8-32 路堤最小高度换算系数

填料名称	一般黏性土	砂类土	砂、砾砂混合土	块、卵石土
换算系数	1.0	1.20	1.30	1.40

（4）冻胀丘、冰锥地段路堤高度应大于冻胀丘、冰锥最大积冰高度。

路堤高度不满足时，应采取保护冻土措施。

低含冰量冻土地段，路堤基底不宜清除地表草皮，向阳侧或两侧应设置土护道，护道填料应与路堤填料相同。

高含冰量冻土地段路堤两侧坡脚应设置块、片石护道，并加强地面排水。路堤坡脚外不得设置行车便道。

低温区高含冰量冻土地段路堤应优先采取片石气冷、片石护坡、通风管、热棒等主动保护冻土措施，高温不稳定区高含冰量冻土地段路堤应采取综合保护冻土措施。

对于多年冻土沼泽地区，路堤底部可采用渗水土内铺设土工格室（土工格栅）、抛填片石等地基处理措施，渗水土、抛填片石顶面应高出最高积水水位 0.5 m，路堤边坡两侧应设置保温护道。线路通过缓山坡沼泽时，应进行基底处理或边坡支挡加固，并根据沼泽水补给来源，在路堤一侧或两侧加强排水设施。

对于冻胀丘、冰锥地段的路堤，应采取防治冻胀措施。冻胀丘地段的路堤，宜在路堤迎水侧坡脚 20 m 外，根据水文地质情况采取截堵地下水措施；冰锥地段的路堤，应根据地下水的出口位置、水类型、水量、水温和积冰高度等，采用积冰坑、冻结沟、挡冰堤、渗水暗沟、集水井等措施。

3）路堑

路堑及低填路堤基床，应根据地基季节融化层和多年冻土性质，采取全部或部分挖除换填渗水土，换填厚度应满足保温层厚度的要求。当基床范围全部换填时，应采取防渗措施。

低含冰量冻土路堑可按一般地区路基设计。

高含冰量冻土路堑边坡，应根据多年冻土的情况，采取部分或全部挖除换填的措施，挖除换填厚度应满足保温层厚度的要求。边坡坡率不宜陡于 1∶1.75，堑顶采用包角的形式，并做好边坡加固及排水工程。

习　题

一、填空题

1. 软土层上的施工完成一段时间以后，由于荷载的持续作用，土体中的孔隙水被逐渐排出，土的密实度提高，土体中原由孔隙水承受的______逐渐转移到土颗粒上，使得______增大，这一现象称为______。

2. 软土地基除承受快速施工中形成路堤荷载外，还应加上列车和轨道荷载，由此计算得出的路堤临界高度即为______。

3. 一般采用______来反映黄土的湿陷变形特征。它是单位厚度土样在一定压力作用下受水浸湿后所产生的湿陷量。

4. 盐渍土地基应根据______、______、______及______等因素考虑其溶陷性、盐胀性对工程的影响。

5. 在对季节冻土和季节融化层土进行冻胀性分级时，根据土层的_______的大小可划分为微冻胀土、弱冻胀土、冻胀土、强冻胀土和特强冻胀土五级。

二、选择题

1. 下列关于软土的说法，正确的是（　　）。

A. 抗剪强度高　　B. 压缩性低

C. 透水性低　　D. 对结构破坏敏感性低

2. 关于膨胀土的说法，错误的是（　　）。

A. 应避免高路堤和深路堑　　B. 膨胀土施工应保持连续性

C. 应及时封闭路床和坡面　　D. 属于吸水膨胀，失水收缩的低塑性土

3. 湿陷性黄土当总湿陷性 Δ_s >60 cm，计算自重湿陷量 Δ_{zs} >35 cm 时，可判为（　　）。

A. 很严重（Ⅳ）　　B. 严重（Ⅲ）　　C. 中等（Ⅱ）　　D. 轻微（Ⅰ）

4. 当确定盐渍土路堤高度时，路堤最小高度不宜小于（　　），不能满足时，应采取基床处理、设置隔断层和截排水措施。

A. 2.0 m　　B. 2.5 m　　C. 1.5 m　　D. 3.0 m

5. 对于多年冻土沼泽和厚层地下冰发育的地段，应避免设（　　）。

A. 路堤　　B. 路堑　　C. 半填半挖路基　　D. 坡面

三、简答题

1. 简述软土地区地基的加固与处理措施。
2. 简述膨胀土的工程特性。
3. 简述黄土的工程特性。
4. 如何控制盐渍土路基的最小高度？
5. 季节性冻土区路基的防治措施有哪些？
6. 多年冻土的物理力学性质有哪些特征？

Chapter 9

第 9 章

特殊地段路基

9.1 浸水路基

浸水路基包括设计水位以下受水浸泡的水塘、内涝地段、河滩、滨河、滨海及水库地段路基。

浸水路基稳定性分析方法应根据路堤断面结构形式和填料性质等确定，宜采用圆弧法，稳定安全系数不应小于 1.25。浸水部位应考虑受水浸泡的影响，采用水下饱和强度进行计算分析。当路基两侧存在较大水头差及水文条件复杂时，应考虑地基渗流以及堤身渗流对路基稳定性的影响。采用渗水土填筑的路堤，堤身可不考虑水的渗流影响。水库及滨海路基应考虑波浪对边坡稳定性的影响。在封冰和流冰地区，还需考虑冰荷载作用。在滨河及水库上游地段，当流速较大时，还应考虑水流冲刷作用的影响。

路堤浸水部位应根据浸水条件、铁路等级、轨道类型、地基条件、填料来源和性质等因素，结合路堤稳定性及沉降量分析，采用水稳性好的填料。长期受水浸泡的河滩、滨河、滨海及水库地段路堤，浸水部位应采用渗水土填料。长期受水浸泡的水塘地段及非长期浸水地段路堤，浸水部位宜采用渗水土填料。当渗水土来源困难时，在采取放缓边坡、加宽护道及加强隔水、防渗、地基处理等可靠的加固措施，且渗流稳定性及沉降满足要求的情况下，经技术经济综合比选，路堤浸水部位可结合浸水条件、铁路等级等因素，采用水稳性好的非渗水土填料。

防护高程以上浸水路基边坡坡率应与非浸水路基相同，防护高程以下应至少放缓一级，浸水较深或渗流等条件复杂时应结合稳定性检算确定。防护高程处宜根据浸水深度及时间、路堤稳定及养护要求等因素设置边坡平台或护道，宽度不宜小于 2.0 m。

当路堤采用不同填料时，填料分界处不应低于防护高程，且应设宽度不小于 0.5 m 的平台。当两种材料粒径相差较大时，平台顶面应设隔离垫层，其厚度为 0.3 ~ 0.5 m，并可根据填料粒径采用土工合成材料等。

在严寒地区，应在浸水侧坡脚外防护高程以下采取加宽护道和挡水埝等措施，防止路基浸水产生冻胀病害。

9.1.1 水塘、内涝地段路基

当渗水土来源困难时，在采取放缓边坡、隔水护道、防渗围堰或其他可靠的加固措施，且渗流稳定性及沉降满足要求的情况下，高速铁路、无砟轨道城际铁路路堤，浸水部位可采用 A、B 组填料；重载铁路、有砟轨道城际铁路及 Ⅰ 级铁路正线等路堤，浸水部位可采用 A、B、C 组粗粒土（细砂、粉砂除外）填料；Ⅱ 级铁路、Ⅰ 级铁路站线路堤，浸水部位可采用 A、B、C 组粗粒土填料或改良土填料。

防护高程以下路基坡面，应根据铁路等级、路堤高度、填料性质、水深及流速、地基条件等因素，采取植物、干砌片石、浆砌片石及混凝土等护坡措施。

水塘、内涝地段路堑应根据铁路等级、水深、水塘离堑顶距离、地下水位和地基渗透性等具体条件，采取填平水塘、整平路堑外场地、设置排水沟等措施避免积水，并结合放缓路堑边坡、设置防渗永久围堰、支撑渗沟或渗水盲沟等措施综合处理，困难时可设置封闭式路堑。

9.1.2 河滩、滨河路基

河滩、滨河路基应避免过多挤压河床，不得侵入山区河流的河槽，应避免在河流凹岸、水流顶冲严重地段及洪水经常泛滥区域内设置路基。河滩路堤的平面布设应使河滩水流顺畅，不宜在河滩范围内设计成折向下游的路堤。

非长期浸水的滨河地段，当渗水土来源困难时，在采取放缓边坡、加宽护道、防渗围堰、隔水帷幕或其他可靠的加固措施，且渗流稳定性及沉降满足要求的情况下，重载铁路、有砟轨道城际铁路及Ⅰ级铁路正线等路堤、浸水部位可采用A、B组填料；Ⅱ级铁路、Ⅰ级铁路站线路堤，浸水部位可采用A、B、C组粗粒土（细砂、粉砂除外）填料。

路基坡面受水流冲刷时，应根据铁路等级、路堤高度、填料性质、流向、流速、水深、浪高、地基条件等因素，采取干砌片石、浆砌片石、混凝土、石笼、大型砌块等护坡措施。峡谷急流和水流冲刷严重地段宜设浸水挡土墙加固。防护工程基底应埋设在冲刷深度以下不小于1.0 m或嵌入稳定基岩内，必要时应采用桩基础。

在平原及山区的宽阔河床水流易改变方向的地段，为降低冲刷流速及改变冲刷部位，可设置挑水导流建筑物。导流建筑物应根据防护要求和河道平面的轴线，合理确定导治线、导流建筑物的类型、结构尺寸及平面布置。

导治线是计划经过导流建筑物改变水流方向后形成的新的河轴线，如图 9-1 所示。导治线应符合天然河道的特性，设计为一系列半径为3.5 ~ 7倍稳定河宽的圆弧形曲线，曲线之间用较短的直线作为过渡段连接。导治线的起点宜选在水流较易转向的过渡地段，或河岸河床地层比较坚实而不易被冲刷处；导治线的终点应与下游的天然河轴线平顺衔接，尽量不扰乱下游水流的性质。

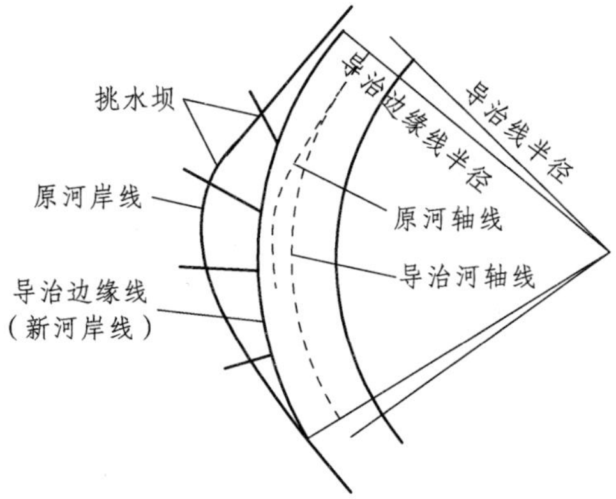

图 9-1 导治线

9.1.3 滨海路基

滨海路基应选择在海面最短、水深不大、波浪较小、海滩地势较为平坦、地质条件好的地段通过。

当渗水土来源困难时，在采取放缓边坡、加宽护道、隔水帷幕或其他可靠的加固措施，且渗流稳定性及沉降满足要求的情况下，Ⅱ级铁路、Ⅰ级铁路站线路堤，浸水部位可采用

A、B 组填料。

路基断面结构形式应根据水深、波高、地基条件、填料性质、渗流路径、施工条件及使用要求等因素，经过综合稳定性分析确定，宜采用斜坡式或直墙式。

路堤边坡坡率应根据路堤填料性质、路堤高度、防护形式及海洋水文条件等因素综合分析确定。当外海侧缓于内海侧、块石护面缓于混凝土块护面、堤头部缓于堤身时，边坡坡率可按表 9-1 取用。

表 9-1　不同坡面防护类型的边坡坡率

坡面防护类型	边坡坡率
抛填或安放块石	1∶1.5～1∶3.0
干砌或浆砌块石	1∶1.5～1∶2.0
干砌条石	1∶0.8～1∶2.0
安放人工块体	1∶1.25～1∶2.0
抛填方块	1∶1.0～1∶1.25

坡面防护应根据水深、波浪高度、波浪压力及施工条件等因素，采用混凝土人工块体（扭工字块体、四脚锥体、四角空心方块等）、干砌块石、干砌条石、浆砌块石、混凝土板、栅栏板及模袋混凝土等措施。各种防护工程应能满足抗海水冲蚀、生物侵蚀和抗冻等要求。

坡面防护设计中护面块体重量、护面厚度、护底块石重量、栅栏板平面尺寸、厚度及强度、防浪墙的强度及稳定性分析等，应根据水深、波浪高度、波长、波浪压力等要素进行坡面受力及稳定性分析后计算确定，所采用材料（块石、混凝土等）的强度要求等应满足抗侵蚀、抗冻及耐久性要求。

9.1.4　水库地段路基

水库路基应选择在水库边缘、水库支沟及支流地段通过，并应考虑水库坍岸的影响。

水库路基设计时应根据水库的特点和要求及水库对路基的影响，考虑岸坡岩（土）体的物理力学性质、库水浸泡、水位变化、波浪侵袭、水流冲刷、坍岸、淤积和地下水壅升的变化以及大孔性土的湿陷等因素，进行路基和库岸稳定性分析，确定相应的防护加固措施。

路基浸水或由于水库坍岸而危及水库路基的安全与稳定时，应进行水库路基防护加固。水库路基的防护加固设计应包括路基的防护加固和水库坍岸的防护加固。其中路基防护加固应包括对本体内渗流、路基边坡防护及路基基底的处理。

对非长期浸水的水库支沟及支流地段，当渗水土来源困难时，在采取放缓边坡、隔水护道、防渗围堰或其他可靠的加固措施，且渗流稳定性及沉降满足要求的情况下，重载铁路、有砟轨道城际铁路及Ⅰ级铁路正线等路堤，浸水部位可采用 A、B 组填料；Ⅱ级铁路、Ⅰ级铁路站线路堤，浸水部位可采用 A、B、C 组粗粒土（细砂、粉砂除外）填料。

路基边坡防护措施应根据水库类型、波浪力大小、路基所处位置等因素确定，可采用干砌片石、混凝土板护坡，并应做好反滤层。有冲刷时，可采用抛石、浆砌片石护坡、石笼、片石垛、土工织物沉枕、土工模袋、混凝土连锁块等防护措施。由于浸水、冲刷等原因而影响路基稳定时，可采用挡土墙、防淘建筑物、副堤等加固措施。

9.2 滑坡地段路基

滑坡是山区常见的一种不良物理地质现象。在一定的地形地质条件下，由于破坏力学平衡的各种自然或人为因素的影响，山坡上的不稳定土（岩）体在重力作用下，沿着山坡内部某一软弱面（带）作整体的、缓慢的、间歇性的滑动的现象称为滑坡。

滑坡的产生和发展是由于各种内外在因素的相互作用所促成的。形成滑坡的条件和主要因素包括地形条件、地质和水文地质条件、气候条件、水的作用及人为活动的作用等。

一个发育完全的滑坡，一般具有环状的滑坡壁，与滑坡形状相适应的封闭洼地，微向后倾的滑坡台阶，垄状前缘和鼓起的隆丘，分布于滑坡周界及滑体上部的拉张裂缝，滑体下部的挤压鼓胀裂缝及前缘舌部的扇形放射状裂缝，滑体中部两侧的剪切裂缝和伴随的羽毛状裂缝，以及为新生沟谷所环绕等外貌，如图 9-2 所示。

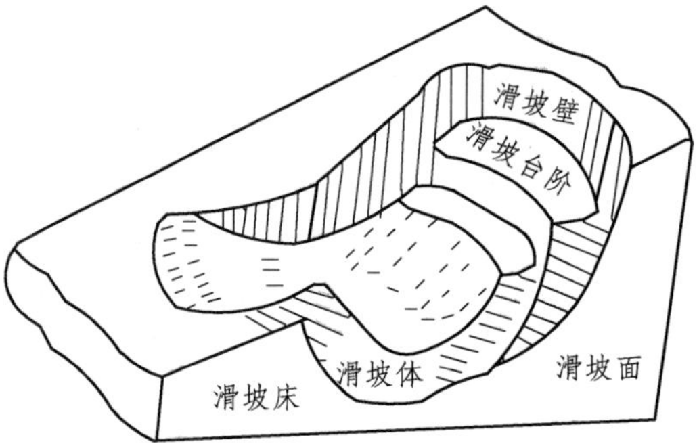

图 9-2　典型滑坡

滑坡地段路基应根据滑坡的类型、规模、滑坡体岩土性质、水文地质条件、滑坡形成与发展条件，分析其对工程的危害程度，及时采取有效整治措施，保证路基稳定。

滑坡推力的计算是在已知可能滑面形状、位置和滑带土的抗剪强度指标的基础上进行的。计算方法一般采用不平衡推力传递系数法，如 6.4 节所述。

9.2.1 防治工程

滑坡的防治措施主要有：消除水的有害作用；改变滑体重心位置，增强稳定因素；修建支挡建筑物，防止滑动；改善滑带土的性质，提高力学强度。在进行滑坡防治设计时，可针对具体情况选择使用或采用综合治理的措施。

（1）减载和反压。滑坡主滑段滑床较陡时，可在滑体中后部减载，但应确保清方后滑坡后部和两侧山体的稳定性，防止后缘产生新的滑动。有条件时可采取在滑坡前缘填土反压的措施。填土反压应防止堵塞滑坡前缘地下水渗出通道，并且要考虑基底的稳定性，必要时应作地基处理。

（2）采取抗滑桩（锚索抗滑桩）措施时，抗滑桩宜布置在滑坡的抗滑段，桩长必须防止滑体从桩顶滑出和从桩底产生新的深层滑动。根据滑坡剩余下滑力大小，结合路基工程边坡支挡形式等，可布置为单排、多排或组合桩。当采用多排桩加固大型滑坡时，各排桩的推力分担比应根据滑坡形态、布设位置、排距及沉埋深度等因素确定。

（3）采取预应力锚索措施时，预应力锚索锚固段应置于滑面以下的稳定地层中。外锚体根据滑坡体岩土承载力可采用格子梁、锚墩或承压板等，其坡面需采取防止表土被雨水冲蚀、局部溜坍的措施。

（4）采取挡土墙措施时，挡土墙宜设置在滑坡前缘。挡土墙应分别按滑坡剩余下滑力和库仑土压力设计，取两者截面的较大值，其高度和基础埋深应防止滑体从墙顶滑出或从基底以下土层滑移的可能。

（5）土质、中小型滑坡可采取高压旋喷桩、微型桩、钻孔灌注桩等措施，提高滑动带岩土抗剪强度，增强滑坡稳定性。

（6）排水工程。

① 地面排水工程。

在滑坡后缘以外的稳定地层应设环状截水沟，其排水纵坡坡度不应小于2%，断面尺寸可根据降雨重现期50年的流量计算确定。

滑坡范围较大时，可结合地形条件在滑坡体范围内设置树枝状排水沟，并采取防渗、防裂措施。对滑坡有影响的自然沟应进行疏通与防渗处理。

地表水下渗严重的土质滑坡，宜在滑坡体上植树、种草，设置截排水工程。

② 地下排水工程。

浅层滑坡可于滑坡前缘采用支撑渗沟，排除或疏干滑坡体地下水或浅层滞水，兼起支撑滑坡体的作用，必要时支撑渗沟可与抗滑支挡建筑物结合设置。支撑渗沟沟底应置于滑动面以下不小于0.5 m。

滑坡体浅层地下水或土体浅层滞水，可采用垂直于地下水流方向的截水渗沟引出滑体外，沟底应置于不透水层或基岩内，其排水纵坡坡度不应小于2%。

滑坡深层地下水，宜采用仰斜排水孔引排，仰斜孔长度应穿过滑动面，内置软式透水管或塑料渗水管，必要时可向管内充填中粗砂或砂砾石。仰斜排水坡度不应小于5%。

厚层滑坡深层地下水排除困难时，可于稳定地层内采用泄水洞引排，泄水洞断面净空高宜为2.0～2.5 m，宽宜为1.0～1.5 m，其集水段的衬砌可采用花边墙，泄水洞顶部可设置竖向或放射状集水孔，洞底排水纵坡坡度不应小于1%。

当滑坡体为多层含水层的复杂地层或含水量较大时，可采用集水井（群）与仰斜孔、泄水洞组合措施，组成三维立体式地下排水系统。

9.2.2 工程滑坡预防

厚层松散堆积体或破碎带、岩体顺层带、特殊岩土或存在软硬不均岩层的路堑，应尽量降低边坡高度。厚层松散堆积体或破碎带、软硬不均岩层地段的路堑高边坡，宜采取坡脚预加固措施或加强边坡中下部锚固处理。特殊岩土边坡、岩体顺层边坡，宜采取放缓边坡或顺结构面刷坡及防护的处理措施。地形陡峻时，可于坡脚设锚固桩或采取分层开挖、坡面分级锚固等措施，保证施工安全及边坡稳定。

斜坡软弱地基上的路堤，应控制填方高度。设计时应通过对路堤加载后路基及边坡的稳定性分析，采取相应的工程措施，预防工程滑坡的产生。若不满足稳定性要求，应采取加强边坡支护和软弱地基处理措施，防止路堤加载引起边坡或地基失稳变形。

9.3 地震地区路基

地震是由于地球某有限区域能量的突然释放而引起地球表层振动的一种地质现象。地震力由震源向四周传播并逐渐衰减，地震力是瞬间的动荷载，具有很大的破坏作用。地震对路基的损害主要表现为地震力造成的反复振动，可使深路堑或陡山坡坍滑落石，河滩路堤或陡坡路堤产生沉陷和边坡坍滑，挡土墙墙身开裂、倾斜、滑移，严重者墙体倒塌。随着断裂面错动，破碎岩层沿着层面或软弱面滑动，松散坡积（残积）层沿着基岩面滑动。

按照抗震设计的基本要求，铁路工程应根据铁路等级及其在路网中的重要性和修复的难易程度，分为 A 类、B 类、C 类、D 类四个抗震设防类别。修复困难的陡坡、深挖、高填路基、高速铁路及客运专线（含城际铁路）的路基应按 C 类工程进行抗震设防，其他路基按 D 类工程开展抗震设计。路基工程所在地区的地震作用，应按相应于抗震设防烈度的设计地震动峰值加速度 A_g 来表征，如表 9-2 所示。

表 9-2　抗震设防烈度和设计地震动峰值加速度 A_g 对应表

抗震设防烈度/度	6	7		8		9
设计地震动峰值加速度	0.05g	0.10g	0.15g	0.20g	0.30g	0.4g

注：g 为重力加速度。

1. 水平地震力的计算

地震力的计算方法主要有静力法和动力法两种。静力法是将建筑物视为刚性体，各点的水平地震加速度与地面相同，不考虑建筑物的自振特性和地震竖向分量和转动分量的影响。动力法是考虑地震加速度的特性和结构的自振特性（自振周期、阻尼比等），采用弹性反应谱理论计算建筑物的地震效应。在路基工程中主要是采用静力法，即采用式（9-1）计算：

$$E_{\mathrm{hE}} = \eta A_{\mathrm{g}} m \tag{9-1}$$

式中：E_{hE}——水平地震力（kN）；

η——水平地震作用修正系数，取值 0.25；

A_{g}——设计地震动峰值加速度（$\mathrm{m/s^2}$）；

m——土的质量（t）。

2. 路基稳定性计算

地震地区路基稳定性检算方法仍然采用圆弧滑动面条分法，与一般地区路基稳定性检算的主要区别是地震力的影响（见图 9-3）。按地震地区路基稳定性检算范围和地震力计算的规定，可按式（9-2）进行路基稳定性的检算：

$$K=\frac{\sum_{i=1}^{n}N_i\tan\varphi_i+\sum_{i=1}^{n}c_il_i}{\sum_{i=1}^{n}T_i+\sum_{i=1}^{n}t_i} \tag{9-2}$$

式中：K——稳定安全系数；

c_i——第 i 个土条滑裂面处土的固结快剪黏聚力（kPa）；

φ_i——第 i 个土条滑裂面处土的固结快剪摩擦角（°）；

N_i——第 i 个土条的自重在滑弧法线方向的总作用力（kN），$N_i=W_i\cos\alpha_i-n_i$；

n_i——水平地震力对第 i 个土条在滑弧法线方向产生的作用力（kN），$n_i=F_{\mathrm{hE}}\sin\alpha_i$；

α_i——第 i 个土条的滑裂面对水平面的夹角（°）；

W_i——第 i 个土条滑面以上土的自重（kN）；

l_i——第 i 个土条滑裂面的长度（m）；

T_i——第 i 个土条在圆弧切线方向产生的下滑力（kN），$T_i=W_i\sin\alpha_i$；

t_i——第 i 个土条在圆弧切线方向产生的水平地震力（kN），$t_i=F_{\mathrm{hE}}y/r$；

r——圆弧半径（m）；

y——土条质心至滑弧圆心垂直距离（m）。

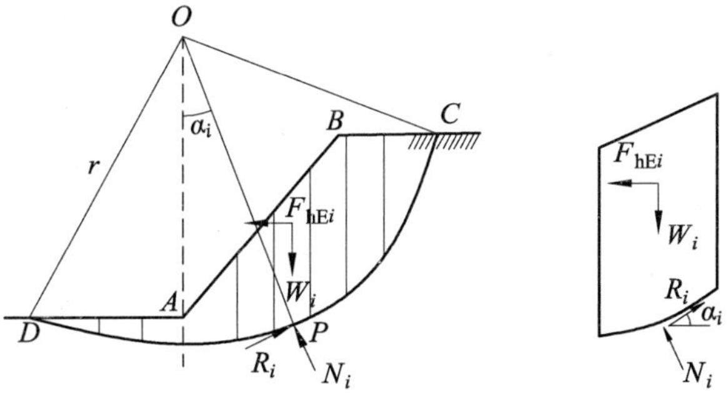

图 9-3　地震地区路基稳定性检算

地震地区路基稳定性检算系数应满足表 9-3 的规定，如果不能满足时，应采取加固地基土、加筋或反压护道等措施。

表 9-3　地震地区路基稳定性检算系数

路基稳定系数	C 类工程		D 类工程
路基稳定系数	H≤15 m	≥1.15	≥1.10
路基稳定系数	H>15 m	≥1.15	≥1.15

注：H 为路基边坡高度。

【例题 9-1】某地震区抗震设防烈度为 8 度，已知路基边坡最危险滑动体 W=2 040 kN，φ=28°，c=14.7 kPa，l=36.0 m，α=32°。检算其稳定性。

解：（1）按非地震条件下计算。

$$N=W\cos\alpha=2\,040\times\cos32°=1\,729.92\ \mathrm{kN}$$

$$T = W\sin\alpha = 2\,040\times\sin 32^\circ = 1\,081.20\ \text{kN}$$

$$K = \frac{N\tan\varphi + cl}{T} = \frac{1\,729.92\times\tan 28^\circ + 14.7\times 36}{1\,081.2} = 1.34$$

（2）按抗震设计要求计算。

由表 9-2，抗震设防烈度为 8 度时，A_g=0.2，得

$$F_{hE} = \eta A_g m = 0.25\times 0.2\times\frac{2\,040}{9.8} = 10.4\ \text{kN}$$

$$N_s = F_{hE}\sin\alpha = 10.4\times\sin 32^\circ = 5.51\ \text{kN}$$

$$t = F_{hE}\cos\alpha = 10.4\times\cos 32^\circ = 8.84\ \text{kN}$$

$$K = \frac{(N - N_s)\tan\varphi + cl}{T + t} = \frac{(1\,729.92 - 5.51)\times\tan 28^\circ + 14.7\times 36}{1\,081.2 + 8.84} = 1.32$$

由计算结果可知，该路基边坡在非地震条件下稳定性系数 K=1.34，而在地震区且抗震设防烈度为 8 度时，稳定性系数为 K=1.32。

9.4 危岩、落石和崩塌地段路基

在危岩、落石和崩塌地段，路基宜选择在其影响范围小、边坡较矮缓、易于防治处理的位置，并采取遮蔽、拦截、清除、加固或综合处理等安全可靠的工程措施。

线路距中等规模的危岩、落石或崩塌地段较近时，应采用明洞、棚洞等遮挡建筑物的处理措施，遮挡建筑物应有足够的长度，以防止危岩、落石和崩塌岩块落入路基。

危岩、落石范围和崩塌体规模较小或虽较大但距线路较远时，可采用清除、支顶、挂网锚喷、柔性主动防护系统、锚固等处理措施或设落石平台、落石槽、拦石堤、拦石墙、刚性防护网、柔性被动防护系统、柔性引导防护系统等拦截建筑物防护措施。

对路基有危害的零星山坡危石或危岩，应清除或采用支撑、锚固等措施加固；局部凹槽部分应进行嵌补，危岩与母岩间的裂隙可进行灌浆或注浆处理。

对路基范围内可能发生坍塌的破碎岩体，应根据岩性、破碎程度等采取适宜的刷坡、防护或支挡加固措施，并进行坡顶的截排水处理。有地下水出露时，应采取疏导、引排措施。在构造节理发育、岩性十分破碎的高陡山坡上，不宜刷坡，可采取支挡加固与拦截建筑物相结合的措施或遮挡建筑物的处理方法。

危岩落石拦截建筑物的类型、结构尺寸、防护能级、设置排数及位置应根据落石的大小、数量、分布位置、冲击力以及与线路的距离大小确定。

落石的弹跳高度和速度可根据落石质量、山体边坡坡率、坡面堆积物类型及植被等因素进行计算。

拦挡建筑物的位置和高度应根据地形和落石的弹跳轨迹确定。拦挡建筑物的类型和大小，以及防护层的厚度或防护能级应根据最大的冲击动能确定。

9.5 风沙地区路基

风沙地区路基是沙漠、大风和风沙流地区路基的总称，位于这些地区的铁路路基，容易遭受风蚀或埋沙等危害。

风沙的形成与地理位置、气候、土质和人为活动及地表植被等因素关系密切。风沙地区的气候特征主要表现为干旱少雨、日照强烈、气候干燥、风的活动频繁。

风沙路基的防护工程，主要包括两部分，一是对路堑或路堤部分路基本体采取的防止风蚀加固措施，二是对沙丘或风沙流侵向路基一侧或两侧需要采取的防止沙埋的措施。

在风沙地区，由于风况、沙源、地形、地貌及地质条件的差异对铁路工程的危害程度不一，采取的防治对策也不一样。铁路通过的风沙地区按其特征可分为以下三大类：

（1）沙漠地区。沙漠是沙质荒漠的简称，是地球上以风成沙物质和沙丘覆盖地表的特定区域，分布于干旱和极干旱地区的荒漠领域。

（2）戈壁地区。戈壁是地面组成物质以粗砂、砾石、基岩为主的砾质荒漠，气候变化剧烈，风力作用强烈。风沙流中沙物质以粗颗粒为主，平均粒径大于沙漠地区，常混杂 30%～40%细颗粒。

（3）沙漠化地区。沙漠化是指在干旱、半干旱和部分半湿润地区，由于受自然因素或人类活动的影响，破坏了自然生态系统的脆弱平衡，使原非沙漠的地区出现了以风沙活动为主要标志和类似沙漠景观的环境变化过程。沙漠化地表一般以粉、细砂为主。简言之，沙漠化也就是沙漠的形成和扩张过程。

风沙地区路基，应根据沿线地形地貌及气候、水文特征、大风特性、风沙活动规律以及对铁路运营影响程度等因素，按照“因地制宜、永临结合、分步实施、综合治理”等原则，分段进行两侧平面防护。

防沙防风工程设计时，基本风压应结合防护结构物对运营安全的影响程度和防护时效等因素确定。防沙工程基本风压宜按当地 10 年一遇的最大风速计算。路基两侧的防风结构基本风压应按照百年一遇，且不小于历史实测最大风速计算。

风沙地区的路堤设计如下：

（1）高速铁路、城际铁路、Ⅰ级铁路及重载铁路路堤高度不宜小于 2.5 m，Ⅱ级铁路路堤高度不宜小于 1.0 m。

（2）粉、细砂路堤边坡形式应采用直线形。边坡高度不大于 6 m 时，边坡坡率不应陡于 1∶1.75；边坡高度大于 6 m 且不超过 12 m 时，边坡坡率不应陡于 1∶2，路基面每侧应加宽 0.3～0.5 m。

（3）大风地区采用碎石类土作填料，且路堤边坡无防护措施时，路基面每侧应加宽 0.3～0.5 m。

风沙地区的路堑设计如下：

（1）高速铁路、无砟轨道铁路及重载铁路基床底层为粉砂、细砂时，应采取换填、土质改良或加固措施；其他铁路基床底层承载力不满足要求时，宜采取压实措施。

（2）粉、细砂路堑边坡形式应采用直线形。边坡高度不大于 6 m 时，边坡坡率不宜陡于 1∶1.75；边坡高度大于 6 m 且不超过 12 m 时，边坡坡率不宜陡于 1∶2。

（3）路堑地段应设置积沙平台，积沙平台宽度应根据沙源、主导风向及一次最大积沙量等确定。侧沟外积沙平台宽度不应小于 2 m，不设侧沟时，积沙平台宽度不应小于 3 m。积沙平台应采用卵石土、碎石土、粗砾土、黏性土或水泥砂浆块板等覆盖。

习　题

一、填空题

1. 浸水路基稳定性分析方法应根据路堤断面结构形式和填料性质等确定。浸水部位应考虑受水浸泡的影响，采用______进行计算分析。

2. 对滑坡采用减载和反压的措施时，当主滑段滑床较陡时，可在滑体_______部减载，但应确保清方后滑坡后部和两侧山体的稳定性，防止后缘产生新的滑动。有条件时可采取在滑坡前缘_______的措施。

3. 修复困难的陡坡、深挖、高填路基、高速铁路及客运专线（含城际铁路）应按____类工程进行抗震设防，其他路基按_______类工程开展抗震设计。

4. 铁路通过的风沙地区按其特征可分为以下三大类：________、________、________。

二、选择题

1. 滑坡的处治方法有（　　）。（多选）

A. 消除水的有害作用　　B. 改变滑体重心位置，增强稳定因素

C. 修建支挡建筑物，防止滑动　　D. 改善滑带土的性质，提高力学强度

2. 路基工程所在地区的地震作用，应按相应于（　　）的设计地震动峰值加速度 A_g 来表征。

A. 抗震设防烈度　　B. 地震震级

C. 小震　　D. 中震

3. 防沙防风工程设计时，基本风压应结合防护结构物对运营安全的影响程度和防护时效等因素确定。防沙工程基本风压宜按当地（　　）一遇的最大风速计算。

A. 5 年　　B. 10 年　　C. 50 年　　D. 100 年

三、简答题

1. 浸水路堤稳定性分析时，应分别考虑哪些作用？

2. 采用静力法计算水平地震作用时，应如何计算？

参考文献

[1] 中铁第一勘察设计院集团有限公司. 铁路路基设计规范：TB 10001—2016[S]. 北京：中国铁道出版社，2017.

[2] 中铁第四勘察设计院集团有限公司. 铁路特殊路基设计规范：TB 10035—2018[S]. 北京：中国铁道出版社，2018.

[3] 铁道第三勘察设计院集团有限公司. 铁路工程设计防火规范：TB 10063—2016[S]. 北京：中国铁道出版社，2017.

[4] 国家铁路局. 铁路工程结构可靠性设计统一标准：GB 50216—2019[S]. 北京：中国计划出版社，2019.

[5] 中铁二院工程集团有限责任公司，中铁第四勘察设计院集团有限公司. 铁路工程地基处理技术规程：TB 10106—2023[S]. 北京：中国铁道出版社有限公司，2023.

[6] 中铁二院工程集团有限责任公司. 铁路路基支挡结构设计规范：TB 10025—2019[S]. 北京：中国铁道出版社有限公司，2019.

[7] 中铁第一勘察设计院集团有限公司. 铁路工程土工试验规程：TB 10102—2010[S]. 北京：中国铁道出版社，2011.

[8] 中华人民共和国铁道部. 铁路工程抗震设计规范（2009 年版）：GB 50111—2006[S]. 北京：中国计划出版社，2009.

[9] 中华人民共和国住房和城乡建设部. 混凝土结构设计规范（2015 年版）：GB 50010—2010[S]. 北京：中国建筑工业出版社，2015.

[10] 中国铁道科学研究院. 铁路混凝土结构耐久性设计规范：TB 10005—2010[S]. 北京：中国铁道出版社，2011.

[11] 全国混凝土标准化技术委员会（SAC/TC 458）. 预应力筋用锚具、夹具和连接器：GB/T 14370—2015[S]. 北京：中国标准出版社，2015.

[12] 中国冶金建设协会. 岩土锚杆与喷射混凝土支护工程技术规范：GB 50086—2015[S]. 北京：中国计划出版社，2015.

[13] 中铁第一勘察设计院集团有限公司，中铁第四勘察设计院集团有限公司. 铁路工程特殊岩土勘察规程：TB 10038—2022[S]. 北京：中国铁道出版社有限公司，2022.

[14] 中华人民共和国住房和城乡建设部. 建筑地基基础设计规范：GB 50007—2011[S]. 北京：中国建筑工业出版社，2011.

[15] 黑龙江省寒地建筑科学研究院，大连阿尔滨集团有限公司. 冻土地区建筑地基基础设计规范：JGJ 118—2011[S]. 北京：中国建筑工业出版社，2011.

[16] 交通部科技教育司. 公路工程土工合成材料 排水材料：JT/T 665—2006[S]. 北京：人民交通出版社，2006.

[17] 刘建坤，岳祖润. 路基工程（铁道工程专业方向适用）[M]. 北京：中国建筑工业出版社，2016.

[18] 方焘，赵秀绍. 路基工程[M]. 长沙：中南大学出版社，2016.
[19] 石春香，林英. 路基工程[M]. 北京：中国建筑工业出版社，2017.
[20] 易思蓉. 铁道工程[M]. 3 版. 北京：中国铁道出版社，2015.
[21] 马学宁，夏琼. 路基工程[M]. 成都：西南交通大学出版社，2012.
[22] 池淑兰，孔书祥. 路基工程[M]. 3 版. 北京：中国铁道出版社，2014.
[23] 马立杰，王宇亮. 路基路面工程[M]. 北京：清华大学出版社，2014.
[24] 铁道部第一勘测设计院. 铁路工程设计技术手册：路基[M]. 北京：中国铁道出版社，1992.
[25] 张晓东. 铁道工程[M]. 北京：中国铁道出版社，2012.
[26] 卿三惠. 土木工程施工工艺：路基路面工程[M]. 2 版. 北京：中国铁道出版社，2013.
[27] 葛建军. 铁路路基排水设防标准及小流域流量计算方法探讨：中国铁道学会铁道工程分会工程地质与路基专业委员会第 25 届年会暨学术交流会论文集[C]. 2016：219-222.